Eberhard Busch

Gotteserkenntnis und Menschlichkeit
Einsichten in die Theologie Johannes Calvins

T V Z

Verlag und Autor danken den folgenden Institutionen
für die Druckkostenunterstützung:

Schweizerische Reformationsstiftung SRS
Schweizerischer Evangelischer Kirchenbund Bern (SEK)
Evangelisch-Reformierte Landeskirche des Kantons Aargau
Kirchenkanzlei der Union Evangelischer Kirchen (UEK)

Eberhard Busch

Gotteserkenntnis und Menschlichkeit

Einsichten in die Theologie Johannes Calvins

T V Z
Theologischer Verlag Zürich

Die Deutsche Bibliothek – Bibliografische Einheitsaufnahme
Die Deutsche Bibliothek verzeichnet diese Publikation in der Deutschen Nationalbibliografie; detaillierte bibliografische Daten sind im Internet über <http://dnb.ddb.de> abrufbar.

ISBN 3-290-17366-6

Umschlaggestaltung: www.gapa.ch   gataric, ackermann und partner, Zürich
Satz und Layout: Claudia Wild, Stuttgart
Druck: ROSCH-BUCH, Scheßlitz

Beati omnes qui timent Dominum
(Psalm 128,1)

Der Theologischen Universität
Debrecen in Ungarn
in Dankbarkeit

Inhaltsverzeichnis

Vorwort

In Jeremia 22,16 heißt es über das Wirken eines Königs in Israel: «Den Elenden und Armen verhalf er zum Recht. Heißt das nicht, *mich* erkennen? spricht der Herr.» Der Genfer Reformator Johannes Calvin sagt in seiner Auslegung dieser Passage: «Ubi cognoscitur Deus, etiam colitur humanitas» (CO 38, 388) – zu deutsch: «Wo Gott erkannt wird, da wird auch Menschlichkeit gepflegt.» Man darf in diesem Satz eine Zusammenfassung der Theologie Calvins sehen. Und man darf in diesem Satz auch eine Nähe zu der Botschaft sehen, welche beide biblischen Testamente verbindet. Es ist die Botschaft, die die Engel über den Hirten von Bethlehem angestimmt haben: «Ehre sei Gott in der Höhe und Friede auf Erden unter den Menschen, an denen Gott Wohlgefallen hat» (Lk. 2,14). Kurz, darum ist es Calvin als Theologe, als Prediger, als Leiter der Genfer Kirche gegangen. Das ist das eine, das sich nach ihm von uns angemessen doch nur durch *zwei* Begriffe bezeichnen lässt – sagen wir: Ehre sei *Gott* und *Menschlichkeit* auf Erden. Denn es ist allein Gott, der beides zusammenbindet, so dass dann allerdings der Mensch nicht scheiden darf, was Gott zusammengefügt hat.

In der Gestalt des Genfer Reformators begegnet uns ein dieser Botschaft hingegebener Theologe. Es zeichnet sich das Vorbildliche eines solchen Theologen dadurch aus, dass er das Wichtige, das ihn bewegt und umtreibt, vielfach variieren und auf unterschiedliche Fragen und aktuelle Herausforderungen zuspitzen kann. Er muss sich nicht auf alles, aber er kann sich auf Vieles einlassen und muss es unter Umständen auch. Er hat dabei keinen Schlüssel zur Hand, den er kurzerhand auf die Lösung der sich stellenden Probleme anwenden kann. Er muss von Fall zu Fall noch einmal neu das zuvor schon Gehörte und Gelernte verstehen. Er verliert dabei aber nicht den roten Faden aus dem Blick, sondern folgt in all dem Verschiedenen getreu dem, der ihm vorangeht. Er kann sich wohl auch durch Eigenwilligkeit in abwegige, dunkle Höhlen verirren, aber ihm ist es gegeben, dann auch wieder das Licht zu entdecken, das ihm den Weg ins Freie zeigt. Er sagt nicht immer klar, wie jene zwei Begriffe verbunden sind, und sagt es dann stammelnd doch. Er kann sehr energisch auftreten und weiß doch auch um seine eigene Schwachheit. Dass es kein Prinzip ist, mit dem er es zu tun hat, sondern der lebendige Herr, der es mit ihm zu tun hat, zeigt sich daran, dass er in dem allem nicht auf sich selbst festgelegt, sondern offen dafür ist, um der Einheit der Kirche Jesu Christi willen «zehn Meere, wenn's sein muss, zu durchqueren» (so Calvin in seinem Brief vom April 1552 an Thomas Cranmer, Erzbischof von Canterbury). Wir dürfen uns darauf gefasst machen, dass wir von Calvin etwas zu lernen bekommen.

Dazu ist es wohl manchmal nicht gekommen. Man ist oft genug in Denkschablonen, in grober Polemik oder auch einfach in Unkenntnis an ihm vorbeigegangen. Im deutschen Sprachraum liegt das auch daran, dass Calvin sich entweder in einem stilvollen Latein oder in einem auch nicht leicht verständlichen alten Französisch geäußert hat. Die Situation ist heute, wenn ich recht sehe, insbesondere dadurch merkwürdig: Auf der einen Seite dringt eine respektable hochspezialisierte Forschung immer tiefer in seine Hinterlassenschaft ein und auf der anderen, viel größeren Seite findet sich eine enorme Unkenntnis dieses Reformators und seines Werkes, auch unter Theologen. Namentlich nach der letzteren Seite hin möchte ich in diesem Buch Erklärungen und Aufklärungen geben. Ich denke, dass es sich lohnt, hier aufmerksam zu sein. Das Buch ist so eingerichtet, dass es Interessierten verständlich sein dürfte. Ein anderes ist es, das Verständliche auch zu verstehen. Die Anstrengung, die das bedeutet, kann ich den Lesern nicht ersparen. Aber wer sich ihr unterzieht, den wird es nicht reuen.

Calvins eigentümliche Theologie soll im vorliegenden Buch zur Sprache kommen. Das soll so geschehen, dass charakteristische Themen, die ihn beschäftigten, besprochen werden. Zunächst ist vom Bekenntnis zur Dreieinheit Gottes die Rede, das auf dem «linken Flügel» der Reformation angefochten war. Sodann wird die Frage von Glaube und guten Werken behandelt, die durch die innerkatholische Reform im Trienter Konzil neu aufgebrochen war. Darauf wird die Perspektive des wandernden Gottesvolks in ihrer Gültigkeit auch für die neutestamentliche Gemeinde in den Blick genommen. Dann wird nach dem Sinn der Rede von Gottes ewiger Erwählung in Calvins Auseinandersetzung mit dem Humanismus gefragt. Ferner wird die Lehre von der rechten Gestalt der Kirche in Bezug auf ihre verschiedenen Fassungen unter Evangelisch-Reformierten beleuchtet. Überdies wird das rechte Verständnis des Abendmahls angesichts des innerprotestantischen Unfriedens in dieser Sache in den Blick genommen. Schließlich wird das Verhältnis des Gottesdienstes zum politischen Leben im Rahmen der bejahten Unterscheidung zwischen kirchlichen und staatlichen Aufgabe bedacht. Das alles sind Probleme und Themen, die bis heute ihre Aktualität nicht verloren haben. Was hat Calvin uns dazu zu sagen? Darauf soll in diesem Buch gehört werden, ich hoffe: mit Gewinn für die, die dabei mithören wollen.

Ich danke meiner Frau Beate für die gute und schöne Zusammenarbeit bei der Abfassung dieses Buches. Zugleich danke ich Rolf Siegenthaler beim TVZ-Verlag für seine Hilfe bei der Fertigstellung der Druckvorlage.

Göttingen, Mitte 2005

1. Der dreieine Gott

Das Bekenntnis der Kirche zu Ihm

1. Calvin – ein zweifelhafter Vertreter der Lehre vom dreieinen Gott?

Die Lehre von der Dreieinheit Gottes, der Trinität, ist in der Zeit der Alten Kirche, vornehmlich im 4. Jahrhundert n. Chr., formuliert worden. Sie wurde unter allerhand Debatten und Streitigkeiten zur kirchlichen Lehre gebildet. Und sie entstand, indem sie als Auslegung der biblischen Botschaft von Gott dem Vater, von der Menschwerdung des Sohnes Gottes und von der Sendung des Heiligen Geistes verstanden wurde. Sie sagt, dass Gott derselbe ist in der Höhe wie in seiner Erniedrigung zu uns Menschen wie in seiner Annahme von uns als seine Kinder. Sie sagt nicht nur, dass Gott bloß in seiner Offenbarung der Dreieine ist. Dass Gott sich gerade darum selbst seinen Menschen zuwenden und die Menschen mit sich verbinden kann, weil er der Dreieine *ist*, das sagt die Lehre mit den klassischen, biblischen Begriffen: der Vater, der Sohn und der Heilige Geist. An mittelalterlichen Gemälden kann man sich veranschaulichen, wie diese Lehre, fern einer Begriffsspielerei, auch die christliche Frömmigkeit tröstlich geprägt hat. Schon im Mittelalter und noch stärker zur Zeit der Reformation begann man diese kirchliche Lehre aber auch anzufechten. Es stellte sich dabei heraus, dass die Reformation *selbst* nach dieser Seite eine weiche Flanke hatte. Sie war zunächst derart auf die Frage unserer Rechtfertigung allein aus Gnade und durch den Glauben konzentriert, dass Philipp Melanchthon 1521 erklären konnte: Die Geheimnisse der Gottheit seien besser anzubeten als zu erforschen; und *das* heiße Christus erkennen: seine Wohltaten erkennen, nicht seine Naturen und die Weise seiner Menschwerdung betrachten.[1]

Machte die Reformation da etwa gemeinsame Sache mit den Freigeistern, die zur selben Zeit auftraten und die zusammengehörenden kirchlichen Lehren von der Dreieinheit Gottes und von der Gottmenschheit Jesu Christi in Frage stellten? Wir müssen uns zunächst auf diese Frage einlassen, bevor wir davon reden kön-

---

1   Ph. Melanchthon, Loci communes, in: Melanchthons Werke in Auswahl, hg. Von R. Stupperich, Bd. II,1, Gütersloh 1952, 6 f.

nen, in welchem Sinn diese Lehre für Calvin von Bedeutung war. Das musste sich im Verhältnis zu jenen Freigeistern zeigen, die auch in Genf selbst Zuflucht suchten, weil sie anderwärts nicht geduldet waren. Unter ihnen befand sich der aus Spanien gebürtige und in Frankreich ansässige Michael Servet. Dessen Schicksal in Genf, nämlich seine Gefangensetzung und Hinrichtung, ist mit dem Namen Calvins verknüpft und ist vielleicht sogar das Bekannteste, das viele von dem Genfer Reformator wissen. Calvins Beteiligung am Servet-Prozess ist nach dem Basler Historiker Jacob Burckhardt ein eher zufällig mit einer theologischen Frage verbundener Ausdruck seines hemmungslos egomanen Charakters. «Die Tyrannei eines einzelnen Menschen, welcher seine Subjektivität zum allgemeinen Gesetz macht und nicht nur die sämtlichen übrigen Überzeugungen [...] knechtet oder verjagt, sondern jedermann in den unschuldigsten Geschmacksangelegenheiten tagtäglich beleidigt, ist nie weiter getrieben worden.»[2] Die Kritik ist derart radikal, dass Werner Kaegis Deutung, damit habe jener den Baslern ein Argument zur Nachdenklichkeit über ihre Calvinverehrung liefern wollen, wenig überzeugt. Zumal Kaegi dann selbst die Kritik noch zuspitzt, indem er Calvin im «Großinquisitor» Dostojewskis angeprangert sieht.[3] Auf dieser Linie hat dann Stefan Zweig die Darstellung Calvins benutzt, um Hitler anzuklagen.[4] Beachtlich ist Kaegis Hinweis, dass in Burckhardts Deutung «altgenferisches Pathos» aufbegehrt. Die in Genf seit vorreformatorischer Zeit ansässigen Geschlechter, so erfahren wir, sahen in dem gegen Calvin kritischen patriarchalischen Berner Regiment ihr Vorbild. Sie sahen in Calvin den Anwalt eines unheimlich anwachsenden Schwarms von vornehmlich wegen ihres Glaubens Vertriebenen Fremden. Und sie sahen in ihm namentlich einen Anwalt für eine dem Staat gegenüber freie Kirche, gemäß den Erfahrungen dieser Fremden, die in Frankreich sich selbst organisieren mussten.[5] Wie Burckhardt wohl weiß, stand die Hinrichtung Servets im Zusammenhang des Konflikts zwischen Calvin und alteingesessenen Genfern. Aber es sollte nicht übersehen werden, dass diese Altgenfer nicht aus Gegnerschaft gegen die Todesstrafe, sondern aus der Gegnerschaft gegen Calvin für Servet eintreten wollten. Calvin pochte in dem so zugespitzten Streit auf die Einhaltung des damaligen Rechts.

Georges Casalis hat dessen Auftreten als trinitarischer Eiferer anders erklärt: Es sei darin begründet, dass mit ihm in Genf eine zuvor «verfolgte Minderheit an die Macht» gekommen sei. Diese habe dann ihre Macht nach den Gesetzmäßig-

---

2 Nach W. Kaegi, Jacob Burckhardt. Eine Biographie, Bd. 5, Das neuere Europa und das Erlebnis der Gegenwart, Basel 1973, 90.
3 A.a.O., 106 f. 102 f.
4 Stefan Zweig, Castellio gegen Calvin oder ein Gewissen gegen die Gewalt, 1936.
5 A.a.O., 98; vgl. 96.

keiten aller Herrschaft skrupellos gegen den Häretiker «als Träger […] einer Gegenmacht» eingesetzt – oder vielmehr gegen die herrschaftskritische «anarchistische Linke». «Der Mord an Servet bringt in einer musterhaften Weise ans Licht […], was es heißt für die Kirche, anerkannte und potente Institution zu werden.»[6] Hier wird unterstellt, dass die von Calvin ins Feld geführte Trinitätslehre Herrschaftsinstrument einer unterdrückerischen Kirche ist. So suggestiv diese These ist, sie entspricht nicht den damaligen Gegebenheiten. Weder handelte es sich juristisch um einen «Mord» an Servet, noch war Calvin 1553 auch nur in Genf «an die Macht» gekommen, noch lässt sich Servets Stellung zur Trinitätslehre als das revolutionäre Programm einer «Linken» deuten. – Auf eine noch einmal andere Weise, nämlich psychologisch, ist Calvins Eifer für die Trinitätslehre gedeutet worden. Nach Karl Barth hatte dessen Theologie kein «absolut luftdicht verschlossenes Fenster gegen den Antitrinitarismus hin»[7]. Die Bitterkeit seiner Gesichtszüge, seine leidenschaftlich anklägerische Heftigkeit und sein Insistieren auf die im Grunde nicht geschätzte Dogma-Formel – alles seien Zeichen, dass er gegenüber den Einwänden seiner wohl schwachen Gegner kein gutes Gewissen hatte. Alles Zeichen für den bedenklichen Versuch, die uneingestandene eigene Schwäche durch ein Übermaß an Ingrimm zu kompensieren. Ist diese Deutung nicht allzu stark nach der Logik konstruiert: «Wo ein Rauch ist, ist auch ein Feuer»? – Wir müssen doch näher auf das Problem des Verhältnisses Calvin – Servet eingehen.

Welchen Anstoß hat denn Servet erregt? Er hat seine Ansichten publiziert in seinen Schriften: De Trinitatis erroribus, «Über die Irrtümer der Trinität», 1531 und Christianismi Restitutio «Die Wiederherstellung des Christentums», 1553. Nach Ernst Wolf vertrat er darin einen Pantheismus, d. h. eine Lehre, die auf der Vorstellung beruht: «Gott ist die rerum omnium essentia (das Wesen und Sein al-

---

6   G. Casalis, Der Kirche Macht und Kraft, in: «Er stößt die Gewaltigen vom Thron». FS für Hannelore Erhart, hg. von H.-M. Gutmann u. a., Berlin 1987, 134–139, bes. 134.137.135.

7   K. Barth, Die Theologie Calvins 1922, hg. von H. Scholl, Zürich 1993, 420–471, bes. 421. Barth ist in seiner Deutung abhängig von E. Bähler, Petrus Caroli und Johannes Calvin, in: JB f. Schw. Gesch. XXIV, Zürich 1904, 39–168, bes. 72 f. In seiner Weise hat Ernst Wolf, Deus omniformis. Bemerkungen zur Christologie des Michael Servet, in: Theologische Aufsätze. Karl Barth z. 50. Geb., München 1936, 443–466, ähnlich argumentiert: Calvin habe in dieser Sache gegen seine eigene Ungeschütztheit gegenüber dem Modalismus gekämpft. Vgl. dagegen H. H. Eßer, Hat Calvin eine «leise modalisierende Trinitätslehre»?, in: W. H. Neuser (Hg.), Calvinus Theologus, Neukirchen-Vluyn 1976, 113–129.

ler Dinge).»[8] Das Göttliche ist demnach in allem gegeben, und die Welt, selbst der Teufel, ist dadurch auf Vergottung, auf Gottförmigkeit angelegt, – ja, alles ist schon zuvor ewig in Gott, und wir sind mithin, wie alles, substanziell aus Gott.[9] Gott und Welt sind nicht gegenüber, sondern ineinander. Im Grunde ist so alles geistiger Art. Gott und das Böse sind nicht im Gegensatz, weil das Böse nicht wirklich böse ist. Die Sünde des Menschen, die Rettung allein aus Gnade, die Rechtfertigung des Sünders spielen darum keine Rolle. Servet weiß, dass er damit über das ganze Christentum hinaustritt. Ja, er greift es von da aus massiv an und verhöhnt es: Alle, die eine Trinität behaupten, die sagen, im Wesen Gottes sei eine Dreiheit, sind «in Wahrheit Atheisten». Sie haben bloß eingebildete Götter, «Illusionen von Dämonen».[10] Und den Genfern schreibt er: «Statt des einen Gottes habt ihr einen dreiköpfigen Zerberus.»[11] In seiner Ablehnung der christlichen Trinitätslehre und der damit verbundenen Lehre von Christus als dem wahren Gott und wahren Menschen zeigt Servet, dass er die Lehre doch verstanden hat: Sie redet von dem Gott, der in der Höhe wohnt und zugleich bei denen im Elend, um sich mit ihnen und sie mit sich zu verbinden. Aber indem er sie verstanden hat, hat er sie abgelehnt. Er tat es mit seiner Gegenthese von einem solchen Ineinander von Göttlichem und Weltlichem, dass es einer derartigen Zuwendung Gottes gar nicht bedarf. Und indem er das vertrat, lehnte er das Christentum im Ganzen als verdorbenes Unwesen ab. Er war dabei seiner Sache so sicher, dass er noch im Genfer Gefängnis förmlich beim Rat beantragte: Dieser solle Calvin des Landes verweisen und dessen Vermögen ihm zuerkennen.[12] Bei dem Prozess behandle Servet ihn, schrieb Calvin, «als ob ich der Gefangene gewesen wäre»[13].

Worin besteht aber nun der Fehler Calvins? Es lässt sich darauf nicht so einfach antworten, wie viele meinen. In der Verurteilung der Lehre Servets war er sich mit Reformatoren ruhigeren Naturells durchaus einig: Oekolampad, der persönlich mit Servet verhandelt hatte, nannte ihn eine Bestie, Bucer wollte ihm die Eingeweide ausgerissen haben; auch Bern und Schaffhausen, auch Melanchthon stimmten Calvin und dem Genfer Rat «gänzlich» zu.[14] Bei Calvins Bejahung der

---

8   E. Wolf, a. a. O., 460. In Kürze gibt P. Opitz eine präzise und differenzierte Darstellung des Problems in seiner Einleitung zu J. Calvin, Die Verteidigung der «orthodoxen» Trinitätslehre gegen Servet, CStA 4, 151–164.

9   E. Wolf, a. a. O., 457. 464.

10 CStA 4, 173; E. Wolf, a. a. O., 452.

11 CStA 4, 173–175. Zu Servet: E. Lachenmann, Art. Servet, RE[3] Bd. 18, 231.

12 Art. Servet, a. a. O., 235, 42–44.

13 P. Henry, Das Leben Johann Calvins, Bd. 3,1, Hamburg 1844, 179.

14 Art. Servet (Anm. 11), 230, 25; Calvin, Briefe, 656; E. Wolf, a. a. O. (Anm. 7), 444; auch: CStA 5, 152.

Todesstrafe im Fall Servets spielte auch die Überlegung eine Rolle, dass im Werk des in Frankreich wirkenden Servet der Antichrist gegen den schwer bedrohten französischen Protestantismus einen gefährlichen Schlag führe.[15] Und vielleicht kam dazu die Überlegung, dass der schon in Viennes zum Feuertod Verurteilte wohl nur darum nach Genf geriet, um den römisch-katholischen Verdacht zu bestätigen, dass die Reformatoren mit solchen Irrlehrern gemeinsame Sache machten. Für Calvin war jedenfalls die rechtliche Bestimmung vorgegeben, die zu verstehen uns im heutigen Abstand wohl die meiste Mühe macht: dass Gotteslästerung schlimmer noch als Mord ist.[16] Wenn er aber mit Matteo Gribaldo und Giorgio Blandrata, die in Genf ähnliche Gedanken wie Servet äußerten, nur eben kontrovers disputierte[17], so lag das vermutlich daran, dass sie nicht ihre Gedanken veröffentlichten und mit Schmähreden auf das Christentum verbanden. Und wenn Sebastian Castellio sich in dieser Sache gegen Calvin stellte, so war er doch nicht ein allgemeiner Verfechter von Toleranz und ein Gegner der Todesstrafe. Denn er anerkannte ja auch den Grundsatz: Si [impii et sacrarum literarum contemptores] blasphemant, si palam de sancta Christianorum maledicunt [...], eos ego relinquo Magistratibus puniendos.[18] «Wenn [Gottlose und Verächter der heiligen Schriften] gotteslästerlich reden, wenn sie öffentlich über die heiligen Dinge der Christen übel reden, so überlasse ich sie den Ratsleuten zur Strafe». Indes sah Castellio Servet nicht als Gotteslästerer an. Hingegen meinte Calvin, dass Servet ein von der Obrigkeit zu strafender «Gotteslästerer» sei. Das gerichtliche Urteil über Servet fällte dann tatsächlich nicht Calvin, sondern der Generalprokurator Rigot, der zu der Genfer Opposition gegen Calvin gehörte. Dieser Opposition war damals wahrlich nicht an «Gehorsam» gegen Calvin gelegen; ihretwegen meinte er damals Genf verlassen zu müssen.[19] Rigots Anklageschrift berücksichtigte nicht Calvins Argumente, erklärte aber, dass Servet das ganze bisherige Christentum, einschließlich der Reformation, verwerfe und es auf dem Weg des Verderbens sehe. Diese Schrift war der juristische Grund für Servets Hinrichtung.

W. F. Dankbaar schreibt: «Der Scheiterhaufen Servets ist historisch völlig erklärlich, aber darum doch nicht zu verteidigen.»[20] Es ist in der Tat etwas tief Problematisches in dem Verhalten Calvins gegenüber Servet, das uns hindert, ihm zuzustimmen. Das lässt uns auch den Anstoß verstehen, den so manche an ihm nahmen – nicht erst heute, wo die Todesstrafe in vielen Staaten abgeschafft ist,

---

15   Art. Servet (Anm. 11), 232, 30–33.
16   Vgl. E. Wolf, a. a. O. (Anm. 7), 446.
17   Calvin, Briefe, 960 f.
18   S. Castellio, Contra Libellum Calvini, o. O., 1612, K–Kij.
19   Calvin, Briefe, 654. 660.
20   W. F. Dankbaar, Calvin. Sein Weg und sein Werk, 2. Aufl., Neukirchen 1966.

sondern schon im 16. Jahrhundert, als diese schreckliche Strafe noch überall verbreitet war und als an den vielen Hinrichtungen kein oder kaum Anstoß genommen wurde. Aber wogegen richtet sich dann der Widerspruch gegen Calvin? Es
gibt hier wohl ein feines Gespür dafür, dass ein Mensch, selbst wenn er im Recht
ist, sich ins Unrecht setzen kann. Man muss und man kann nicht von Calvin erwarten, dass er ein anderer hätte sein sollen, als er tatsächlich war. Aber was man
von ihm hätte erwarten dürfen, ist, dass er einen besseren Gebrauch von der Erkenntnis gemacht hätte, die ihn nicht zuletzt von Servet selbst unterschied. Im
Unterschied zu diesem hatte er ja wohl eine rechte und gute Erkenntnis: Ehre sei
Gott und Menschlichkeit auf Erden! Aber dass er diese Erkenntnis nicht leuch-
tend und einleuchtend vor diesem und an diesem geltend zu machen vermochte,
das war seine Schwachheit, ja, seine Niederlage, ja, seine Schuld im Verhältnis zu
Servet. Er hätte viel besser und kräftiger als Castellio für das *Leben* des «Sünders»
plädieren können. Aber wofür er sich verkämpfte, stand eher unter der Parole:
Ehre sei Gott, und sei es *auf Kosten* der Menschlichkeit! Er schrieb an Servets
Adresse: «Wir, die wir spüren, dass der Sohn Gottes unser Bruder ist, so dass er
der wahre Immanuel ist, wir anerkennen jedoch in dem einen Christus die Hoheit
Gottes und die Niedrigkeit des Menschen, das Wesen des ewigen Gottes und die
Natur des erschaffenen Menschen. Du aber hast beides vermischt und dadurch
beides zerstört.»[21] Recht hat der Reformator in seinem Hinweis auf die Hoheit
Gottes. Aber wenn es in der Tat *darum* geht: um den Immanuel, den «Gott mit
uns», in dem der hohe Gott sich des niedrigen Menschen annimmt, dann ist er
seinem Gegner diese frohe Botschaft schuldig geblieben.

2. Der geistliche Umgang mit der Trinitätslehre

Wir gehen jetzt gut 15 Jahre zeitlich zurück in eine Situation, in der Calvin seinerseits in den Verdacht der Irrlehre geriet. 1537 trat ein Petrus Caroli, ein vorübergehend vom Katholizismus konvertierter evangelischer Pfarrer in Lausanne,
gegen Calvin auf. Er klagte ihn öffentlich des Arianismus und damit des Antitrinitarismus an. Obwohl Calvin sich schuldlos wissen durfte, aliquid haeret «ir-
gendetwas bleibt hängen»[22]. Die Berner, vor deren Synoden Calvin im gleichen
Jahr deshalb geladen wurde, wussten die Sache so zu behandeln, als ob an dem ge-
äußerten Verdacht doch etwas dran sei. Der Verdacht war immerhin durch Calvins hartnäckige Weigerung genährt, sich der ihm von Caroli gestellten Forde-

---

21 Zitiert in: E Wolf, a. a. O. (Anm. 7), 465.
22 So Barth, Die Theologie Calvins (Anm. 7), 421.

rung zu beugen, die ihm vorgesagten Worte «trinitas» und «persona» nachzusprechen, d. h. die Begriffe, mit denen gesagt wird, dass die göttliche «*Dreieinheit*» drei «*Personen*» in sich begreife: den Vater, den Sohn und den Heiligen Geist. Ferner sträubte sich Calvin gegen die Aufforderung Carolis, er müsse das strenge altkirchliche Bekenntnis der Dreieinheit Gottes und der Gottmenschheit Christi, das so genannte Athanasianum, unterschreiben. Calvins kritischen historischen Fragen im Blick auf die altkirchliche Dogmenbildung[23], die ihm in dem Zusammenhang entfuhren, ebenso wie sein Pochen auf seine Bindung nur an die Schrift, nicht an kirchliche Dogmen erregten bei dieser Gelegenheit Ärgernis. Seine Betonung der Einheit des mit keinem Götzen zu verwechselnden und in kein Bild zu fassenden Gottes konnte zudem, auch zum Kopfschütteln seiner auswärtigen Freunde,[24] den Anschein erwecken, dass er es mit der Trinitätslehre so genau nicht nehme. Und es hieß, nicht zufällig finde daher in der italienischen Flüchtlingsgemeinde in Genf die Gegnerschaft der Trinitätslehre Zuflucht.

Selbst wenn Calvins Verhalten gegenüber Caroli auch rätselhafte Züge hat, es muss «sein eigenes Zeugnis bei der Beurteilung doch den Ausschlag geben».[25] Unter dieser Voraussetzung darf man es als ein plausibles Motiv für seine Weigerung gegenüber Carolis Forderung ansehen, dass es nach seinem begründeten Eindruck Caroli eigentlich gar nicht um die Trinitätslehre ging. Carolis Vorstoß zielte auf eine Schwächung der Reformation von Farel und Calvin. Die Fragwürdigkeit ihrer Arbeit sollte durch ihre Unterschrift unter jenes Athanasianum wie durch das Aufsagen der trinitarischen Formeln öffentlich eingestanden werden. Aus Sorge um den Schaden, der dadurch dem Reformationswerk – anscheinend bewusst – zugefügt werden sollte, konnte Calvin dem Unterwerfungsbegehren des zwielichtigen Caroli nicht stattgeben.

Hinter seinem Verhältnis zu Caroli stand eine tiefergreifende Frage. Es wurde zu Anfang schon darauf hingewiesen, dass das zentrale Thema der Reformation die Lehre vom Heil war, zusammengefasst in den Schlüsselworten: Allein aus Gnade, allein durch den Glauben, allein nach der Schrift, allein in Jesus Christus. Die Gültigkeit der Trinitätslehre war dabei wohl vorausgesetzt, deren theologischer Sinn aber wurde, wenigstens in den Anfängen, nicht eigens thematisiert. Die nähere Beschäftigung mit dem altkirchlichen Dogma musste sich dann aber im Fortgang der Reformation aufdrängen. Denn zum einen hatten die reformatorischen Kirchen eine begründete Antwort auf die Frage zu geben: Inwiefern sind

---

23   J. Calvin, Adversus P. Caroli calumnias (1545), in: CStA Bd. 1.1, Neukirchen-Vluyn, 240–243; Brief im Febr. 1537 der Ministri Genevenses Bernensibus, CO 10 B, 82.
24   Vgl. K. Barth, Theologie Calvins (Anm. 22), 459.
25   So J. Koopmans, Das altkirchliche Dogma in der Reformation, München 1955, 48.

sie nicht eine zweite, andere, «neue» Kirche neben der einen, «katholischen» Kirche? Inwiefern bestehen sie zu Recht darauf, *tatsächlich* die eine, katholische, nur eben von römischen Irrtümern gereinigte, erneuerte Kirche zu sein? Das hieß praktisch: Inwiefern stehen sie in legitimer Kontinuität mit der alten Kirche? Und wie zeigt sich das in ihrer Bejahung der altkirchlichen Lehrentscheidungen über die Trinität und über Jesus Christus als wahren Gott und wahren Mensch?

Zum anderen bedeutete es für die Reformatoren eine sachliche Provokation, dass neben ihnen auf einmal in mancherlei Facetten sogenannte Antitrinitarier, also Leugner der Dreieinheit Gottes, auftraten; sie stritten gegen jene altkirchlichen Lehrentscheidungen. Dabei tauchten neben Calvin mehr solche Kritiker auf als neben Luther, denn Calvin lebte in einem humanistischen Umfeld, aus dem er selbst herkam und in dem diese Kritik verbreitet war. Dadurch fand gerade er sich gefragt, ob die Trinitätslehre nicht unerheblich sei, auch wenn sie nicht geradezu aufgegeben werden sollte. Wäre das nicht folgerichtig gemäß dem schon im Mittelalter formulierten Verständnis Gottes als «esse simplex» (als ungeteilt einfaches Sein)? Ist darum die im Mittelalter vorgetragene Begründung der Trinitätslehre aus dem Gehorsam gegenüber der Vorschrift des kirchlichen Lehramtes durch die neu entdeckte christliche Freiheit nicht auch überholt? Macht die neu als aktuell empfundene Frage nach dem Heil des Menschen nicht die Frage nach einem «innergöttlichen» Sein überflüssig? Oder vorsichtiger: Wenn denn die Bedeutung des Dogmas in der angebrochenen neuen Zeit unverständlich geworden ist, kann sie dann «heute» anders als äußerlich-formal in Geltung bleiben, wie ein aus Pietätsgründen noch stehen gelassenes Denkmal?

In diesem Zusammenhang ist nun Calvins Ansicht zu verstehen, die er gegenüber Caroli vertrat und der er auch über den Servet-Prozess hinaus treu blieb. Seine Weigerung gegenüber jener Zumutung Carolis bedeutete keine Distanzierung von Sinn und Gehalt der Trinitätslehre. Es ging ihm auch nicht um ihre Abschiebung in ein wohl zu respektierendes, aber nicht theologisch zu erörterndes Geheimnis, wie es bei Melanchthon 1521 der Fall war.[26] Es ging ihm darum klarzustellen, dass es der *Wahrheit* dieser Lehre fremd ist, sie sozusagen in Paragraphen zu fixieren, durch deren bloße Zitierung der rechte Glaube hergestellt oder festgestellt werden könnte.[27] Calvin lag so sehr an diesem Punkt, dass er sich nicht scheute, dadurch in den Verdacht zu geraten, auch einer der Gegner der Trinitätslehre zu sein. An der Synode im Mai 1537 in Lausanne verwahrte er sich dagegen, «dies Beispiel von Tyrannei in der Kirche einzuführen, so dass jemand für einen

---

26 Vgl. Anm. 1.
27 Vgl. Institutio I 13,5: «Wer wegen der Ausdrücke allzu heftigen Streit führt, der nährt verborgenes Gift» (noch 1559 geschrieben).

Ketzer gehalten werden müsste, der nicht nach der Vorschrift eines anderen geredet hätte».[28] Gerade die in Sachen dieses Dogmas vorbildlichen Kirchenväter
«warnen uns, eine Art theologischer Zensur zu üben und sogleich alle die strengs-
tens zu richten, die nicht auf die von uns verwendeten Begriffe schwören wollen»[29], wie Calvin noch in seiner letzten Ausgabe der Institutio von 1559 – also
noch nach der Hinrichtung Servets! – abdrucken lässt. Ja, er kann dort – wunder-
licherweise im selben Satz, in dem er das Bekenntnis zum dreieinen Gott klar aus-
spricht! – über alle dogmatischen Fachbegriffe dieser Lehre seufzen: «O dass sie
doch begraben wären!»[30] Das ist für ihn kein Widerspruch, denn gerade bei der
Lehre von der Trinität liegt ihre Wahrheit in der «Sache» selbst, nicht in den Worten, mit denen *wir* sie bezeichnen. Und es liegt an der Sache selbst, dass unsere
Worte sie nur unangemessen bezeichnen. Sie sind nicht nötig zum Verständnis
der *Trinität*, sondern zur Vermeidung von Irrtümern in der kirchlichen *Lehre* davon. Darum ist zu unterscheiden zwischen der Unangemessenheit unserer Worte
und der direkten Bestreitung dessen, was sie, wie unangemessen auch immer, bezeichnen.[31] Calvin legt infolgedessen Wert darauf, diejenigen nicht aus der Gemeinde auszuschließen, die sich des Gebrauchs solcher Ausdrücke lieber enthalten, sofern sie dabei den Inhalt dieser Lehre nicht direkt bestreiten.[32]

Es wird mithin deutlich: Die Weigerung Calvins, der Forderung Carolis
nachzugeben, erfolgt aus dem *Respekt* vor dem dreieinen Gott. Er will die Lehre
von diesem Gott nicht bestreiten, aber er will sie «nicht gesetzlich (wie der katho-
lisierende Caroli), sondern geistlich verstanden wissen».[33] Ernstlich *verstanden* ist
sie noch lange nicht mit dem Aufsagen und Nachsagen von Lehrformeln. Verstanden ist sie also noch nicht damit, dass der Neuerkenntnis der Reformation hinsichtlich der Rechtfertigung des Menschen allein aus Gnade durch den Glauben
lehrmäßige Sätze über das Dogma der Trinität künstlich aufgepfropft werden.
Vielmehr ist es das Anliegen Calvins, die altkirchliche Erkenntnis so aufzugreifen,
dass sie in einem einleuchtenden Zusammenhang mit der reformatorischen Entdeckung der reinen Gnade Gottes erfasst wird. Darum stellt er für die reformatorische Erschließung der Wahrheit der göttlichen Trinität zwei Kriterien auf.

Erstens: Die Erkenntnis dieser Wahrheit muss strikt in dem in der Heiligen
Schrift uns gesagten Wort Gottes begründet und gegründet sein. Calvins entscheidender, lichtvoller Satz gegenüber Caroli lautet daher:

---

28   Calvin, Adversus Caroli calumnias (Anm. 23), 240 f.
29   Institutio I 13,5.
30   Ebd.
31   Institutio I 13,3.
32   Vgl. J. Calvin, Confessio de Trinitate propter calumnias P. Caroli, CO 9, 707 f.
33   Koopmans, Das altkirchliche Dogma (Anm. 25), 48.

«Da der menschliche Verstand zur Betrachtung der Majestät Gottes in sich selber völlig blind ist und nichts vermag, als sich in unendliche Irrtümer zu verstricken, in seltsamen Unsinn zu geraten und schließlich in tiefste Finsternis zu versinken», so können wir doch «darauf vertrauen», das Nötige und Rechte zu erkennen, «wenn wir [Gott] nicht anderswo suchen als in seinem Wort, nichts anderes über ihn denken als unter der Leitung seines Wortes, nichts über ihn sagen als vermittelt durch sein Wort».[34]

In seinem Brief an einen Berner Pfarrer im Februar 1537 schrieb Calvin: «Ich antwortete [Caroli am 15.2.1537], dass ich nicht gewohnt sei, etwas als Gottes Wort anzuerkennen, es sei denn das, was ordentlich (rite) geprüft worden ist.»[35] Halten wir jedoch unsere Gedanken und Worte nicht in den Schranken der Heiligen Schrift, «so ermüdet man sich in Wortkämpfen, so geht die Wahrheit im Streit unter, so erstickt die Liebe unter wütendem Fechten»[36]. Gemeint ist nicht, dass die Trinitätslehre buchstäblich in der Schrift steht und aus ihr einfach abgelesen werden kann – Calvin war in dieser Beziehung auffallend zurückhaltend; er ließ den für den gottesdienstlichen Gesang gereimten biblischen Psalmen keine trinitarische Formel anfügen, und er bejahte überdies das Recht der Kirche zu Formulierungen von neuen, wenngleich schriftgemäßen Ausdrücken.[37] Er meinte jedoch, dass das in der Heiligen Schrift hörbare Wort Gottes die Quelle und darum auch der Maßstab der Erkenntnis Gottes ist. Gott teilt uns in seinem Offenbarungswort nicht den Satz mit, er sei der dreieine Gott. In seinem Wort erkennen wir ihn aber als den, der im Ergehen seines Wortes an uns als der Dreieine spricht.

Zweitens: Ist Gott in Respektierung seines Wortes als der Dreieine anzusprechen, dann ist von der Trinität in der konkreten Ausrichtung darauf zu reden, dass Gott sich in seinem Wort dem Menschen in einer ganz bestimmten und ihn selbst bestimmenden Weise offenbart. Er tut es als der Gott seiner freien Gnade, der den Sünder rechtfertigt und als sein Kind heiligt, als der, der sich von diesem Menschen nicht distanziert und von dem dieser sich nicht distanzieren kann. Wie die Lehre von der Schöpfung für uns unnütz wäre, wenn wir nicht ordentlich (rite) im Glauben damit ernst machen, dass der Schöpfer für uns sorgt,[38] und wie uns die Lehre vom Sohn Gottes eine «unnütze Lehre» wäre, wenn uns Christus nicht im Glauben der uns tragende Grund des Heils ist,[39] so wäre die Trinitätslehre eine müßige Spekulation (otiosa speculatio), wenn sie außerhalb einer be-

---

34   Calvin, Adversus Caroli calumnias (Anm. 23), 232 f. Vgl. Institutio I 13,21.
35   CO 10 B, 86.
36   Institutio I 13,3.
37   Vgl. Koopmans, Das altkirchliche Dogma (Anm. 25), 21 f.54.
38   Vgl. Institutio I 16,1.
39   A.a.O., II 15,1.

stimmten praktischen Erkenntnis (practica notitia) steht. Die besteht darin, dass wir durch das Eintreten des Sohnes Gottes für uns die Geistesgabe des himmlischen Vaters empfangen, ja, dass der Sohn vermöge seiner Teilnahme an der Macht des Vaters selbst Grund und Ursache dieser Gabe ist.[40] Während für Melanchthon in den Loci von 1521 die Trinitätslehre nicht als solche «praktische Erkenntnis» gilt, geht es «Calvin gerade um die praktische Erkenntnis der Dreieinigkeit [...]. Das Dogma als solches hat Calvin nie für spekulativ gehalten.»[41] Wie gut und konsequent auch immer es Calvin gelungen sein mag, das deutlich zu machen: Ihm lag daran zu sagen, dass dieses Dogma bzw. das in ihm Bezeichnete im Zusammenhang der *Heilserkenntnis* zu verstehen ist, unter Ausschluss von dessen Interpretation als einer «müßigen Spekulation». Eine solche Interpretation würde die Trinitätslehre nicht nur im Grunde überflüssig machen, sondern auch die Heilserkenntnis beschädigen.

3. Das gottesdienstliche Bekenntnis zum dreieinen Gott

Es versteht sich im Licht der Einbeziehung der Trinitätslehre in die «praktische Erkenntnis» des Glaubens, dass für Calvin diese Lehre ihren konkreten ‹Sitz im Leben› zuerst im Gottesdienst der Gemeinde und speziell in seiner Liturgie hat. Er konnte sich dafür auf den Sachverhalt berufen, dass schon das Nicänum eigentlich ein liturgisches Lied (carmen) ist, «das sich besser zum Singen eignet (magis cantillando aptum) als zur Bekenntnisformel»[42]. Sein erstes Kirchengesangbuch, das er 1539 in Straßburg publizierte, bietet denn auch neben einigen, zum Teil von ihm selbst bereimten Psalmen das apostolische Glaubensbekenntnis als Gesangsstück dar.[43] Auch das war von ihm verfasst. Er hat in Straßburg auch sonst viel gelernt für die Reform des Gottesdienstes und seiner liturgischen Gestaltung.[44] Solche Reform hat er bald nach seiner Rückkehr nach Genf als eine seiner allerersten Aufgaben angefasst – in seiner charakteristisch so genannten «Ordnung der kirchlichen Gesänge und Gebete, mit der Art und Weise der Sakramentsdarreichung [...] nach dem Brauch der Alten Kirche»

---

40 A.a.O., I 13,3.
41 Koopmans, Das altkirchliche Dogma (Anm. 25), 69.
42 Calvin, Adversus Caroli calumnias (Anm. 23), 242 f.
43 Aulcuns Pseaulmes et Cantiques mys en chant, photomech. Wiedergabe, Genf 1919, 60–62.
44 Vgl. M. Jenny, Die Einheit des Abendmahlsgottesdienstes bei den elsässischen und schweizerischen Reformatoren, Zürich 1968.

(1542).[45] Dazu war als Leitspruch Psalm 96,1 gesetzt: «Singt dem Herrn ein neues Lied.»[46]

«Nach dem Brauch des altkirchlichen Gottesdienstes», das heißt für Calvin, dass der Gottesdienst – in Korrektur seiner Verkehrung in der damaligen römisch-katholischen Form – wieder neu gestaltet wird durch die drei Hauptstücke, die in der Volkssprache zu vollziehen sind: Gebet, Predigt und Mahlfeier.[47] Das die Alte Kirche noch prägende Vorbild dafür ist Apg. 2,42: Es «beschreibt die rechte Gestaltung der Kirche. Solcher Ordnung müssen wir nachstreben, wollen wir vor Gott und den Engeln in Wahrheit als Kirche gelten.»[48] Nach «Brauch» der apostolischen Kirche müsste es also so sein, «dass keine kirchliche Versammlung stattfindet ohne Wort, Gebete, Teilnahme am Abendmahl und Almosen»[49]. Auch wenn Calvin das Almosen nach Apg. 2,42 als viertes Hauptstück des Gottesdienstes nennen kann, so ordnet er es faktisch der Eucharistie zu, speziell der darin bekundeten Verbundenheit der Glieder des Leibes Christi. Dort, wo nach römischer Lehre in der Messe der Priester die («unblutige») Opferung Christi vollzieht, redet Calvin in seiner Abendmahlsliturgie eben von dem Almosen, welches in dankbarem Gehorsam gegen den ein für allemal für uns Dahingegebenen von uns zu geben sei:

«Wir bezeugen dies [unsere dankbare Hingabe an den, der sich zu unserer Vergebung für uns dahingegeben hat,] durch Opfer und heilige Gaben (wie es die christliche Liebe verlangt), welche Christus und seinen Geringsten dargebracht werden: dem Hungernden, dem Dürstenden, dem Nackten, dem Fremden, dem Kranken, dem Gefangenen. Denn alle, die in Christus leben und ihn in sich tragen, tun aus freiem Willen das, was das Gesetz von ihnen verlangt. Dieses nun befiehlt, dass man nicht ohne Opfergabe vor Gott erscheinen soll.»[50]

Hier wird deutlich, warum und wie dem Opfer Christi, das er in seinem priesterlichen Amt vollzieht, das diakonische Amt in der Kirche entspricht.

Nach Calvin ist jedes dieser drei Hauptstücke repräsentativ für den ganzen Gottesdienst. Den Ort, an dem er stattfindet, nennt er «Bethaus» (domus orationis); denn das vornehmste Stück der Verehrung (cultus) Gottes ist die Verrichtung

---

45 La forme des chantz et prières ecclésiastiques avec la maniere d'administrer les Sacrements
    [...] selon la coustume de l'Eglise ancienne, in: CStA Bd. 2, Neukirchen-Vluyn 1997,
    137–225.
46 A.a.O., 148: Chantz au Seigneur chanson nouvelle.
47 A.a.O., 152 f. Vgl. auch bei Anm. 110.
48 Calvin, Commentarius in Acta Apostolorum, CO 48, Sp. 58.
49 Institutio IV 17,44. Vgl. ders., La forme des chantz (Anm. 45), 152 f.
50 Calvin, La forme des chantz (Anm. 45), 201.

des *Gebets* (precandi officium), sind die «öffentlichen» – gesprochenen und gesungenen – Gebete in Bitte, Lob und Dank.[51] Darum kann Calvin in der Institutio im Kontext seines Kapitels über das Gebet von der Gottesdienstordnung reden. Vorbild für die kirchlichen Gebete, zu denen für ihn auch das Lied der Gemeinde gehört, ist der Psalter. Der Segen am Ende des Gottesdienstes ist nach dem Straßburger Gesangbuch von 1539[52] wie nach dem von Genf 1542 und 1545[53] nicht der aaronitische, sondern der Lobgesang des Simeon, der wohl von Calvin selbst in Gebetsform bereimt und mit Melodie versehen war und der von der ganzen Gemeinde gesungen wird. Wiederum ist die *Predigt* «Anfang und Grundlage» des Gottesdienstes, «gleichsam die Seele der Kirche», «die lautere Stimme des Evangeliums (pura vox Evangelii)». Sie ist nicht die Lehre der *Kirche*, sondern die der *Apostel*, nämlich von dem, «was der Sohn Gottes durch ihre Hand uns zukommen ließ». Die anderen Hauptstücke des Gottesdienstes sind die Früchte aus diesem ersten. Denn dieses erste wirkt zum einen das Band «brüderlicher Gemeinschaft» und öffnet uns zum anderen «die Tür zur Anrufung Gottes».[54] Wiederum ist die *Mahlfeier* Zusammenfassung und Höhepunkt des Gottesdienstes, insofern sie die beiden anderen Elemente in sich begreift. In ihr legt der *Herr* «den Reichtum seiner Güte […] gleichsam aus seiner Hand in unsere», und zwar durch das mit den Elementen verbundene Wort[55]. Im Mahl sagen und singen *wir* ihm Lob und Dank. Und dazu tritt im Abendmahl noch drittens das Geschehen, in dem die Gemeindeglieder sich zur *gegenseitigen Liebe* verbinden.[56] Darum muss die Eucharistie sinnvollerweise in jedem Gottesdienst gefeiert werden.[57] Die Abstellung des römischen Missstandes, dass das Abendmahl nur einmal pro Jahr von der Gemeinde zu genießen sei, war Calvin allem Anschein nach noch wichtiger als die der anderen Missstände wie Abendmahlsliturgie in fremder Sprache, Kelchentzug, Anbetung der Elemente. Es war der Genfer Rat, der die regelmäßige Feier des Abendmahls in jedem Gottesdienst verhinderte. In der Institutio redet aber Calvin so, als finde das Abendmahl gleichwohl in jedem Gottesdienst statt.

Die von ihm betonte Dreigestalt der Elemente des kirchlichen Gottesdienstes ist auffällig und ist es um so mehr, als er die Elemente zwar unterscheidet, aber zugleich eng miteinander, ja, ineinander verwoben sieht. Die Vermutung liegt nahe,

---

51   Institutio III 20,29.
52   Aulcuns Pseaulmes (Anm. 43).
53   CO 6, Sp. 222.
54   Calvin, Commentarius in Acta Apostolorum, CO 48, Sp. 57 f.
55   Institutio IV 17,39.
56   A.a.O., IV 17,37 f.
57   A.a.O., IV 17,3–46.

dass er sie faktisch in Beziehung und Entsprechung zur Dreieinheit Gottes versteht. Die Vermutung wird dadurch verstärkt, dass er nach einigem Suchen die Fassung seiner Institutio von 1559 so disponierte, dass sie in vier Teilen gegliedert ist: die ersten drei entsprechend den drei Artikeln des Glaubens an Gott den Vater, den Sohn und den Geist, während der vierte Teil von der Kirche handelt. Hinter der Anordnung des dogmatischen Stoffes steht die Erkenntnis, dass die Kirche die Versammlung von Menschen ist, in der der Dreieine sich bezeugt und durch die er bezeugt wird. Deshalb darf man wohl einen trinitarischen Bezug auch jener drei Gottesdienst-Elemente annehmen. Tatsächlich ist das *Gebet* für Calvin, entsprechend der Anrede des uns von Jesus gelehrten Gebetes, vornehmlich Anrufung Gottes als unseres *Vaters* durch solche, die dieses «Vaters Kinder» sind[58], – auch wenn für Calvin klar ist, dass unser Beten zu diesem Vater um Christi, seines einen Sohnes, willen erlaubt ist und erhört wird und kraft des Heiligen Geistes als unseres «Lehrmeisters» geschieht.[59] Wiederum ist mit der *Predigt*, sofern sie Predigt des Wortes Gottes ist, «durch ein unlösbares Band die Kraft des Heiligen Geistes verbunden, um das Herz innerlich zu erleuchten und zu bewegen».[60] Das geschieht, indem der *Geist* sich der Predigt als seines Instrumentes bedient. Es ist freilich der Geist des himmlischen Vaters und seines Sohnes, durch den der Glaube an Christus und an den guten Willen Gottes des Vaters geweckt wird.[61] Darum geht nach Calvins Liturgie die Bitte zu Gott «um die Gnade des Heiligen Geistes» der Predigt unmittelbar voran, «damit sein Wort getreulich ausgelegt werde zur Ehre seines Namens und zur Auferbauung der Kirche».[62] Wiederum ist die Mahlfeier besonders auf das Werk *Jesu Christi* ausgerichtet. Er ist der Sohn Gottes, der uns mit dem himmlischen Vater versöhnt hat. Wir erwarten darin die Erfüllung der Bitte, dass wir ihn «empfangen». Darum wird an dieser Stelle der Liturgie die Lehre von seinen «zwei Naturen» ausgesprochen, nämlich in der Bitte, dass wir im Abendmahl ihn «empfangen, der als wahrer Gott und wahrer Mensch wahrhaftig das heilige Himmelsbrot ist»[63].

«Die Eucharistie ist die Gemeinschaft mit dem Leib und dem Blut des Herrn, so wie es Paulus bezeugt. Wir sollen sie feiern, damit wir in größerer Fülle in Christus bleiben und leben und damit er in größerer Fülle in uns lebt und bleibt.»[64]

---

58 A.a.O., III 20,8.
59 A.a.O., III 20,7.5.
60 A.a.O., IV 14,1; vgl. IV 1,6.
61 A.a.O., IV 14,8.10.
62 So Calvin in La forme des chantz (Anm. 45), 165.
63 Calvin, La forme des chantz (Anm. 45), 173.
64 A.a.O., 195.

Es geht um die Gemeinschaft mit ihm, in die uns der Geist versetzt und durch die uns die Versöhnung mit dem himmlischen Vater zuteil wird. In der Tat ist der kirchliche Gottesdienst durch die Zusammenordnung seiner drei Elemente in seiner Struktur trinitarisch geprägt.

Diese Prägung tritt im Gottesdienst ausdrücklich hervor zunächst im Gebrauch der trinitarischen Formel von Mt. 28,19, natürlich speziell im Fall der Taufe: «Tauft sie auf den Namen des Vaters und des Sohnes und des heiligen Geistes.»[65] Die Formel wird aber auch regelmäßig nach dem Bußbekenntnis gesprochen, mit dem der Gottesdienst beginnt und das an der Stelle des Confiteor («Ich gestehe ...») in der römischen Messe steht. Sie wird in der daraufhin erfolgenden Absolution gebraucht: Für die, die Jesus Christus zu ihrem Heil suchen, «verkündige ich Vergebung im Namen des Vaters, des Sohnes und des Heiligen Geistes»[66]. Es entspricht Calvins Verständnis des Zusammenhangs von Rechtfertigung und Heiligung, dass auf den Vergebungszuspruch hin die Gemeinde den Dekalog singt,[67] als Bekenntnis dazu, dass der Gott der Güte seinen Willen seinen «armen Knechten» kundtut. Das ist verbunden mit der Bitte, uns unsere Übertretungen nicht anzurechnen, sondern die Gerechtigkeit des Gesetzes uns so einzuprägen, dass wir Gott loben, indem wir ihm dienen und gehorchen. Es folgt aber auf jede der 12 Strophen des – wohl wieder von Calvin verfassten – Dekalog-Lieds ein Kyrie eleison.[68]

In einprägsamer Fassung erscheint die trinitarische Formel erneut am Ende des Dankgebets nach der Mahlfeier: in der Bitte darum, in der rechten Dankbarkeit sein Leben zu führen «zur Erhöhung deiner Ehre und zur Auferbauung unseres Nächsten [...], durch ihn, Jesus Christus, deinen Sohn, der ewig mit dir, Gott, lebt und regiert in der Einheit des Heiligen Geistes».[69] Es ist das vom Kirchenvater Augustin geprägte Verständnis der Trinität, wonach der Geist nicht ein bloßes Drittes ist neben Vater und Sohn, sondern deren Friedensband, das vinculum pacis. Es sei beachtet, dass hier nun nicht die Ehre Gottes und die Mitmenschlichkeit auseinander fallen, sondern miteinander verbunden sind. Nach der Straßburger Ordnung von 1524 und 1526[70] wurde das Credo jeweils nach der Predigt vor dem Fürbittegebet und der folgenden Mahlfeier gesungen. Es ist in Calvins Straßburger Gesangbuch von 1539 mit Melodie verzeichnet,[71] ebenso in den Genfer

---

65 A.a.O., 193.
66 A.a.O., 163. Vgl. Aulcuns pseaulmes, (Anm. 43), 57–60; und CO 6, Sp. 221 f.)
67 Calvin, La forme des chantz (Anm. 45), 163–165.
68 Aulcuns pseaulmes (Anm. 43), 57–60, und CO 6, Sp. 221 f.
69 Calvin, La forme des chantz (Anm. 45), 175.
70 Vgl. Jenny, Einheit des Abendmahlsgottesdienstes (Anm. 44), 22.
71 Aulcuns pseaulmes, a. a. O., 60–63.

Psalmen-Gesangbuch-Ausgaben von 1542 bis 1562 neben den ebenfalls *gesungenen* liturgischen Stücken: Unservater, Dekalog und Simeon-Segen.[72] In der Edition aller «Pseaumes de David, traduis en rime par Clemens Marot, et Theodore de Besze», im Anhang einer Bibel-Ausgabe, ist ihnen freilich nur das Dekalog- und Simeon-Lied zugefügt, und übrigens auch die ganze letzte Fassung der Liturgie (La forme des chants et prières). Das Credo wurde im Genfer Gottesdienst zwischen Predigt und Mahlfeier gesungen, wie schon in Calvins Straßburger Gottesdienstordnung von 1540. Markus Jenny nennt den Teil zwischen Predigt und Mahlfeier den «katechetischen»[73]. Das Credo ist hier mit dem nun auch hierher gesetzten Dekalog und dem Unservater zusammengestellt. In *diesem*, dem katechetischen Teil finden auch die Taufen statt, zu denen jedenfalls das Credo gehört. Sie sind dadurch als die Vorgabe für den Katechismusunterricht gekennzeichnet. Das Apostolikum, das «uns allen gemeinsame Bekenntnis des Glaubens», wird nach der Genfer Gottesdienstordnung von 1542 bei Taufen unmittelbar nach der Bejahung des Taufbegehrens gesprochen, mit der Begründung: «Weil es darum geht, dieses Kind in die Gemeinschaft der christlichen Kirche aufzunehmen, versprecht ihr, es, wenn es dazu alt genug und verständig ist, in der Lehre zu unterweisen, die beim Volk Gottes angenommen ist.»[74] An dieser Stelle sei der Hinweis von Jan Koopmans notiert, dass das Taufbekenntnis und dessen Deutung in Eph. 4,4–6 für Calvin der entscheidende Zugang zum trinitarischen Bekenntnis war.[75]

Dem Apostolikum folgt ein liturgisch vorgeschriebener Zusatz. Darin werden der zweite Glaubensartikel als das Evangelium des für uns eingetretenen Christus und der dritte Glaubensartikel als das Bekenntnis der Gnade und Kraft Gottes ausgelegt, die uns unsere Anteilnahme an Christus und seinen Gütern schenkt. Und darin wird das apostolische Glaubensbekenntnis auch trinitarisch präzisiert:

«Wir bezeugen, dass wir einen einzigen Gott haben, den wir anbeten, dem wir alles Lob und alle Ehre bringen, den allein wir anrufen, in allen unseren Bedürfnissen, und dem wir Dank sagen für alle Güter, die uns von ihm zukommen» – und «dass wir in einer einzigen göttlichen Wesenheit den Vater, den Sohn und den Heiligen Geist erkennen»[76].

Ohne das Letztere so präzis zu sagen, würden Gott Vater, Sohn und Geist zu «bloßen Beinamen (pura epitheta), mit denen Gott aus seinen Werken verschieden

---

72 Vgl. J. Smend, Art. Psalmenmelodien, französische, RE 3. Aufl., Bd. 16, 215.
73 Jenny, Einheit des Abendmahlsgottesdienstes (Anm. 44), 116 f.
74 Calvin, La forme des chantz (Anm. 45), 189.
75 Koopmans, Das altkirchliche Dogma (vgl. Anm. 25), 67.
76 Calvin, La forme des chantz (Anm. 45), 189. Vgl. seine Confessio de Trinitate, CO 9, 704.

bezeichnet» würde. Er würde dann in sich gerade nicht trinitarisch, sondern als undifferenzierte Einheit jenseits seiner Werke gedacht.[77]

Betont Calvin zwar zuerst das Einssein Gottes, so ist dieses jedoch nicht transzendent-metaphysisch verstanden, sondern als die Einheit des dem Menschen zum Heil zugewandten Gottes. Deshalb ist die auf diesen Gott bezogene trinitarische Bestimmung kein nachträgliches Zugeständnis an eine abstrakte kirchliche Lehrvorschrift, sondern Konsequenz aus der Erkenntnis des Gottes, der in seinem Heilshandeln *selbst* anwesend ist. Allerdings war Calvin in seiner Lehre zurückhaltend gegenüber der Bezeichnung der Drei-Einheit mit dem Begriff der «Personen», und wenn er ihn gebrauchte, dann im Sinn von «subsistentia» (Seinsweise)[78]. Denn ohne Betonung der Einheit Gottes führe das Bekenntnis seiner Dreieinheit, wenn nicht zu einem Tritheismus (Drei-Götter-Lehre), so zu einem Subordinatianismus (der Sohn und der Geist sind «weniger» Gott als Gott der Vater). Darum lasse sich die *Drei*-einheit nur aussagen, wenn klar ist, dass von Sohn und Geist, bei aller Anerkennung ihres Unterschieds vom «Vater», dem «*Wesen*» nach dasselbe zu sagen ist wie vom «Vater». Also auch der Sohn bzw. der Geist ist «aus sich selbst existierender Gott». Und darum: «Der Name Jehova ist Name (elogium) der Gottheit, der den Vater und den Geist nicht weniger als den Sohn umfaßt.»[79]

Noch einmal, Calvin liegt nichts an sich an der *Formel*. Sie ist denn auch in seiner Gottesdienstliturgie eingebettet in eine Fülle von Aussagen, in denen das Bekenntnis zu dem dreieinen Gott in seiner geistlichen Bedeutung *ausgelegt* wird. Einige Beispiele: Im Bußbekenntnis zu Anfang des Gottesdienstes wird der angerufen, der «ewiger und allmächtiger Vater» ist, vor dem «wir arme Sünder sind». Er wird um Erbarmen «im Namen deines Sohnes Jesus Christus, unseres Herrn,» angefleht und wird um die «Gnadengaben deines heiligen Geistes» gebeten, die «uns allen Sünden absterben lassen und in uns Früchte von Gerechtigkeit und Unschuld bewirken»[80]. Und vor dem Unservater-Gebet, das der Predigt vorangeht, wird dieses erläutert, indem der himmlische Vater als der «Vater aller Güte und Barmherzigkeit» angesprochen wird: Er möge uns gnädig sein «im Angesicht seines Sohnes Jesus Christus, unseres Herrn», der Mittler zwischen ihm und uns ist. Er möge uns leiten «mit seinem heiligen Geist zur wahren Erkenntnis seiner heiligen Lehre» und zum Hervorbringen der «Frucht der Gerechtigkeit».[81] Das Fürbittegebet, das

---

77 Institutio I 13,7.
78 Calvin, Adversus Caroli calumnias (Anm. 23), 251; vgl. J. Koopmans, Das altkirchliche Dogma (Anm. 25), 54.
79 Calvin, Confessio de Trinitate, CO 9, 708.
80 Calvin, La forme des chantz (Anm. 45), 163.
81 A.a.O., 165.

der Predigt folgt, wird zu dem gesprochen, der «gütiger Gott und barmherziger Vater» ist. Es wird somit gebetet «für alle Menschen, weil du als Heiland aller Welt erkannt sein willst, durch die Erlösung, die in deinem Sohn Jesus Christus geschehen ist». Und es wird gebetet, damit die in Irrtum und Unwissenheit Gefangenen «durch die Erleuchtung deines heiligen Geistes und die Verkündigung deines Evangeliums auf den rechten Weg des Heils zurückgeführt werden, nämlich dich als einzig wahren Gott zu erkennen und den, welchen du gesandt hast: Jesus Christus»[82]. In bedrängenden Notzeiten wird Gott so angerufen:

«Du bist unser Vater, und wir sind nur Erde und Schlamm. Du bist unser Schöpfer, und wir sind die Werke deiner Hände. Du bist unser Hirte, wir sind deine Herde. Du bist unser Erlöser, wir sind das Volk, das du freigekauft hast [...]. Darum zürne nicht über uns.»[83]

Es ist deutlich, dass in diesen Zusammenhängen die Trinitätslehre nicht bloß praktisch «angewandt» wird. Hier ist das Werk oder Handeln des dreieinen Gottes gegenüber den Menschen, für sie und in ihnen anvisiert, und zwar in Gestalt betender Anrufung Gottes. Es ist aber auch deutlich, dass Calvin die Einheit Gottes, an deren Betonung ihm liegt, nicht jenseits seiner Dreiheit sieht. Dann wäre seine Dreiheit nur eine scheinbare und bestünde bloß in drei unterschiedlichen Werken an uns. Er *ist* «der Eine, doch so, dass er in drei Personen unterschiedlich betrachtet werden will. Halten wir an diesem nicht fest, so flattert nur ein leerer Begriff von Gott ohne Beziehung zu dem wahren Gott in unserem Gehirn herum»[84]. Die Dreiheit ist *in* seiner Einheit. Das zeigt sich in jenen Gebetstexten darin, dass Vater, Sohn und Geist nicht als drei Individuen nebeneinander angesprochen sind, sondern als ein und derselbe Gott. Er ist so gesehen, dass Vater, Sohn und Geist als die drei Seinsweisen des *einen* Gottes erkennbar sind. Er ist dreimal derselbe: der, dem wir als seine Geschöpfe verantwortlich sind und vor dem wir als arme Sünder nicht bestehen können, der, der als der Mittler zwischen Gott und Mensch der Versöhner ist, und der, der in uns als der uns Heiligende wirkt. Dass er dreimal derselbe ist, ist erst recht dadurch klargestellt, dass in dem Dreifachen keiner der drei ohne den anderen wirkt. Das aber ist vor allem darum zu sagen, weil es auf die Erkenntnis des christlichen Glaubens ankommt: Der himmlische Vater ist darin unser «Vater aller Güte und Barmherzigkeit», dass er es ist in dem *Sohn*, der unser Bruder geworden ist und als solcher uns Sünder mit Gott versöhnt, und durch den *Geist*, der uns durch seine Kraft Anteil gibt an dem Versöhner und uns so zu Gottes Kindern macht.

---

82 A.a.O., 167.
83 A.a.O., 179.
84 Institutio I 13,2. Calvin sagt dort statt persona sogleich auch subsistentia oder hypostasis.

Die trinitarische Rede ist hier zuerst und entscheidend Rede *zu* Gott, nicht Gedanke *über* Gott. Darum wird hier nicht eine Lehre nachträglich gottesdienstlich verwendet, sondern Menschen wenden sich betend an Gott. Die Lehre ist nicht überflüssig, aber sie ist ein nachträglicher Klärungsversuch hinsichtlich dessen, was die gottesdienstliche Gemeinde in ihrer Anrufung des dreieinen Gottes sagt. Wenn das Bekenntnis zu diesem Gott hier nicht *lebt,* dann steht die *Lehre* von der Trinität in der Luft. Hat das Bekenntnis aber hier seinen wirklichen und klaren ‹Sitz im *Leben*›, dann stehen wir vor der Erkenntnis, der sich Calvin geöffnet hat: Die Lehre von der Dreieinheit Gottes und die Lehre von unserem Heil sind nicht auseinander zu dividieren. Jan Koopmans bemerkt fein: Calvin redet angesichts der drohenden Möglichkeit, «dass die Theologie, so wie im Humanismus, in zwei Teile auseinander fiel: in ein ‹objektives› Dogma über das Wesen Gottes und die zwei Naturen Christi *und* eine ‹subjektive› Heilslehre». Dem entgegen geht es Calvin darum, «den Zusammenhang des neuen Bekenntnisses mit dem alten Glauben aufzuweisen, oder besser, […] zu zeigen, dass das neue Bekenntnis ein Bekenntnis des alten Glaubens ist».[85] Man kann eben nicht ernstlich sagen, dass uns das Heil allein aus Gnade geschenkt wird, ohne trinitarisch zu sagen, dass Gott selbst es ist, der als der himmlische Vater in seinem Sohn sich unserer annimmt und durch den Heiligen Geist uns in die Gemeinschaft mit sich nimmt. Man kann aber auch nicht trinitarisch von der Einheit und Unterschiedenheit des Vaters, Sohnes und des Geistes reden, ohne zu sagen, dass dieser Gott uns das Heil allein aus Gnade zugedacht und erworben hat und mitteilt.

---

85 Koopmans, Das altkirchliche Dogma (Anm. 25), 109. Vgl. 115: «Rechtfertigung und Erwählung, diese recht eigentlichen protestantischen Lehrstücke, sind nicht nur undenkbar ohne die Grundlage der altkirchlichen Trinitätslehre und Christologie: sie sind deren notwendige Ausführung und Anwendung.»

2. Glaube und gute Werke

Das rechte Verständnis der Rechtfertigungslehre

1. Die biblische Lehre und ihr Missverständnis

Bei den Verhandlungen zwischen dem Vatikan und dem Lutherischen Weltbund am Vorabend des 3. Jahrtausends zum Abschluss ihrer «Gemeinsamen Erklärung zur Rechtfertigungslehre» (1997)[86] waren die Reformierten nicht direkt beteiligt. Hat die reformierte Seite etwa kein vitales Interesse an dieser Lehre und an einer Klärung ihres Verständnisses der Rechtfertigung im Verhältnis zur römischen Kirche? Der katholische Bischof Walter Kasper erklärte, dass es bei diesem Thema zwischen seiner und den reformierten Kirchen – im Unterschied zu der lutherischen – «nie gravierende Unterschiede» gegeben habe.[87] Der Eindruck verstärkt sich beim Blick in die von Lukas Vischer gesammelten 35 Bekenntnistexte aus der reformierten Weltfamilie, die in der zweiten Hälfte des 20. Jahrhunderts formuliert wurden. Nur in einem einzigen Text, in dem der Cumberland-Presbyterianischen Kirche der USA, die aus der Erweckungsbewegung des 19. Jahrhunderts entstanden ist, findet sich ein eigener Artikel über die Rechtfertigung – und hier ist sie im pietistischen Sinn als Zwischenglied zwischen Reue und Wiedergeburt verstanden.[88] Noch in sieben weiteren Texten taucht die Lehre stichwortartig auf – durchweg so, dass gesagt wird, in Betonung der Zusammengehörigkeit von Rechtfertigung und Heiligung: Wir Sünder werden durch die Gnade Jesu Christi gerechtfertigt und durch die Gabe des Heiligen Geistes geheiligt.[89] Dass es sich bei der Rechtfertigungslehre um *den* einen «Artikel, mit dem die Kirche steht und

---

86 Der Lutherische Weltbund und der Päpstliche Rat zur Förderung der Einheit der Christen. Gemeinsame Erklärung zur Rechtfertigungslehre 1997 (Endgültiger Vorschlag), epd-Dokument, Nr. 46/97 (27.10.1997), 21–28.

87 «Der Papst kann nicht alles allein entscheiden». Interview mit Bischof Kasper, in: Die Welt 19.2.2000.

88 Reformiertes Zeugnis heute. Eine Sammlung neuerer Bekenntnistexte aus der reformierten Tradition, hg. v. L. Vischer, Neukirchen-Vluyn 1988, 211.

89 A.a.O., 15 f.18.24 f.31.34.44.187.239.

fällt»[90], handeln könnte, wird aus diesen Bekenntnistexten nicht erkennbar. Geschweige denn, dass wir darin einer Sicht begegnen, nach der es gerade hier einer erhöhten Wachsamkeit gegenüber der traditionellen römischen Lehre bedarf. Wie auch immer man diesen Sachverhalt beurteile: Die neuere Diskussion über jene «Gemeinsame Erklärung zur Rechtfertigungslehre» dürfte den reformierten Kirchen zum Anstoß werden, sich auf das eigene reformatorische Erbe in dieser Frage zu besinnen und zuzusehen, dass es nicht in der Gegenwart verspielt wird, etwa in der Meinung, dass es in der Rechtfertigungslehre um ein Problem bloß des 16. Jahrhunderts gehe, während wir heute vor ganz anderen Herausforderungen stünden. Vielleicht ist dieses Erbe sogar schon länger in unseren Kirchen verspielt, so dass das, was Calvin damals an der römischen Kirche kritisierte, sich heute gegen unsere eigenen protestantischen Kirchen richtet. Denn soviel ist sicher: Die Zürcher und Genfer Reformatoren waren damals mit den lutherischen darin einig, dass diese Lehre vom Grund unseres Heils und unserer Gottesbeziehung redet, neben dem es keinen anderen Grund gibt – wie Calvin sagt.[91] Sie waren sich auch darin einig, das innere Recht einer nach Gottes Wort erneuerten Kirche hänge daran, dass Klarheit in der Abgrenzung gegenüber der damals herrschenden, anders lautenden Lehre besteht. Die reformierten Theologen haben in der Vertretung der Rechtfertigungslehre wohl von Anfang an eigene Akzente gesetzt. Sie haben das vor allem damit, dass sie den Zusammenhang von Rechtfertigung und Heiligung mehr hervorhoben, als es ihnen auf der lutherischen Seite deutlich war. Aber der andere Akzent hat die Verbundenheit in der gemeinsamen Einsicht in das Evangelium nicht verletzt. Vielleicht darf man auch sagen: Die Reformation war weit genug, auch an diesem kardinalen Punkt unterschiedliche Akzentsetzungen in der gemeinsamen Erkenntnis zu ertragen, und sie war auch weit genug, dass man sich über die verbleibenden Unterschiede geschwisterlich unterhalten konnte, wenn man sich im Grundsätzlichen einig war. Es gab jedenfalls im Blick auf dieses Thema kein konfessionelles Getrenntsein und Gegeneinander.

Johannes Calvin ist wohl erst in Straßburg auf die hohe Bedeutung und den spezifischen Sinn der Rechtfertigungslehre gestoßen, nachdem er von Genf vertrieben und von Martin Bucer dorthin genötigt worden war.[92] Schon im ersten

---

90 Articulus stantis et cadentis ecclesiae. Die Formel soll Bernardino Ochino von Siena (1487–1565) geprägt haben, der nach seiner Abkehr vom römischen Katholizismus freilich besondere Beziehungen nach Genf und Zürich hatte.

91 Institutio III 11,1.

92 Wie sehr dort Bucer zum hochgeschätzten Lehrmeister Calvins wurde, sieht man noch in seiner Trauer über dessen Tod 1551: Es sei ihm dadurch eine große «Herzenswunde» gerissen, und es habe «die Kirche Gottes im Tode dieses einen Mannes» einen schmerzlichen Verlust erlitten – in: Calvin, Briefe, 562: Brief am 15.6.1551.

Straßburger Jahr, 1539, befasste er sich zweimal mit der Lehre. Zunächst in seinem Römerbrief-Kommentar[93], der an der Spitze seiner Auslegungen der biblischen Bücher steht. Er war ihm so wichtig, dass er ihn bis 1551 in weiteren Editionen überarbeitete und ergänzte, inständig bemüht, auf die paulinische Botschaft von der Gerechtigkeit Gottes, der Gerechtigkeit Christi und der Glaubensgerechtigkeit so genau wie nur möglich zu hören. Soweit es ersichtlich ist, stand am Anfang der Entdeckung der Rechtfertigungslehre bei ihm an diesem Punkt weder eine Unzufriedenheit mit der römischen Theorie und Praxis noch eine persönliche Lebensschwierigkeit noch die spezielle «Erfahrung Luthers», wie wir das in lutherischen Texten über die Rechtfertigungslehre zu hören bekommen. Am Anfang stand bei Calvin die biblische Aussage, die ihn zu einem gründlichen Umdenken zwang. Er ist nicht *allein* darauf gestoßen. Luthers «Römerbrief» konnte er noch nicht kennen, aber im Vorwort nennt er Martin Bucer, dazu Philipp Melanchthon und Heinrich Bullinger als diejenigen, die ihm bei der Auslegung zu denken gaben. Gleichzeitig arbeitete er jetzt auch seine katechismusartige «Institutio» zu einem reformatorischen Lehrbuch aus, in dem er den Artikel von der Rechtfertigung zu einem ausführlichen Traktat entfaltete, in ausgiebigem Rekurs auf biblische Passagen und in Abgrenzung gegen Thomas von Aquin, Duns Scotus und gegen die römischen Kritiker der Reformation: Johannes Cochläus, Johannes Faber, Jacobus Latomus und Johann Eck. In den späteren Ausgaben der «Institutio» fügte Calvin wohl noch einige Ergänzungen ein, vor allem eine lange Abhandlung gegen die 1551 erschiene Schrift des Lutheraners Andreas Osiander über die Rechtfertigung, wonach wir aufgrund einer uns von Gott eingeflößten Gerechtmachung vor Gott gerecht seien.[94] Calvin war sich von Anfang an mit anderen Lutheranern einig, dass diese These Unfug sei, und er reagierte um so heftiger, als wieder andere Lutheraner Calvin mit Osiander unter *einer* Decke sahen.[95] Aber ansonsten blieben Calvins acht Kapitel über die Rechtfertigung erstaunlicherweise auch in seiner Fassung der Institutio von 1559 in der Hauptsache identisch mit seinen Ausführungen von 1539. Er nahm auch keine Änderung vor infolge seiner Teilnahme am Regensburger Gespräch von evangelischen und katholischen Theologen im April 1541. Vielmehr war er dort überrascht, auf der römischen Seite Gesprächspartner zu finden, mit denen er sich über das reformatorische Verständnis der Rechtfertigungslehre verständigen zu

---

93 Datiert auf den 18.10.1539, gewidmet an Simon Grynäus, bei dem Calvin unmittelbar zuvor in Basel gewohnt hatte. CO 49, 1–292; deutsch: Johannes Calvins Auslegung des Römerbriefes und der beiden Korintherbriefe, Neukirchen 1960, dort 9–297 (im folgenden ist die Römerbriefauslegung abgekürzt: R).

94 Institutio III 11,5–12.

95 Calvin, Briefe, 562.595.613.982

können glaubte. Ja, er meinte, in dem dort gemeinsam Erklärten finde sich nichts, was nicht schon «in unseren Schriften» steht.[96] Er sah dann auch in der Verabschiedung des Dekrets über die Rechtfertigung beim Trienter Konzil im März 1547 keinen Grund, seine Ausführungen von 1539 in dieser Sache zu ergänzen oder zu ändern. Das Nötige war dort damals offenbar bereits gesagt.

Doch befasste er sich mit dem Trienter Konzil, dem «Tridentinum», genauer: mit den sieben Beschlusstexten seiner ersten Sitzungsperiode 1546/47 in einer eigenen Schrift.[97] Ausführlich behandelte er dabei das Dekret über die Rechtfertigung, das er zu Recht als den wichtigsten Konzilstext und als eine Provokation für das reformatorische Lager ansah. Der Titel von Calvins Schrift, ebenfalls im Jahr 1547 verfasst, lautet: Acta Synodi Tridentini. Cum antidoto, «Die Verhandlungen der Trienter Synode, mit einem Gegengift», und sagt genau das, was die Schrift bietet: eine Art ausgiebiger Rezension, in der zunächst der Konzilstext abgedruckt wird, bevor zu ihm kritisch Stellung genommen wird. Eine offene Frage ist, wie der Konzilstext schon wenige Wochen nach der Verabschiedung von Trient in Calvins Genf gelangte, um dann nach weiteren wenigen Wochen im Druck zu erscheinen, versehen mit seinem theologischen Kommentar. Da zunächst sowohl der Papst wie der Kaiser eine Veröffentlichung des Textes über die Rechtfertigung untersagten, ist, wie Hubert Jedin annimmt,[98] Calvins Edition die erste Publikation des Trienter Rechtfertigungsdekrets, wenigstens die erste diesseits der Alpen. An Calvins Besprechung des Textes fällt auf, dass er offenkundig auch über die Trienter Diskussionen informiert war, die der abschließenden Formulierung des Textes vorangegangen waren, etwa jene zwischen dem Augustiner-General Seripando und den spanischen Jesuiten Salméron und Lainez. So vermochte Calvin differenziert Stellung zu nehmen. Ferner fällt auf: Obwohl er den Text mit den unbestechlich wachen Augen eines evangelischen Theologen liest, behandelt er die von ihm ausdrücklich so genannten «ehrwürdigen Väter» des Konzils mit unverkennbarem Respekt. Mit den sonst ja auch bei ihm nicht unbekannten Grobianismen der ciceronischen Rhetorik geht er in diesem Fall sparsam um. Das mag daran liegen, wie schon vermutet wurde,[99] dass Calvin in seiner Kritik am Papsttum das konziliare Prinzip nicht kategorisch verwerfen wollte. Es lag wohl auch daran, dass

---

96 A. N. S. Lane, Calvin and Article 5 of the Regensburg Colloquy, in: Calvinus Praeceptor Ecclesiae. Papers of the International Congress on Calvin Research […] 2002, hg. von H. J. Selderhuis, Genève 2004, 233–263, besonders 262.

97 Acta Synodi Tridentini. Cum antidoto, CStA Bd. 3, 116–207 im folgenden abgekürzt: AS.

98 Das Konzil von Trient. Ein Überblick über die Erforschung seiner Geschichte, Rom 1948, 18.44.

99 Th. W. Casteel, Calvin and Trent: Calvin's Reaction to the Council of Trent in the Context of his conciliar Thought, in: Harvard Theological Review 63 (1970), 91.

er mit Melanchthon einig war, der zu dem Dekret bemerkte: Es bestreite zwar «viele Sätze der Lehre des reinen Evangeliums», es enthalte aber auch «einige wahre Artikel».[100] Es fällt schließlich auch die souveräne Unbekümmertheit auf, in der Calvin das Konzilsdekret bespricht. Er redet als ein Theologe, der für die Diskussion gerüstet war, weil er sich über den umstrittenen Gegenstand beizeiten Klarheit verschafft hat. Er reagiert darum nicht aufgeregt und kurzatmig auf noch nicht bedachte Einwände, weil er auch gegenüber einem Text von dem immerhin beachtlichen Format der tridentinischen Lehre nur eben seine ihm schon geschenkte und geklärte evangelische Erkenntnis zu bewähren hat.

Unter Bezugnahme auf die drei genannten Texte – Römerbrief-Auslegung, Institutio und Acta Synodi Tridentini – sei Calvins Verständnis der Rechtfertigungslehre in ihrer Profilierung gegenüber der römischen und speziell tridentinischen Lehre skizziert.

2. Die Rechtfertigungslehre als Konsequenz der Christologie

Calvin fasst seine Kritik an den Verfassern des tridentinischen Dekrets so zusammen:

«Sie schicken zwar voraus, dass sie von Anfang an nur von Christus erfüllt sind. Wenn man dann aber zur Sache gekommen ist, ist man weit entfernt davon, ihm zu überlassen, was ihm zusteht» (AS 137).

Die Differenz zwischen der evangelischen und der römischen Seite in der Rechtfertigungslehre hat ihre Wurzeln offenbar in einer Differenz in der Christologie. Weil sich beide Seiten in Christus uneins sind, darum sind sie es auch in der Rechtfertigungslehre. Oder genauer: Weil die andere, die römische Seite Christus nicht so ins Auge fasst, dass sie ihn auch beim Verständnis der Rechtfertigung unverwandt im Blick behält, darum gerät die Rechtfertigungslehre aus dem Lot. Darum weicht Calvin nicht nur von ihrer Rechtfertigungslehre ab, um sich dann etwa mit ihr in der Lehre von der Heiligung einig zu sein. Darum wird auch ihr berechtigtes Anliegen, den Zusammenhang von Rechtfertigung und Heiligung zu betonen, verwirrt und verkehrt (AS 149). Calvin ist darin stark, dass er bei aller deutlichen Kritik an dieser Verkehrung dieses berechtigte Anliegen keinen Millimeter preisgibt. Man kann es nach ihm ja auch gar nicht preisgeben, wenn man die Rechtfertigungslehre im Lichte der Christologie liest und nicht etwa umgekehrt. Sein Leitwort dafür ist 1. Kor. 1,30, wozu er bemerkt:

---

100 H. Jedin, Geschichte des Konzils von Trient, Bd. 2, Freiburg 1957, 266–268.497.

Alle dort genannten «Wohltaten Christi sind durch ein bleibendes und unlösbares Band miteinander verknüpft: die Menschen, die er mit seiner Weisheit erleuchtet, die erlöst er auch; die er erlöst, die rechtfertigt er auch; die er rechtfertigt, die heiligt er auch [...]. Wenn uns der Herr diese Wohltaten genießen lässt – und zwar einzig und allein dadurch, dass er sich selbst uns gibt! –, so spendet er [...] nie das eine ohne das andere» (Institutio III 16,1).

Der Zusammenhang von Rechtfertigung und Heiligung, von dem noch zu reden sein wird, ist begründet in einer Voraussetzung, in der bereits darüber entschieden ist, dass beides zweierlei ist und beides zugleich unlösbar zusammengehört. Die Konturen dieser Voraussetzung zeigen sich, wenn wir zu verstehen suchen, inwiefern Christus uns (nach 1. Kor. 1,30) «zur Gerechtigkeit gemacht ist». Warum eigentlich *Gerechtigkeit*? Warum dieser juristische Begriff, der heute selbst Freunden der Rechtfertigungslehre dunkel ist? Warum Gerechtigkeit, wo doch Christus auch für Calvin die Offenbarung, ja, die Verkörperung der Güte, der Liebe, der Barmherzigkeit Gottes ist? Calvin definiert so:

Dass jemand gerechtfertigt ist, heißt: «er wird in Gottes Urteil als gerecht eingeschätzt und wird akzeptiert wegen seiner Gerechtigkeit. Da nämlich Ungerechtigkeit Gott zuwider ist, kann der Sünder vor seinen Augen keine Gnade finden, sofern er Sünder ist und solange er als solcher beurteilt wird» (Institutio III 11,2). «Rechtfertigung bedeutet also nichts anderes, als einen Menschen, der unter Anklage stand, sozusagen aufgrund erwiesener Unschuld von [...] der Anklage lossprechen» (ebd., 3). «Daraus wird deutlich, dass die Gerechtigkeit [...] einfach das Gegenteil von Schuldzustand ist» (ebd., 4).

Wenn nun Christus die Verkörperung der barmherzigen Liebe Gottes zu uns ist, so stellt sich die Frage, wie diese seine Liebe zu verstehen ist angesichts dessen, dass sie sich auf einen Menschen bezieht, der vollkommen im Unrecht ist und der ihm wegen seiner tiefsitzenden Ungerechtigkeit mit Recht zuwider ist. Wie kann Gott zu einem Menschen Ja sagen, zu dem er Nein sagen muss? Calvin ringt hier mit einem Problem, das die moderne Reduktion Gottes auf sein bloßes Liebsein auszublenden sucht, doch um den hohen Preis, dass dann für diesen Gott das Böse tolerabel, hinnehmbar oder nur ohnmächtig zu erleiden ist. Calvin will nicht zwei gegensätzliche *Begriffe* ausgleichen. Er ringt mit dem Problem, wie das in der Schrift bezeugte *Christusgeschehen* und darin das, was Rechtfertigung heißt, zu verstehen ist. Dieses Geschehen ist auch als Rechtsgeschehen zu verstehen. Denn sonst würde die Versöhnung, die nach 2. Kor. 5,19 in Christus geschehen ist, zu einer Versöhnung mit dem Unrecht. Calvin meint in der Tat: Alles Reden von Gottes Güte ist solange Beschwichtigung und Verharmlosung von Unrecht, wie nicht im Blick auf dieselbe Güte damit ernst gemacht ist, dass Gerechtigkeit «das Gegenteil von Schuldzustand» ist. Das Christusgeschehen *ist* aber in solcher Differenziertheit zu verstehen: Gottes Güte bezieht sich darin auf einen Menschen, der nicht gut ist. Gott kann ihn als solchen nicht gutheißen. Denn Gott kann nicht böse bloß *umdeuten* in gut. Er *erbarmt* sich dessen vielmehr so, dass er in seiner Güte mit dessen Verkehrtheit *kein* Erbarmen hat. Wie sollte davon ernstlich die Rede sein können, dass der Sünder vor Gott *gerechtfertigt* ist, wenn Gott in seinem Erbarmen mit ihm nicht *gerecht* verfährt? Wenn also davon abgesehen wird, dass Gott in seinem Erbarmen nicht etwa Komplize, sondern Feind der Ungerechtigkeit ist? Wenn also darin etwa nicht ein Freispruch von der Anklage und eine Gerechterklärung «aufgrund erwiesener Unschuld» ergeht?

Eine solche Gerechterklärung aufgrund erwiesener Unschuld geschieht aber nun wahrhaftig in der Rechtfertigung des Sünders – und das allein erlaubt hier den unverstellten Gebrauch dieses Begriffs! Sie geschieht weder so, dass der Sünder dabei als bloß fälschlich angeklagt erwiesen wird, noch so, dass seine Unschuld nur als eine scheinbare behauptet wird. Die Rechtfertigung von uns Sündern geschieht so, dass Gott in seiner Barmherzigkeit Christus «uns zur Gerechtigkeit gemacht» hat. Diese «Gerechtigkeit Christi» ist in Koinzidenz mit Gottes Barmherzigkeit *geschenkte Gerechtigkeit*, gnädig darin, dass sie uns geschenkt wird, gerecht darin, dass sie uns gilt als unsere Gerechtigkeit (R 78). Dabei besteht die Gerechtigkeit Christi nicht in einer abstrakten Tugendhaftigkeit Christi. Angesichts derer könnte man wohl fragen – wie man es seit der Aufklärung vielfach getan hat –, wie die Gerechtigkeit eines Tugendhaften einem anderen, fehlbaren Menschen angerechnet werden kann. Sie besteht nach dem von Calvin viel zitierten Pauluswort in dem großen Tauschgeschehen, in dem Gott «ihn, der die Sünde nicht kannte, für uns zur Sünde machte, damit wir die Gerechtigkeit Gottes in ihm wären» (2. Kor. 5,21 – AS 147; Institutio II 16,6.; III 11,9.23). In diesem Tauschgeschehen wird unsere Ungerechtigkeit von uns abgewendet. In dem Tod Christi wird *sie* in den Tod gegeben und wird uns die Gerechtigkeit Christi als die Eröffnung eines neuen Lebens unter dem Freispruch von der Schuld zugewendet. Dieses Tauschgeschehen besteht zugleich darin, dass wir uns entnommen *und* an Christus gebunden werden. Wir werden es so radikal, dass wir uns selbst nicht mehr sehen, verstehen und gelten lassen können außer in ihm. Denn, so betont Calvin: Wir sind nie anders gerecht als *in ihm.*

«Wir werden in ihm und außer uns für gerecht erklärt» (Institutio III 11,4). «Wir werden also in Christus für gerecht gehalten, obwohl wir es in uns nicht sind» (ebd., 3). «Die Rechtfertigung [...] geschieht in Christus, weil sie außerhalb von uns geschieht. Das kann man keineswegs [...] auf den Beginn der Gerechtigkeit beschränken.» Dass Gott uns rechtfertigt, «das gilt nur, indem wir bis zum Tode unsere Gerechtigkeit allein darin haben, dass wir auf Christus allein blicken, in dem Gott uns zu Kindern angenommen hat und jetzt bei sich in Gnade stehen lässt» (R 74, 78).

«Dies allein ist der Hauptpunkt des Streits», sagt er den Konzilsvätern: «Auf welche Weise werden wir von Gott als gerecht beurteilt?» (AS 155) Sie sagen: teils wegen der uns geschenkten Anrechnung der Gerechtigkeit Christi, teils wegen der dadurch in uns bewirkten eigenen Gutbeschaffenheit (151). Genau dies, der Blick teils auf Christus, teils auf uns selbst, und sei es auf das, was er in uns bewirkt, ist durch die Rechtfertigung des Sünders ausgeschlossen. Das darf auch nicht mit dem Zusammenhang von Rechtfertigung und Heiligung gemeint sein (155). Unsere Gerechtigkeit beruht *ganz* auf der «freignädigen Annahme Gottes» und darauf, dass wir *allein* in Christus gerecht sind (151). Erst wenn das klar ist und klar bleibt, dass wir nicht in uns, sondern außer uns, in Christus gerecht sind, ist allerdings zu sagen, dass wirklich *wir* wirklich *gerecht* sind und nicht denken dürfen, als ob wir es nur wären. Dann ist sogar zu sagen, dass dieser Christus uns nahe kommt und nahe ist, und insofern «schauen wir ihn nicht außer uns, von Ferne an, damit uns die Gerechtigkeit zugerechnet werde; nein, [...] weil er sich herabgelassen hat, uns mit sich eins zu machen, darum rühmen wir uns, dass wir Gemeinschaft der Gerechtigkeit mit ihm haben» (Institutio III 11,10).

3. Der Sinn der Exklusivität der Rechtfertigung

Calvin beginnt seine Diskussion des tridentinischen Rechtfertigungsdekrets so:

«Die Lehre von der Rechtfertigung des Menschen wäre leicht zu entfalten, wenn nicht falsche Ansichten, von denen die Menschen voreingenommen sind, das helle Licht verdunkelten. Der entscheidende Grund für die Verdunkelung liegt aber darin, dass wir nur höchst widerwillig dazu gebracht werden, Gott allein den Ruhm der Gerechtigkeit ganz und gar zu überlassen [...]. Nachdem durch Gottes außerordentliche Hilfe die Gottlosigkeit des Pelagius [...] zurückgewiesen worden war, wagten sie nicht, weiterhin so keck über die Verdienste des Menschen zu plappern. Sie dachten sich aber einen Mittelweg aus, damit sie Gott bei der Rechtfertigung des Menschen weder alles noch nichts gäben.» So beinhaltet ihr Dekret schließlich nichts anderes «als jenes scholastische Dogma, dass die Menschen teils durch Gottes Gnade, teils durch eigene Werke gerechtfertigt werden» (AS 137).

Calvin sieht durchaus, dass der römischen Lehre nicht einfach Werkgerechtigkeit, so wie sie um 400 n. Chr. Pelagius vertrat, vorzuwerfen ist. Denn sie kennt auch Gottes Gnade, die der Glaube empfängt und ergreift. Aber die Frage ist, ob sie sie wirklich kennt. Denn Gottes Gnade darf nicht verdunkelt werden durch das Tun der Menschen. Calvin bemerkt sehr wohl, dass das Tridentinum das menschliche Vermögen zu verdienstlichen Werken gerade *in* der Gnade Gottes begründen will und nicht neben ihr und zusätzlich zu ihr. Aber er durchschaut, dass durch diese kluge Konstruktion der Mensch unter dem pflichtschuldigen Dank für Gottes Gnade sich selbst das Kränzlein eines Eigenlobs binden darf. Umgekehrt: Calvin weiß, dass Glaube und gute Werke sich nicht ausschließen. Aber er wendet sich dagegen, dass sie so kombiniert werden, dass das Vertrauen des Menschen auf sein volles Bejahtsein durch Gott eingeschränkt und damit verunsichert wird durch die Bindung dessen an eine vom Menschen zu erbringende Leistung. Der Mittelweg, den die römische Lehre hier geht, ist keine *goldene* Mitte. Er ist ein Steckenbleiben in *Halbheit*. Dem unklaren Sowohl-als-auch ist darum ein klares Entweder-oder entgegenzuhalten. Es geht nicht um abstrakte Radikalitäten. Es geht darum, ob *Christus* uns zur Gerechtigkeit gemacht ist – und setzen wir jetzt hinzu: uns gemacht auch zur Weisheit, zur Heiligung und Erlösung. Ist er uns dazu gemacht, dann haben wir damit nicht zum Teil, sondern auf der *ganzen* Linie Ernst zu machen.

Darum ist nun zu betonen – erstens: Wir bekommen die uns widerfahrende Gnade und Barmherzigkeit gratis geschenkt, und zwar unverdientermaßen, nicht nur teilweise, nicht nur gelegentlich, sondern ganz und gar *unverdient*. Indem Gott den Sünder rechtfertigt, stellt er fest, dass der Empfänger seiner Gabe ganzer Sünder ist, der es als solcher nicht verdient hat, dass ihm dieses Geschenk widerfährt (R 77). Nun scheint das Tridentinum dem mit dem Satz zuzustimmen, dass wir gratis gerechtfertigt werden, «weil nichts von dem, was der Rechtfertigung vorhergeht, ob Glaube oder Werke, die Gnade der Rechtfertigung selbst verdient» (AS 125). Aber Calvin sieht, dass dabei die Sünde des Menschen nicht radikal erkannt ist. Die Sünde des Menschen, bevor ihm die Rechtfertigung zuteil wird, ist dort nicht als Verkehrtheit, sondern als Schwäche des Willens verstanden (137). Der geschwächte Wille ist immerhin frei genug, bei der Annahme der Rechtfertigung mitzuwirken. Damit ist die Tür geöffnet für die Meinung, dass das Widerfahrnis der Gnade in der Rechtfertigung sich nur als *Stützung* des geschwächten Willens auswirkt. Dank solcher – wohl gnadenhaften – Unterstützung hat der Mensch wenigstens nachträglich das Vermögen, verdienstliche Werke zu tun. Calvin liegt es fern, demgegenüber die Sünde des Menschen so groß zu machen, dass die Gnade dagegen hilflos ist. Gewiss bewirkt der Herr in den Seinigen gute Werke (R 73). Gewiss bewirkt die Gnade am Sünder den Beginn eines neuen Lebens. Aber es ist ein grundlegender Irrtum, im Blick darauf zu meinen: Was der Mensch der reinen Gnade Gottes *verdankt,* das habe er sich *verdient,* und mit dem, was Gott bei uns bewirkt, bewirkten wir selbst das Heil.

Zweitens: Die uns gratis gegebene Gnade der Rechtfertigung empfängt der Mensch im *Glauben*. Calvin sieht, dass die römischen Theologen das an sich nicht bestreiten. «Sie geben ja zu, dass der Mensch durch den Glauben gerechtfertigt wird. Aber – das ‹allein› bestreiten sie», also nach Röm. 3,28 den Satz, den Calvin «den entscheidenden» des Römerbriefs nennt: «dass der Mensch gerecht werde ohne des Gesetzes Werke, allein durch den Glauben» (R 81). Was liegt an dem «allein», durch das die Glaubensgerechtigkeit der Gerechtigkeit des Gesetzes entgegengesetzt wird (AS 149)? Der Glaube ist kein anderes verdienstliches Werk neben den Werken des Gesetzes. «Der Glaube trägt nichts von uns aus an Gott heran, sondern empfängt, was Gott uns von sich aus entgegenträgt» (AS 167). Er ist Geschenk, insofern der Mensch wohl einen Willen, aber einen geknechteten Willen hat, insofern er also von sich aus keinen freien Willen hat, sich für den Glauben zu entscheiden. Die Annahme der Gnade im Glauben geschieht selbst durch Gnade (AS 141 f.). Die Entgegennahme der Gnade, der Glaube, besteht in der dem Sünder geschenkten Freiheit, sein Vertrauen allein auf Christus zu setzen. «Die Glaubensgerechtigkeit ist also die Gerechtigkeit Christi» (R 75). Das «allein durch Glauben gerechtfertigt» ist identisch mit dem «allein durch Christus gerechtfertigt». Das «allein» ist daher notwendig, weil es darum geht, dass Gott in Christus *wirklich* rundum Ja sagt zum Sünder und nicht unter der Bedingung eines, und sei es nachträglich erbrachten, und sei es durch die Gnade eingeflößten Wohlverhaltens von seiten der Menschen. Andernfalls könnte der Mensch des göttlichen Jawortes nie ganz gewiss sein und wäre dann genau da, wo er allein Christus sehen und trauen sollte, an sich selbst verwiesen.

Drittens: Also nur wenn der Mensch – und das tut er im Glauben – *allein* auf *Christus* blickt und vertraut, ohne auf sich zu blicken, auf sein Vermögen oder vielmehr Unvermögen, kann und wird er dessen gewiss sein, dass Gott unumwunden und unbedingt gerecht und gnädig zu ihm Ja sagt. Sobald er von Christus wegblickt – und *das* ist mit der Gerechtigkeit des Gesetzes gemeint –, wird er dessen nicht mehr oder nur fälschlich gewiss sein. Wo er aber absieht von dem in Christus festgemachten unbedingten Jawort Gottes, da bekommt er einen unheimlichen Kompagnon: einen Gott, der seinerseits abgesehen von seinem Jawort «Gott» ist. Der zieht es also selbst in Zweifel, ob er es mit seinem Jawort ernst meint. Der entlässt damit den Menschen an die Sisyphusaufgabe, seines eigenen Glückes Schmied zu werden. Der abgesehen von seiner erwiesenen Gnade behauptete Gott ist eben nur ein Spiegelbild des sich abgesehen von Gottes Gnade behauptenden *Menschen*. Das Tridentinum sagt: «Niemand darf Vermutungen über das verborgene Geheimnis der göttlichen Erwählung anstellen, dass er mit Gewissheit sagt, er gehöre durchaus zur Zahl der Erwählten» (AS 129). Demgegenüber klammert sich Calvin, der selbst gerade durch die Frage der Erwählung höchst beunruhigt war, an Eph. 1,4, dass wir in Christus schon vor Grundlegung der Welt erwählt sind, und bemerkt dazu:

«Nichts ist gefährlicher, als den geheimen Ratschluss Gottes zu erforschen, um von daher die Kenntnis unserer Erwählung zu verschaffen. Das ist eben der Abgrund, der uns in den Untergang verschlingt. Aber weil uns der himmlische Vater in Christus den Spiegel unserer ewigen Annahme an Kindes Statt vor Augen führt, hält nur der das uns durch Christus Gegebene wahrhaft fest, der bei sich mit Gewissheit glaubt, dass es ihm vom Vater gegeben ist, dass er nicht untergeht [...] Der Vater, der uns in die Obhut und Treue seines Sohnes übergeben hat, ist größer als alle und der Sohn wird es nicht dulden, ‹dass irgend eines verloren geht› (Joh. 6,39; 10,28)» (AS 185 f.).

Viertens: Wo der Blick im Glauben auf Christus *allein* übergeht zum Blick des Menschen *auch* auf sich selbst, auf sein Vermögen und dessen Leistungen, und leite er sie vom heilsamen Einfluss der Gnade auf ihn ab, da wird er nicht nur nicht genug von der Gnade reden, da wird er vor allem unter der Gnade etwas anderes verstehen als dort, wo der Glaube allein auf Christus schaut. Da wird sie zu einem Motiv und Impuls, damit der Mensch nun *selbst* vollbringen zu können meint, was er zuvor nicht konnte. Da wird die Gnade ihm ein Zuwachs seines eigenen Vermögens sein. Da ist der Mensch nicht der Sünder, der dauernd auf Gottes Gnade angewiesen ist, sondern da ist er nur noch mehr oder weniger Sünder, der, statt auf Christus zu vertrauen, immer mehr auf sich selbst bauen zu können meint und dabei auf Illusionen baut und so auch Zusammenbrüche erfährt. Calvin nimmt Anstoß an der tridentinischen Formulierung, dass der Glaube der *Anfang* des menschlichen Heils sei. Er stellt dem entgegen, dass nach der Schrift «der Glaube nicht bloß den Zugang zur Gerechtigkeit eröffnet, so dass dann nachher die Rechtfertigung anderswoher ergänzt und vollständig gemacht wird» (AS 163). Als ob die frei gnädige Gerechtigkeit Gottes bloß der Vorhof wäre, «wohingegen im Hause selbst [...] die Verdienste der Werke herrschten» (165)! Vielmehr, wer einmal im Glauben angefangen hat, von der dem Sünder geschenkten Gerechtigkeit Gottes zu leben, der kann gar nicht mehr aufhören, davon zu leben, dass seine Gnade ewig währt. Der versteht, dass durch das Gesetz des Glaubens *jeder* Ruhm der Werke ausgeschlossen ist, nicht nur die Verdienste des vorherigen Lebens. Der nimmt zur Kenntnis, «dass es bis zum Ende des Lebens nichts gibt, dessen sich die Menschen, die ‹durch den Glauben gerecht› sind, rühmen» können (163). Aber der ist dann auch gewiss, dass die Verheißung Gottes nicht wankt, wenn sie von der Gnade abhängt und sich auf den Glauben stützt (ebd.). Nicht auf unserer Zuverlässigkeit beruht es, sondern auf *Gottes Erbarmen*, «dass [er] uns beisteht, damit wir von seiner Gnade nicht ablassen» (191).

Und schließlich: Calvin bemerkt zu der neu entstandenen, konziliaren Rechtfertigungslehre, es gelte den «festen Glauben» festzuhalten, «den die Propheten und Apostel uns aus Christi Geist überliefert haben» (AS 207). Damit macht er gegenüber der kirchlichen Traditionsbildung den Grundsatz des «allein die

Schrift» geltend. Er unterstellt damit auch sein eigenes Pochen auf die Glaubensgerechtigkeit dem Kriterium der Schrift[101], und zwar beider Testamente (das ist mit «Propheten und Aposteln» gemeint). Es wäre ihm nicht genug, sich hier nur auf das Neue Testament zu berufen, wenn nicht ausgeschlossen ist, dagegen das Zeugnis des Alten Testamentes auszuspielen. Gerade Paulus ist ihm darin vorbildlich, dass er schon im Alten Testament die Glaubensgerechtigkeit bezeugt hört. Er versteht das erste Testament also positiver als jene vatikanisch-lutherische «Gemeinsame Erklärung zur Rechtfertigungslehre» von 1997; die vernimmt dort nur das Wort von menschlicher Sünde und Gottes Gerechtigkeit und Gericht.[102] Calvin beruft sich für ein verheißungsvolles Verständnis des Alten Testaments auf Stellen im Römerbrief:

3,21, wo Paulus lehrt, «dass das [alttestamentliche] Gesetz die Glaubensgerechtigkeit geradezu mit seinem Zeugnis bestätigt [...]. So ist es offenbar nicht dazu überliefert, um die Menschen zu unterweisen, wie sie durch eigene Werke Gerechtigkeit erlangten. Wer es also in diesem Sinne dreht, der gibt ihm eine verkehrte Anwendung» (R 75). Ferner 4,6 f., wo Paulus David (d. h. Ps. 32,1) zitiert und so auslegt, «dass von David der gerecht genannt wird, dem Gott die Gerechtigkeit anrechnet, indem er die Sünden nicht anrechnet» (AS 147). Ferner 4,3: «Gott geht es darum, den Abraham seiner Annahme in die Kindschaft und seiner väterlichen Gunst gewiss zu machen – und darin ist das ewige Heil schon enthalten, das uns durch Christus gewährt wird. Abraham nimmt also in seinem Glauben nur die ihm angebotene Gnade an; sie gilt ihm als wirksam. Wird ihm aber das zur Gerechtigkeit gerechnet, so ergibt sich, dass er gerecht ist, weil er im Vertrauen auf Gottes Güte von ihm alles zu erhoffen wagt» (R 86).

Für Calvin bedeutet die von Paulus verkündigte Glaubensgerechtigkeit keine Verschiedenheit zwischen dem neutestamentlichen und dem alttestamentlichen Bund. Sie ist wesentliches Merkmal des wirksamen, *einen* Bundes, der in beiden Testamenten bekundet ist und der auf Gottes Erbarmen und nicht auf dem Verdienst der Werke beruht. Denn dieser Bund ist zwar verschieden in seiner äußeren Darbietung – hier in Verhüllung, dort in Enthüllung des Geheimnisses Christi und seiner Verheißung –, er ist aber auf dem Grund derselben göttlichen Gnade *ein* und derselbe Bund (Institutio II 10,2; 9,2).

---

101 Zum Problem des Jakobusbriefes vgl. AS 174–177: Zu Jak. 2,24, wonach der Mensch durch Werke, nicht durch den Glauben gerecht wird: hier rede der Verf. nicht wie Paulus von der «Ursache der Gerechtigkeit», sondern nur von deren äußerlichem Erweis; vgl. Institutio III 17,11: Jakobus rede hier gegen einen fälschlich so genannten, aber faulen Glauben.

102 Vgl. darin Kap. 8. Die «Gerechtigkeit Gottes» ist in diesem Zusammenhang nicht mit seiner «Gnade» vermittelt.

4. Die Mitteilung der Rechtfertigung

Wie wird uns die Rechtfertigung zuteil? Die römisch-lutherische «Gemeinsame Erklärung» bekennt, «dass der Heilige Geist in der *Taufe* den Menschen [...] rechtfertigt und ihn wirklich erneuert»[103]. Entsprechend galt schon in Trient (AS 123) das Taufsakrament als Instrumentalursache der Rechtfertigung. Anscheinend konnte die «Gemeinsame Erklärung» die Trienter Anbindung der Rechtfertigung an das Taufsakrament ohne Not übernehmen. Hingegen erhob Calvin auch an dieser Stelle Einspruch: «Wäre es [...] nicht besser gewesen zu sagen, dass uns Christus durch das *Wort* und Sakrament mitgeteilt [...] wird, als allein die Taufe zu erwähnen?» (AS 139) Es geht hier um anderes, als vollständigkeitshalber auch noch die Predigt zu nennen. Denn für Calvin fehlt im Trienter Dekret nicht zufällig das da vermisste Wort. Ohne das wird auch das Sakrament missverstanden. Seine Gegenthese lautet: Die Instrumentalursache der Rechtfertigung ist «das mit dem Glauben verbundene Wort» (R 75). Er weiß wohl, dass das Trienter Konzil Augustins Formel von der Taufe als «sacramentum fidei» (Sakrament des Glaubens) zitiert. Er meint aber: Wäre es dem Konzil damit ernst, dann würde es sagen, dass die Taufe «nichts anderes ist als eine Zugabe (appendix) zum [gepredigten] Evangelium». «Jeder, der das Evangelium hintansetzt und die Taufe zu den Ursachen des Heils zählt, verrät eben damit, dass er nicht weiß, was die Taufe ist oder wozu sie gut ist» (AS 151).

Calvin versteht die Sakramente so: Sie haben «keine andere Aufgabe als das [gepredigte] Wort Gottes. Ihr Aufgabe ist die, uns Christus darzubieten und vorzulegen und in ihm alle Schätze der himmlischen Gnade; und sie gewähren und nützen uns nichts, außer sie werden im Glauben empfangen» (Institutio IV 14,17). Sie sind also *auch* Verkündigung, verbum *visibile* (sichtbares Wort), aber *verbum* (Wort). Das ist indes nur klar, wenn sie mit dem verbum *audibile* (hörbares Wort) der Christusverkündigung verbunden sind. Mehr noch, die Verkündigung geht ihnen sachlich voran. (Von hier aus lässt sich nicht begründen, weshalb bei uns heute Nicht-Ordinierte zwar predigen, aber nicht die Abendmahlsfeier leiten dürfen.) Die Sakramente sind die Bekräftigung der Verkündigung und haben nur so ihre eigene Würde neben der Predigt. *Darum* liegt daran so viel, weil die rechte Predigt klarstellt, dass es eben *Christus* ist, der uns rechtfertigt. Er tut das nicht ohne das Instrument des ihn verkündigenden Wortes, aber so, dass nicht dieses Instrument uns rechtfertigt. Laut Calvin wäre das so, wie wenn man sagte, der

---

103 A.a.O., Kap. 28.

Stiel einer Maurerkelle habe das Haus gebaut (AS 151).[104] Christus ist wie der Grund unserer Rechtfertigung, so auch ihr Vermittler an uns in der Kraft seines Geistes durch jenes Instrument. Und ist es Christus selbst, der uns durch die Predigt des Evangeliums unsere Rechtfertigung zuspricht, so entspricht dem allein der Glaube. Der Glaube gehört so eng mit dem Zuspruch zusammen, dass er mit zur Rechtfertigung gehört. Aber nur als deren Instrument! Denn unsere Gläubigkeit *bewirkt* sie nicht. Calvin sagt: «Der Glaube macht uns deshalb gerecht, weil er die uns im Evangelium dargebotene Gerechtigkeit *empfängt* und *ergreift*» (Institutio III 11,17). Unsere außerhalb von uns in Christus gegebene Gerechtigkeit kommt also durch die Predigt zu uns und durch den Geist Gottes in uns, so dass dadurch der Glaube geweckt wird, in dem *wir* in dem außer uns gegebenen Heil unsere Zuflucht haben. «Das Wesen des Glaubens ist es, die Ohren aufzumachen und die Augen zuzuschließen, d. h. allein auf die Verheißung ausgerichtet zu sein und seine Aufmerksamkeit von aller Würdigkeit und allem Verdienst des Menschen abzuwenden» (Institutio III 13,4). Auf solchen Glauben zielen auch die Sakramente – sofern klar ist, dass sie selbst auch Verkündigung sind.

Wenn aber das Sakrament von der Christuspredigt gelöst wird oder diese umgekehrt zum Zusatz zum Sakrament wird, dann wird auch der Christusglaube zu einem Zusatz, der im Sakrament fehlen kann. Dann tritt an die Stelle des im Evangelium verkündigten Christus der per se wirksame Vollzug des Sakraments. Es ist dann heilswirksam, nicht weil es Instrument in der Hand des göttlichen Gebers ist, sondern weil das Taufwasser der Heilsspender ist. Es ist heilswirksam, sofern es aus der Hand des zwischen Gott und Mensch heilsmittlerisch tätigen Priesters gegeben wird. Der ist aufgrund eines weiteren Sakramentes dazu in der Lage. Dass das Sakrament per se heilswirksam ist, das besagt nicht bloß das Richtige, dass das Geben des göttlichen Gebers in seiner Gabe nicht durch den Glauben bewirkt ist. Es besagt das Anstößige, dass hier dem Menschen Heil versprochen wird, das er haben kann, ohne sein Vertrauen und Hoffen allein auf den Urheber des Heils selbst zu setzen (Institutio IV 14,12).

Die Scholastiker dichten «den Sakramenten ich weiß nicht was für Kräfte an» und vertreten einmütig die Lehre, die Sakramente «verschafften uns die Rechtfertigung und gewährten uns die Gnade, sofern wir nicht den Riegel einer Todsünde vorschieben. Ja, wie tödlich […] diese Meinung ist, das lässt sich gar nicht in Worte fassen […]. Denn indem sie eine Gerechtigkeit ohne den Glauben verspricht, stürzt sie die Seelen kopfüber ins Verderben. Und da sie die Ursache der Gerechtigkeit von den Sakramenten herleitet, verstrickt sie die armen, ohnehin schon allzu sehr auf das Irdische gerichteten Seelen in den Aberglauben,

---

104 Vgl. Institutio IV 10,12: Die Sakramente tragen nicht in sich irgendeine Kraft, sondern «Gott benutzt (sie als) Mittel und Werkzeuge».

dass sie sich auf den Anblick einer leiblichen Sache statt auf Gott verlassen [...]. Was ist ein ohne Glauben empfangenes Sakrament anderes als der sichere Tod der Kirche? [...] Wer also meint, es würde ihm durch die Sakramente mehr zuteil, als was ihm im Gotteswort dargeboten wird und was er im Glauben ergreift, der verfällt einem Betrug» (Institutio IV 14,14).

Calvin greift hier das System der mittelalterlichen Sakramentskirche an, und darum widmet er in der ersten Fassung der Institutio von 1536 nahezu ein Viertel seines Gesamttextes der Kritik an der römischen Lehre von den sieben Sakramenten. Die Kritik bezieht sich nicht nur darauf, dass für die fünf Sakramente neben Taufe und Abendmahl kein Einsetzungsbefehl Christi vorliegt. Sie bezieht sich, tiefer greifend, auf die damit verbundene Vorstellung des Christenlebens.

Denn wenn die Rechtfertigung schon in der (Säuglings-)Taufe geschehen ist, so fragt sich: Was kommt danach? Offenbar dies, dass nun der Christ kraft der ihm zugefügten Taufgnade gute, ja, verdienstlich gute Werke zu vollbringen vermag. Damit er dabei nicht strauchle oder damit er, wenn er gestrauchelt ist, wieder mit seinen guten Werken fortfahre, hält der Klerus dafür weitere sakramentale Vollmachten bereit. Ist erst einmal die Rechtfertigung mit der Taufe identifiziert, dann kann man sich nicht beschweren, wenn dann die Frage eines Ablasses für die nach der Taufe begangenen Sünden gestellt wird. In der Auseinandersetzung mit Trient befasst sich Calvin mit dem Bußsakrament, das dort mit Hieronymus «die zweite Rettungsplanke nach dem Schiffbruch» genannt wird; «denn für die, die nach der Taufe in Sünde fallen, hat Christus das Sakrament der Buße eingesetzt» (AS 131). Calvin stößt sich daran, dass dort nur von einer *zweiten* Rettungsplanke geredet wird. Denn «wen hat es je gegeben, den die Gnade Gottes nicht aus tagtäglichen Schiffbrüchen herausgerissen hat?» (191) Aber in denen gibt es für uns immer nur ein und dieselbe Rettungsplanke: die in der Versöhnung Christi begründete, uns im Evangelium zugesprochene Gnade Gottes. Ferner kritisiert Calvin, dass das Bußsakrament diese Gnade an eine von uns zu erfüllende Bedingung knüpft: dem Priester ins Ohr zu sprechen und eine uns von ihm auferlegte Satisfaktion zu leisten (195). In dieser Kritik zeichnet sich Calvins eigenes Verständnis des christlichen Lebens ab: Schon gerechtfertigt, aber *noch* Sünder ist der Christ immer wieder ganz auf den Zuspruch des Evangeliums angewiesen. Doch getröstet durch den Zuspruch darf er, obwohl noch ganz Sünder, weil *schon* ganz gerechtfertigt, immer wieder aufbrechen – so wie Abraham, dem nach 30 Jahren Pilgerschaft «einzig sein Glaube an Gottes Verheißung zur Gerechtigkeit gerechnet» wird (R 74). Nach Calvin ist die Rechtfertigung nicht bloß der Anfang unserer Gerechtigkeit. Dann wäre ja bei uns mit Fortschritten zu rechnen, in denen wir nicht mehr ganz der Gnade der Vergebung bedürftig wären. Der Gedanke des bleibenden Unterwegsseins ist bei ihm mit der praktischen Einsicht verbunden, dass der Gerechte nur dann seinen Glaubens leben wird, wenn sein Glaube immer neu aus dem Hören kommt: auf die Verkündigung, «die in der Gemeinde ständig neu ertönen muss».

Denn «jener Friede des Gewissens, der durch das Anschauen der Werke bloß verwirrt wird, [...] soll durch das ganze Leben hindurch andauern. Das gilt aber nur, indem wir bis zum Tode unsere Gerechtigkeit allein darin haben, dass wir auf Christus allein blicken, in dem uns Gott zu seinen Kindern angenommen hat und jetzt bei sich in Gnaden stehen lässt» (R 74).

5. Der Zusammenhang von Rechtfertigung und Heiligung

Das Tridentinum erklärt, die Rechtfertigung sei «nicht nur Vergebung der Sünde, sondern auch Heiligung und Erneuerung des inneren Menschen durch willentliche Annahme der Gnade [...], aufgrund derer der Mensch aus einem Ungerechten ein Gerechter [...] wird» (AS 121). Es kennzeichnet Calvin, dass er, nachdem er die reformatorische Rechtfertigungslehre angehört und sich zu eigen gemacht hat, diese Trienter These – zwar sich nicht zu eigen macht, aber auch nicht verwirft. Er versteht sie trotz allem, was gegen sie zu bedenken ist, als Ausdruck eines berechtigten Anliegens, um nicht zu sagen: als eine berechtigte Anfrage an die reformatorische Erkenntnis. Calvin war gewiss nicht für Kompromisse zu haben hinsichtlich der uns gnädig angerechneten Gerechtigkeit Christi, die uns allein aus Gnade und allein durch den Glauben geschenkt ist. Aber indem er in der für ihn falsch gedachten Trienter These doch solches berechtigte Anliegen sieht, sucht er die evangelische Erkenntnis, gerade indem er sie nicht preisgeben will, noch einmal neu durchzubuchstabieren und möchte dabei einiges genauer sagen, als es vielleicht die Reformatoren der ersten Stunde getan hatten.[105] Er sucht die Erkenntnis so zu durchdenken, dass sie dort keine Blöße zeigt, wo das Tridentinum in all seiner eigenen Bedenklichkeit eine solche Blöße vermutet. So vollzieht er die reformatorische Rechtfertigungslehre nach, indem er zugleich deren Beziehung zur Lehre von der Heiligung bzw. von der Erneuerung oder Wiedergeburt zu einem neuen Leben in guten Werken reflektiert. Eine Gratwanderung ist das gewiss. Aber er wagt sie wegen des in dem Konzil laut werdenden berechtigten Anliegens. Es beruht darauf, dass das Neue Testament selbst keine von der Heiligung isolierte Rechtfertigung lehrt und niemals, auch bei Paulus nicht, von guten Werken in einem negativen Sinn redet. Calvin sagt zu der These des Dekrets:

---

105 Vgl. dazu Barth, Die Theologie Calvins (Anm. 7), 94–122.

In der Tat sind «diese zwei Dinge unlöslich verbunden [...] die Heiligung und die Rechtfertigung. [...] Darüber gibt es wirklich keinen Streit, ob Christus die heiligt oder nicht, die er rechtfertigt. Das nämlich hieße, das Evangelium zerteilen und gar Christus selbst zerreißen, wenn jemand die Gerechtigkeit, die wir im Glauben erlangen, von der Umkehr trennen will» (AS 149.151).

Schon zu Anfang seiner Abhandlung über die Rechtfertigung spricht Calvin von der «zweifachen Gnade», dass Christus uns rechtfertigt *und* heiligt (Institutio III 11,1). Damit korrigiert Calvin nicht nachträglich seine Aussage durch ein zuvor nicht Bedachtes. Er entfaltet hier nur eben die schon im Ausgangspunkt ins Auge gefasste Erkenntnis vom Zusammentreffen von Gottes Erbarmen und Gerechtigkeit in der Christusversöhnung. Calvin sagt:

«Gott ist doch die Gerechtigkeit in ihrer höchsten Vollkommenheit, und darum kann er die Ungerechtigkeit, die er an uns allen wahrnimmt, nicht lieben. [...] Aber der Herr will in uns nicht dem Verderben preisgeben, was doch ihm gehört. [...] So kommt er aus reiner gnädiger Liebe zu uns dazu, uns in Gnade anzunehmen.» Denn er «tilgt, um aller Feindschaft ein Ende zu machen und uns ganz mit ihm zu versöhnen, durch die in Christus geschehene Versöhnung alles Böse in uns aus, dass wir vor ihm gerecht und heilig erscheinen, die wir unrein und befleckt waren» (Institutio II 16,3).

Er *liebt* also die Sünder, indem er ihrer Sünde, ja, ihnen als Sündern *trotzt*, um ihnen damit den Boden zu entziehen, «in der Sünde zu verharren» (Röm. 6,1). Mit Calvins Gleichnis: Ihre Rechtfertigung ist zwar die Arznei, derer sie stets bedürfen, aber «diese Arznei nährt die Krankheit nicht, gegen die sie gegeben wird». Sie entmachtet sie (R 122). Kraft des Zusammentreffens von Gottes Güte und Gerechtigkeit entsteht also kein stabiles Gleichgewicht zwischen Sünde und Gnade, sondern ein dynamisches Ungleichgewicht. Denn Christus ist uns gemacht zur Gerechtigkeit *und* zur Heiligung. Daher ist es nach Calvin, «eine Verleumdung, wenn man uns nachsagt, wir würden die Gerechtigkeit allein aus Glauben predigen und damit die Menschen von den guten Werken abhalten».[106] Doch muss klar sein, dass nicht bloß die Rechtfertigung Christi Werk ist, um dann die Heiligung für unser Werk zu halten, mit dem wir das seinige vervollständigen oder Folgen daraus ziehen. Beides ist *sein* Werk, aber dieses *Zweifache*. Doch wie lässt sich die Zusammengehörigkeit dieses Zweifachen so aussagen, dass weder die Rechtfertigung zu einem Vorspann für die Heiligung noch diese zu einem beliebigen Anhängsel von jener wird? Calvin tut es, indem er zwei komplementäre Gedanken miteinander verknüpft.

---

106 Calvin, R (Anm. 93), 323.

Zum einen: Zwischen Rechtfertigung und Heiligung ist zu *unterscheiden*, ohne beides je zu vermischen. Nur zu unterscheiden, nicht zu trennen! Sie hängen sogar viel näher zusammen, als es die römische Lehre sagt. Wir werden nicht anfänglich gerechtfertigt, um das dann anschließend in unserer Heiligung durch unser Tun zu ergänzen. Calvin legt Wert darauf, dass wir *zugleich* in Christus Gerechtigkeit und Heiligung empfangen (Institutio III 11,6). Deshalb hängen auch Glaube und gute Werke so eng zusammen, dass die römische Lehre von einem gestaltlosen Glauben (fides informis) irrig ist. Sie träumt von einem nicht in der Liebe wirksamen Glauben, der dann aber durch unsere Liebe zu vervollständigen ist, um dann erst so, durch unser Zutun, rechtfertigend zu sein (AS 155). Ein Fehler ist es indes, wenn wir bei der Frage nach dem *Grund* unseres Heils das zu unserer Rechtfertigung und zu unserem Glauben «Dazukommende, obwohl es davon untrennbar ist, dabei hinein zu drängen» suchen (ebd.). Der Fehler liegt in der Vorstellung, dass Gott uns rechtfertigt, *weil* er uns heiligt. Diese Vorstellung würde bedeuten, dass wir nicht allein deshalb vor Gott als gerecht gelten, weil er uns Christi Gerechtigkeit gnädig anrechnet, sondern auch deshalb, weil er zudem in uns etwas anerkennenswert Gutes vorfindet. Er nähme uns dann als seine Kinder an, nicht weil wir im Glauben auf Christus vertrauen, sondern weil wir neben dem Glauben auch schon Liebe üben. Man mag das Gute, das Gott in uns vorfindet, auch auf Gottes Gnadenwirkung zurückführen, wie es Trient sagt, oder man mag es mit einer Einwohnung Gottes in uns begründen, wie Andreas Osiander formuliert[107]. Sobald das aber als Grund für unsere gnädige und gerechte Annahme bei Gott angesehen wird, ist schon geleugnet, dass der Grund allein in Christus liegt und darum nie in uns. Ist nicht eine mit Gottes Gnade sanktionierte Werkgerechtigkeit unter all deren Spielarten die gefährlichste?

Insofern besteht Calvin darauf, dass Rechtfertigung und Heiligung zusammengehören im Verhältnis von *Grund und Folge* (AS 151). Sein Argument dafür ist weniger der Satz, dass nur ein guter Baum gute Früchte bringt,[108] oder der Gedanke Pseudo-Augustins, dass nur eine gute Person gute Werke tut (Institutio III 14,8). Denn für ihn ist nicht der *Gerechtfertigte* die Quelle eines Lebens in Heiligung und im Tun guter Werke. Die Heiligung verhält sich zur Rechtfertigung wie die Auferstehung zum Kreuz (Institutio III 15,5). Sie ist wie die Rechtfertigung

---

107 Vgl. Institutio III 11,5.6; und Wilhelm Niesel, Calvin wider Osianders Rechtfertigungslehre, in: ZKG 46 (1928), 410–430.

108 Vgl. Institutio III 15,8. In seiner Evangelienharmonie, Bd. 8 (abgek. EH), 231 f. = CO 45, 225 f. sieht Calvin, dass Mt. 7,15–20 von der Frage handelt, woran ein *Prophet* erkennbar ist. Seine Antwort: Das entscheidet sich daran, ob er, statt sich selbst, Gott dient und ob darum sein Wort mit der Regel des Glaubens übereinstimmt.

noch einmal ein eigenes Werk *Gottes*.[109] Die Sicht von beidem im Verhältnis von Grund und Folge ist aber darum wichtig, weil dadurch klar ist, dass all unser Tun dank der uns widerfahrenen Rechtfertigung entlastet ist, uns damit irgendein Verdienst oder eine Würdigkeit erwerben zu müssen. Gewiss gibt es gute, gerechte Werke. Aber stehen die Werke, die der Mensch dank der Heiligung tut, unter dem Vorzeichen der Rechtfertigung seiner Person, dann gilt das Vorzeichen auch für deren Werke. Dann können sie uns nicht rechtfertigen, weil auch die Werke der Rechtfertigung bedürfen. Dann sind sie gut, nicht weil sie in sich gut sind, sondern weil «die Werke, die sonst befleckt, unrein und verstümmelt sind und Gottes Anblick, geschweige seine Liebe nicht verdienen», aufgrund der Vergebung Christi gerechtfertigt werden. Dann wird «der Mensch durch Glauben solchermaßen gerechtfertigt, dass er nicht nur selbst gerecht ist, sondern auch seine Werke [...] als gerecht angesehen werden» (Institutio III 17,9; vgl. AS 173). Unsere Werke werden von Gott für gerecht gehalten, sagt das Tridentinum, und Calvin antwortet: «Wer bestreitet denn das? Wir behaupten nur, dass sie unmöglich ohne gnädige Vergebung Gefallen finden» (AS 185). Denn auch Heilige, auch Gläubige sündigen (Institutio III 13,10; AS 181). Wiederum bedeutet die Vergebungsbedürftigkeit all unseres Tuns nicht, dass der Mensch alles falsch macht. Die Rede von seiner Heiligung wäre ein leeres Wort, wenn nicht in seiner Heiligung doch das neue Leben im Tun guter Werke anfängt. Das ist nicht zu bestreiten durch die gewiss richtige Erkenntnis, dass dieser Anfang des neuen Lebens uns nicht auch nur teilweise rechtfertigen kann, wie auch der Hinweis auf diesen Anfang nicht ausblenden darf, dass wir entweder das ganze Gesetz halten oder, wenn wir das nicht können, ganz der Rechtfertigung bedürftig sind (AS 175).

Zum anderen: Rechtfertigung und Heiligung gehören so *zusammen*, dass sie nicht zu trennen sind; denn «Christus trägt sie untrennbar zusammen». Daher werden wir zwar «nicht durch die Werke», aber «nicht ohne die Werke gerechtfertigt» (Institutio III 16,1). Daher werden wir zwar nicht durch die mit dem Glauben verbundene Liebe, sondern allein durch den Glauben gerechtfertigt, aber durch *den* Glauben, der nicht ohne die Liebe ist (AS 155). Daher werden wir nicht wegen des Anfangs eines neuen Lebens in uns gerechtfertigt, aber auch nicht, ohne an den Anfang eines neuen Lebens gestellt zu sein, «damit wir hinfort nicht mehr der Sünde dienen» (Röm. 6,6). Darum hat wohl Paulus recht, dass wir allein durch den Glauben gerecht werden, aber auch Jakobus, dass wir es durch Werke werden und nicht durch den Glauben allein – sofern wir uns klarmachen, dass Jakobus dabei gar nicht redet von der gnädigen Zurechnung der

---

109 AS 149: «Wenn die Gnade doppelt ist, weil uns Christus rechtfertigt *und* heiligt» – nach 1. Kor. 1,30 –, «dann enthält die Gerechtigkeit nicht die Erneuerung des Lebens in sich.»

Gerechtigkeit Christi, sondern vom Erweis der Gerechtigkeit unter den Menschen (Institutio III 17,12; AS 177; R 82). Es bleibt dabei, dass wir nicht gerechtfertigt sind, weil wir geheiligt sind. Aber nach Calvin gilt auch umgekehrt: Weil wir gerechtfertigt werden, werden wir geheiligt. Er stellt komplementär zur Bestimmung von Rechtfertigung und Heiligung im Verhältnis von Grund und Folge deren Bestimmung im Verhältnis von *Weg und Ziel* (R 122). Denn indem Gott um der Gerechtigkeit Christi willen uns von unserer Sünde freispricht, spricht er uns in der Heiligung frei von einem Leben unter der Macht der Sünde und stellt uns an den Anfang eines neuen Weges, auf dem wir, statt dieser Macht überlassen zu bleiben, als «Gottes Eigentum» leben; und das ist für Calvin der Sinn der Heiligung (Institutio III 7,1). Indem uns in der Rechtfertigung allein durch Glauben die Gerechtigkeit des Gesetzes unmöglich geworden ist, sind wir nicht etwa freigesprochen vom Halten des Gesetzes Gottes. Wir haben aber nicht in uns eine übernatürliche Potenz, um es nun zu halten. Doch dadurch, dass wir durch die Rechtfertigung von jener Gerechtigkeit des Gesetzes entlastet werden, also davon, durch sein Halten uns irgendeine eigene Würdigkeit oder Verdienst erwerben zu müssen, erscheint uns Gottes Gesetz in einem anderen, neuen, in seinem wahren Gesicht. Daher nennt es Calvin einen «Irrtum, dass man Gesetz und Evangelium ausschließlich so gegenüberstellt wie Werkgerechtigkeit und gnädig zugerechnete Gerechtigkeit» (Institutio II 9,4). Nach ihm ist Christus nur insofern das Ende des Gesetzes (Röm. 10,4), als er dessen Benutzung zur Werkgerechtigkeit beendet. Aber sofern Christus «Ziel und Erfüllung des Gesetzes» ist, hat das Gesetz den guten Sinn, uns ihn zu bezeugen (R 206). Es ist gut darin, uns anzuhalten, «dass wir von uns aus nichts denken, von uns aus nichts wollen, sondern einzig dem Herrn folgen, wie er uns vorangeht» (Institutio III 7,1).

Ohne dass wir die Rechtfertigung je hinter uns lassen können, zielt sie auf solche Schritte in der Heiligung, in denen wir, wie vorläufig auch immer, und wie sehr sie selbst auch der Vergebung bedürftig sind, gute, gerechte Werke tun. «Ja, das ist der *Zweck* der Rechtfertigung», sagt Calvin, «dass wir dann dem Herrn in Reinheit unseres Lebens dienen» (R 122). Worin besteht nun die Güte und Gerechtigkeit dieser Werke und worin die Reinheit unseres Lebens? Sie bestehen entscheidend auf der Linie, auf der Calvin den Sinn des Dekalogs sieht: dass Gott «sein Volk dazu von der elenden Knechtschaft» befreit hat, «dass es nun seinen Befreier in freudiger Bereitschaft gehorsam verehrt» (Institutio II 8,15). Im Anklang an das Jeremiazitat, das Paulus dem Satz 1. Kor. 1,30 über Christus als den uns zur Gerechtigkeit und Heiligung Gemachten anschließt («Wer sich rühmt, der rühme sich des Herrn»), sagt Calvin: «Der Herr rechtfertigt seine Auserwählten zu dem Zweck, dass sie sich nun *in ihm* rühmen sollen und nicht in irgend etwas anderem». Er rechtfertigt uns dazu, dass wir auf seine Wohltat antworten und

«Gott allein unser Lob bezeugen» sollen (Institutio III 13,1 f.). Das schließt die Erkenntnis in sich: «Wir kommen niemals dazu, uns wahrhaft des Herrn zu rühmen, wenn wir nicht auf unseren eigenen Ruhm gänzlich verzichtet haben» (ebd., 2). Der Verzicht auf das Eigenlob beruht auf der Einsicht, dass wir dem Herrn und darum nicht uns selbst gehören (ebd., 7,1). Solcher Verzicht gehört für Calvin mit zur Heiligung, zum Leben in der Erneuerung (renovatio) und Wiedergeburt (regeneratio). Die Heiligung ist wie Lob gegenüber Gott, so zugleich Buße gegenüber sich selbst. Denn echte Buße kann nur tun, wer weiß, «dass er Gottes Eigentum ist», und wer die Gewissheit erlangt hat, dass er das ist durch das Ergreifen von Gottes Gnade (ebd., 3,2). Wiederum, wer in solcher Buße lebt, kann kein trauriger Büßer sein. Denn im Verhältnis zu Gott gehören Buße und Dank zusammen. Und in ihr muss man nicht mehr überheblich sein gegenüber seinen Mitmenschen, sondern übt ihnen gegenüber jene Liebe, die nicht das Ihre sucht, sondern das Wohlergehen der anderen (ebd., 7,4 f.). In solchem Lob Gottes, in der Demut gegenüber sich selbst und in der Liebe gegen die Nächsten sind die Gerechtfertigten und Geheiligten jenes Licht der Welt, das nach Jesu Wort so sichtbar wird, «dass die Leute ihre guten Werke sehen – und den Vater im Himmel preisen» (Mt. 5,16).

3. Beten und Hoffen

Unterwegs zum Letzten

1. Die öffentlichen Gebete Calvins

Der Gottesdienst der christlichen Gemeinde hat im Verständnis Calvins gemäß dem Befehl «unseres Herrn» drei Elemente: die Verkündigung, die öffentlichen Gebete und die Administration, d. h. die «Dienstleistung» der Sakramente.[110] Es gehören zu ihm auch *gesprochene* Gebete, nämlich vom Prediger gesprochen.[111] Aber die gemeinsamen Gebete – auch das Unservater – werden gemeinsam *gesungen*, so wie auch das Glaubensbekenntnis. Die Gemeindelieder gelten hier nicht als Verkündigung wie im lutherischen Gottesdienst, sondern als im Gebet dargebrachte Antwort der Gemeinde an den verkündigten Gott. Darum wurden in Genf die Psalmen als «die beste zuverlässigste Anweisung zur Anrufung Gottes»[112] zum Urbild des Gemeindegesangs. Noch zu Lebzeiten Calvins, der in den Anfängen selbst dabei mithalf,[113] wurden alle 150 biblischen Psalmen gereimt und mit Melodien versehen. Es ist Merkmal gerade der Genfer Psalmen, dass sie ganz im Rahmen des Alten Testaments geformt sind, ohne Vorgriff auf das Neue Testament, wie es für Luthers Psalmendichtung typisch ist. Eben dadurch durchzieht diese Psalmengesänge – in der Gewissheit dessen, worauf sich die Gemeinde jetzt schon verlassen kann, – der unüberhörbare Ton eines Wartens auf Erfüllung.

---

110 J. Calvin, La forme des chantz et prières ecclésiastiques, in: CStA Bd. 2, Neukirchen-Vluyn 1997, 153,5–7.

111 Vgl. ebd. 154/155 und: Institutio III 20,31 f. In der heutigen Deutschschweizer Agende finden sich noch eine Reihe seiner Gebete, aber vor allem in: Supplementa Calviniana. Sermons inédits, Neukirchen-Vluyn. In der neuen deutschen «Reformierten Liturgie» findet sich kein einziges von ihm; es fehlt dadurch in den Gebeten sein besonderer Ton.

112 J. Calvins Auslegung der Psalmen (abgek. Psalmen), 1. Hälfte, Neukirchen o. J., 2. Vgl. P. E. Bernoulli/F. Furler (Hg.), Der Genfer Psalter. Eine Entdeckungsreise, 2. Aufl., Zürich 2005.

113 Aulcuns Pseaulmes et cantiques mys en chant, Strasburg 1539, Photomech. Nachdruck, Genf 1919.

Darin entsprechen die Gesänge dem Charakter des Gebetes, verstanden entscheidend als *Bitte*.

Öffentliches Gebet fand bei Calvin aber nicht nur im Gottesdienst statt, sondern auch in seinen Vorlesungen, die in der Auslegung biblischer Bücher bestanden. Diese eröffnete er in der Regel mit demselben Gebet: «Der Herr gebe, dass die Beschäftigung mit den Geheimnissen seiner göttlichen Weisheit unsere Frömmigkeit wahrhaft fördere, zu seiner Ehre und zu unserer Erbauung. Amen.»[114] Und er beendete sie jeweils mit einem kurzen freien Gebet. Dieses Faktum zeigt die Nähe von Predigten und Vorlesungen nach Calvins Verständnis. Beide stehen in Entsprechung zum prophetischen «Lehramt» Jesu und gelten als «Unterweisung».

Die Vorlesungs-Gebete sind weniger bekannt, weil nicht nur die Tholuck'sche Ausgabe der Vorlesungen, sondern auch jene im Corpus Reformatorum diese Gebete weglässt. Immerhin haben z. B. die Übersetzung von «Gebeten zu den Vorlesungen über Jeremia und Hesekiel» von Werner Dahm und die der Auslegung des Propheten Ezechiel und Daniel von Ernst Kochs[115] diese Lücke ausgefüllt durch Rückgriff auf die Amsterdamer Ausgabe der Werke Calvins von 1667.

Dass er als theologischer Lehrer seine Vorlesungen jeweils mit einem Gebet zu beginnen und zu schließen pflegte, ist beachtlich. Denn das erklärt den Sachverhalt, dass er in seiner Institutio nur *drei* kirchenleitende Ämter nennt – Verkündiger (Pastor), Aufseher (Presbyter) und Diakone[116]; hingegen führt er in der Genfer Kirchenordnung («Ordonnances Ecclésiastiques») *vier* Ämter auf, jene drei sind ergänzt durch das des Doktors, d. h. des theologischen Lehrers. Calvin selbst hat

---

114 Gebete, übers. von W. Dahm (Anm. 115), VI.

115 Vgl. Johannes Calvins Auslegung des Propheten Ezechiel und Daniel, übers. von E. Kochs, Neukirchen 1938 – im Folgenden abgekürzt als E bzw. D. Ferner: Gebete zu den Vorlesungen über Jeremia und Hesekiel, übers. von W. Dahm, 2. Aufl., München 1935 – abgekürzt als J bzw. Thr (Klagelieder). – Die Gebete zur Hosea-Vorlesung finden sich lateinisch und deutsch am Ende der Arbeit von H. Scholl, Der Dienst des Gebetes nach Johannes Calvin, SDGSTh 22, Zürich 1968, 271–309 – abgekürzt als H. Der lateinische Text ist den Praelectiones in duodecim prophetas minores, Genf 1581, entnommen. – Im Anhang von H. W. Maurer, An Examination of the form and the content of John Calvin's prayers, Edinburgh 1959 (masch. schr.), finden sich 108 Gebete Calvins, teils französisch, teils englisch, die liturgischen Texten, Predigteditionen, aber auch (ohne Fundortangabe) alten Vorlesungsausgaben entnommen sind. Im Folgenden wird auf die Gebete aus dem Zwölfprophetenbuch Bezug genommen, 39–50 – abgek. als Z. – Da die deutschen oder englischen Fassungen der Gebete Calvins ja Übersetzungen sind, erlaube ich mir die Freiheit, grammatische Eigenwilligkeiten der Übersetzer leicht zu verbessern.

116 Institutio IV 3,7–9. Näheres zu Calvins Ämterlehre in Kap. 7, Abschnitt 3.

beide unterschiedlichen Ämter, das des Pastors und Doktors, versehen, und er konnte das, weil sie für ihn sachlich eng zusammengehören. Das Gebet gehörte so selbstverständlich zu seinem Lehren, wie es bei seinem Amten als Prediger selbstverständlich war. Die beiden Tätigkeiten sind, bei allem Unterschied, Funktionen des einen prophetischen Amtes.

Das prophetische Amt in der Kirche entspricht nicht etwa dem *priesterlichen* Amt Jesu Christi. Sein Eintreten in seiner Selbsthingabe für die Verlorenen ist unwiederholbar. Das ist die Voraussetzung für die Bekundung seiner priesterlichen Tätigkeit im *diakonischen* Amt der Kirche. Die Pastoren sind wie die Doktoren keine Priester. Diese Auffassung der römischen Kirche lehnt Calvin klar ab. Beide stehen vielmehr in der Nachfolge der alttestamentlichen Propheten. Die Pastoren und Doktoren werden in der Gefolgschaft Christi nicht von den Propheten weggerufen, die ihm vorangegangen sind, sondern sie werden in ihre Gemeinschaft berufen. Und beide stehen in der Nachfolge des einen Propheten Jesus Christus.[117] Ihr Herr ist gewiss nicht nur Prophet – er ist auch der *eine* Priester und König –, aber er ist auch das. Dabei tritt er in seinem prophetischen Amt auf als «Verkündiger und Zeuge der Gnade des Vaters», praeco et testis gratiae Patris.[118] Im prophetischen Amt der Kirche ist immer wieder das zu «*lehren*», was Christus in seinem priesterlichen und königlichen Amt ein für allemal *getan* hat; er selbst hat das ja zuerst und maßgeblich in *seinem* prophetischen Amt verkündigt. Aber inwiefern wird das «Lehramt» des Predigers und des Lehrers ausgerechnet als *prophetisches* bezeichnet? Das lässt sich nur dann verstehen, wenn mit der Lehre nicht ein bloßes Unterrichten über bestimmte Sachverhalte gemeint ist, sondern ein *Ansagen*, das heißt ein Reden, das auf das *wartet* und auf das *vorbereitet*, was es ansagt. In diesem Fall bekommt nun allerdings die Verbindung der Bibelauslegungen in den Predigten und in den Vorlesungen mit Gebeten einen notwendigen Sinn. Die Gebete vor und nach den Predigten und Vorlesungen erinnern an den Grundsatz des Genfer Reformators: Ipsi dediscimus bene loqui ubi cum Deo loqui desinimus, «wir verlernen es, recht zu *reden*, wo wir aufhören, *mit Gott* zu reden»[119].

---

117 Institutio II 15,2: Dass Christus perfectione doctrinae *finis* aller Propheten ist, übersetzt Otto Weber sinnstörend: er sei durch die Vollkommenheit seiner Lehre das «*Ende*» aller Propheten. Denn Calvin fährt dort vielmehr fort: Ab ipso capite ad membra diffusa est haec unctio, «vom Haupt selbst ist diese Salbung auf die Glieder ausgeflossen». So gibt es in der neutestamentlichen Gemeinde eben auch ein prophetisches Amt, das freilich, da Christus das *Ziel* oder die *Erfüllung* (finis) der prophetischen Ämter ist, nur in der Teilnahme an seinem Amt bestehen kann.

118 Institutio II 5,2.

119 A.a.O., III 12,5.

55

2. Die Perspektive des wandernden Gottesvolkes

Calvin vertritt eine charakteristische Auffassung vom Verhältnis der beiden biblischen Testamente und von den darin bekundeten «Völkern»: Israel und Kirche. Fundamental ist dabei seine Definition: «Der Substanz und Sache nach unterscheidet sich der Bund mit den alten [alttestamentlichen] Vätern in nichts von dem unsrigen – er ist ein und derselbe, doch unterscheidet sich beides in der [geschichtlichen] Darbietung», Patrum omnium foedus substantia et re ipsa nihil a nostro differt, ut unum prorsus atque idem sit: administratio tamen variat.[120] Es gibt demnach keinen «substanziellen» Unterschied, geschweige denn eine Trennung oder einen Gegensatz zwischen den beiden Testamenten. Wir befinden uns *schon* im Alten Testament auf demselben Boden wie das Neue Testament und im Neuen Testament *noch* im Zusammenhang mit dem Alten Testament. Wir haben es – so fährt Calvin fort – hier und dort mit demselben *Bund* zu tun, nämlich nicht mit einem Werkbund, sondern schon im Alten Testament mit dem Gnadenbund, angezeigt durch die gleichen Bundeszeichen, die Sakramente.[121] Ja, sagt Calvin kühn, das Neue des Neuen Testaments ist nicht etwa die Gabe des «Mittlers» Jesus Christus. Sie ist nach ihm auch schon im Alten Testament Wirklichkeit. Er schätzt in der Tat die Bezeichnung Christi als «Mittler», mediator[122], und seines Werkes als «Mittleramt», mediatoris officium. Der Sohn Gottes ist von Gott deshalb zur Menschwerdung bestimmt, um die Menschen von ihrem «Schmutz», sordibus, zu reinigen[123] und so mit Gott zu verbinden.

Calvin meint jedoch nicht, dass Christus nur vorübergehend eine Schwierigkeit auf dem Wanderweg der Gemeinde behebt und dann zurücktritt. Er hat uns erlöst, damit wir nun immer unter seinem Schutz und seiner Leitung bleiben (Z 42 f.). Er geht mit auf diesem Weg und wird uns an dessen Ende erst recht begegnen, aber als der, der schon dessen Ausgangspunkt ist. So heißt es im Gebet zur Vorlesung über Jer. 51: «Du hast uns verheißen, deine Kirche zu erlösen, ja, du hast diese Verheißung schon erfüllt in Jesus Christus, deinem eingeborenen Sohn», – so steh uns bei, bis «wir endlich zu der ewigen Herrlichkeit kommen, da wir erfahren werden, dass du wirklich unser Erlöser bist, in Christus, unserm Herrn» (J 31). Oder zu Jer. 7: «Die Fülle deiner Gottheit hat Wohnung genommen in deinem eingeborenen Sohn, [...] Wohnung in unserer Mitte», – lass uns dir gehorsam sein, «bis wir endlich in das ewige Erbe kommen, wo uns jene Herrlichkeit

---

120 A.a.O., II 10,2 Vgl. in diesem Band Kap. 2, Abschnitt 3.
121 Darum liegt es Calvin daran, Beschneidung und Taufe, Passa und Abendmahl parallel zu setzen.
122 Vgl. Institutio II 12.
123 A.a.O., II 12,4.

von Angesicht zu Angesicht offenbart wird» (J 6). Ja, im Einklang mit der Heraus-
führung Israels aus der ägyptischen Sklaverei wird dem «allmächtigen Gott» dafür
gedankt, «dass du uns durch deinen eingeborenen Sohn losgekauft hast aus der
Knechtschaft der Welt und der furchtbaren Tyrannei des Teufels und Todes. Gib
uns, wir bitten dich, dass wir dich anerkennen als unseren Befreier» (J 23).

Es fällt in den Gebeten Calvins auf, wie hervorgehoben es ein gemeinschaftli-
ches «wir» ist, nicht bloß ein individuelles «ich», das sich auf der Wanderschaft befindet und sich dabei an Gott wendet. Indem der angeredete Gott der ist, der Gemeinschaft mit den Menschen eröffnet und unterhält, ruft er eine bestimmte
Gemeinschaft zusammen: eine *Gemeinde*, und zwar eine *mündige* Gemeinde, die
sich im Gebet ihrerseits mit Gott verbindet. Indem sie sich an ihn wendet, bittet
sie wiederum darum, den Nachweis für ihre Befreiung aus der Knechtschaft der
Welt derart erbringen zu können: «Lass uns alle danach trachten, einer dem anderen zu dienen und in gegenseitiger Hilfeleistung brüderliche Liebe zu pflegen, damit man sehen kann, dass du wirklich bei uns der Herr bist» (J 23).

Erstaunlich ist die Hartnäckigkeit, in der Calvin nahezu das ganze Kapitel 10
in Buch II der Institutio mit der – zumindest für heutige Ohren befremdlichen –
Beschreibung der an *erster* Stelle genannten Gemeinsamkeit der beiden Testamente füllt: Sie bestehe darin, dass *beide* auf eine bestimmte Erfüllung warten
und auf sie hin wandern. Diese Erfüllung wird wohl für beide «*durch*» jenen Mittler vermittelt und zugleich verheißen. Aber sie ist «*in*» ihm nicht schon offensichtlich vorhanden. Calvin nennt die zielgerichtete Haltung, in der beide Testamente
und also Israel und die Kirche unterwegs sind: «die Hoffnung auf die Unsterblichkeit», spes immortalitatis.[124] Er vertritt wohl die Lehre, in der zwischen der Auferstehung des Fleisches und der Unsterblichkeit der Seele unterschieden wird. Er
vertritt sie in Abgrenzung einerseits gegen die griechische Vorstellung eines Über-
flüssigwerdens des Leibes im Tod gegenüber der allein wertvollen Seele, und er
vertritt sie andererseits gegen die skeptische Meinung eines Verlustes der Identität
des Menschen durch den Tod. Der Punkt, an dem er von der griechischen Auffassung abweicht, besteht darin, dass er in diesem Zusammenhang von der Unsterblichkeit nicht als einer Habe, sondern als *der Hoffnung* spricht. Nach Institutio III
25,3 hat Jesus den Lauf des «sterblichen Lebens» so vollendet, dass er jetzt immor-
talitas *erlangt* hat und so uns ein gutes *Pfand* der künftigen Auferstehung ist. Jedenfalls hat der Mensch die Unsterblichkeit nicht in sich, sondern hat sie in seiner

---

124 A.a.O., II 10,2.

«Vereinigung mit Gott», coniunctio cum Deo. Sie ist das Ziel seines Lebens, nach dem er sich ausstreckt.[125]

Eben darauf kommt hier alles an, dass beide, das alttestamentliche Volk und die neutestamentliche Gemeinde, dorthin *unterwegs* sind. Die Zeugen beider Testamente wecken uns auf, dass nun auch *wir* beständig vorwärts marschieren bis zum Sieg (Z 50). Das Alte Testament wartet – nicht einfach bloß auf das Neue Testament. Denn Christus ist schon im Alten Testament gegenwärtig. Es wartet mit dem Neuen auf das künftige neue und wahre Leben, das durch Christi Versöhnung zugänglich gemacht ist. Deshalb hat das Neue Testament dieses Ziel *klarer* vor Augen. Der Unterschied zwischen beiden Testamenten lässt sich nach Calvin nur mit solchem Komparativ bezeichnen: Im Neuen Testament hat Gott «deutlicher und fasslicher die Gnadengabe des künftigen Lebens durch das Evangelium offenbart»[126]. Der Komparativ zeigt an, dass auch und gerade die Gemeinde Gottes im Neuen Testament unterwegs ist. Sie ist noch nicht am Ziel, aber sie bewegt sich zu ihm hin. Sie ist dazu befreit aufgrund des Befreiers vom «Schmutz» der Sünde durch den Mittler, der für die Seinen eintritt.

Durch diese Sicht stand Calvin an der Tür einer neuen Erkenntnis der Verbundenheit der Christen mit den Juden. Dahin musste ihn schon der offene und umsichtige Umgang mit dem Alten Testament weisen, der sich aus seinem Verständnis des Zusammenhangs der beiden biblischen Testamente ergab. Der Zusammenhang ist nach ihm so eng, dass bereits das Alte Testament als Zeugnis der reinen Gnade Gottes zu lesen ist. Doch ist es das auf so eigene Weise, dass man es darum nicht vorschnell neutestamentlich deuten soll.[127] Calvin ist zwar noch nicht über die Schwelle jener Tür hinausgeschritten, aber er trat doch auf diese Schwelle. Immerhin hörte er in Röm. 11,28 Paulus sagen, «dass Gottes Ratschluss, nach dem er sich einmal die Juden als ein besonderes Volk erwählt hat, fest und unwandelbar bestehen bleibt. Denn es kann nicht geschehen, dass Gott von seinem Bund abweicht, den er mit Abraham geschlossen hat (1. Mose 17,7):

---

125 A.a.O., III 25,6.3 und 2.
126 A.a.O., II 11,1.
127 J. Calvins Auslegung der Heiligen Schrift, Bd. 4, 685: «Wir sollen nicht den Juden berechtigten Grund zu dem Vorwurf geben, als wollten wir alles ohne weiteres dahin verdrehen, dass es auf Christus zielt.» Vgl. H. Bout, Calvijn an het Oude Testament, in: Theologia Reformata 3 (1960), 6–31. Ferner: H. H. Wolff, Die Einheit des Bundes. Beiträge zur Geschichte und Lehre der Reformierten Kirche, Bd. 10, Neukirchen 1958, und: M. Simon, Die Beziehung zwischen Altem und Neuem Testament in der Schriftauslegung Calvins, in: RKZ 1932, 17 ff.

‹dass ich dein Gott sei und deines Samens nach dir.› Er wendet seine Güte nicht wieder von diesem Volk ab.»[128]

Das Volk des Alten Testaments und das des Neuen sind auch darin verbunden, dass beide noch nicht am Ziel sind. Das Gebet ist konkreter Ausdruck dafür, dass die durch den Gottesbund und den göttlichen Mittler schon gesammelte Gemeinde noch unterwegs ist. Im Gebet bittet sie den erhöhten Fürsprecher um das Eintreten des Noch-Ausstehenden.[129] In ihrem Gebet geht das vor: «Der Mensch seufzt unter seinen gegenwärtigen Nöten, lebt auch in Angst und Furcht vor weiteren, aber dennoch nimmt er zugleich seine Zuflucht zu Gott und zweifelt nicht im mindesten daran, dass er bereit ist, seine helfende Hand auszustrecken.»[130] Die Gemeinde bittet gewissermaßen in *einem* Atem um beides, um die vorläufige und die definitive Erfüllung des Gebets, um eine *vorläufige* Erfüllung, damit sie gestärkt wird zum Ausharren auf ihrer Wanderschaft hin zu dem Ziel, an dem alle Bitten *endgültig* erfüllt sind.[131] Dieses Verständnis des Gebets färbt auch auf das Verständnis sowohl der Predigt wie der Abendmahlsfeier im Gottesdienst ab. Sie geschehen, sie stärken und mahnen auf dem Weg des Bundesvolkes hin zu jenem Ziel. Es kann nicht anders sein: Calvin versteht den uns in Wort und Mahl erteilten Zuspruch als eingehüllt in die Form der Verheißung. «Obgleich uns Christus im Evangelium in gegenwärtiger Fülle die geistlichen Güter darbietet, ist doch ihr Genuss stets unter der Obhut der Hoffnung verborgen, bis wir das vergängliche Fleisch abgelegt haben und in die Herrlichkeit dessen verwandelt sind, der uns vorangegangen ist. Nicht anders können wir uns an Christus vergnügen, als dass wir ihn unter der Verhüllung seiner Verheißungen ergreifen. (Nec vero aliter Christo fruimur, nisi quateno eum amplectimur promissionibus suis vestitum.)» So kommt es, dass er wohl wohnt «in unserem Herzen, und doch ziehen wir fern von

---

128 J. Calvin, Auslegung der Heiligen Schrift, Bd. 16 Römerbrief und Korintherbriefe, Neukirchen 1960, 136. Ein gewisses Rätsel ist die Polemik, in der Calvin in seiner unabgeschlossenen und erst nach seinem Tod veröffentlichten Schrift redet: Ad quaestiones et obiecta Judaei cuius responsio (Antwort auf die Fragen und Einwürfe eines Juden). Offenbar bezieht sich diese Polemik auf ein reales Gegenüber, auf eine christentumskritische jüdische Polemik aus dem 14. Jh. in der Schrift «Sefer Nizzahon», die Sebastian Münster anfangs des 16. Jh. zugänglich gemacht hatte – so St. G. Burnett, Calvin's Jewish Interlocutor, in: Bibliothèque d'Humanisme et Renaissance, T. 55 (1993), 113–123.

129 A.a.O., III 20,17–20.

130 A.a.O., III 20,11.

131 Vgl. A.a.O., III 20,42: Plenitudo eius (sc. regni Dei) ad ultimum Christi adventum protenditur, «Die Fülle dessen [des Reiches Gottes] erstreckt sich bis zum letzten Kommen Christi.». Vgl. bes. die Auslegung der 2. Bitte des Unser-Vater-Gebetes, a. a. O., III 20,43: «Gott wird dann in der Welt König sein, wenn sich alle seinem Willen unterwerfen.»

ihm», wandeln zwar im Glauben, doch noch nicht im Schauen (vgl. 2. Kor. 5,7).[132]

3. Der Ruf nach dem Kommenden

Die Anrede Gottes

Blicken wir im Folgenden auf die Gebete[133], mit denen Calvin seine Vorlesung in freier Formulierung zu beenden pflegte! Wir tun es mit der Frage, wie darin der Ausblick nach dem Künftigen vorkommt und wie dadurch die Gebete geformt werden. In aller Regel werden diese eingeleitet mit der Anrufung dessen, den er zumeist als «Allmächtiger Gott» anspricht: Da omnipotens Deus, d. h. «O allmächtiger Gott, gib ...» Man wird dieser an sich nicht unproblematischen Bezeichnung Gottes als des Allmächtigen in ihrem Gebrauch durch Calvin nur gerecht, wenn man sich klar macht, dass es hier um die Anrede *Gottes* im *Gebet* geht. Kein Irdischer darf so angesprochen werden: nicht nur, weil keiner allmächtig ist, sondern weil auch nur das Verlangen danach keine Schranke enthält, dann auch zum Bösen fähig zu sein. Und schließlich weiß keiner von uns, was «allmächtig» ist, außer dem Einen, der tut, was er kann, und kann, was er tut. Präzis um *den* Gott geht es, der die Hilfe und den Beistand zu gewähren vermag, worum ihn die hilflosen, bedrohten, irrenden Menschen anflehen. Und dass er das *kann*, das wissen sie von daher, dass er sich bereits erwiesen hat als der, der sich *erbarmt*. Seine Allmacht ist in diesem Zusammenhang kein schieres Alleskönnen. Seine Allmacht erweist er darin, dass er gegenüber der Macht des Bösen und der des Todes nicht ohnmächtig ist, sondern fähig, sie zu überwinden.[134] Ja, seine Allmacht vermag er darin zu beweisen, dass er den Sünder, der Strafe verdient hat, unverdientermaßen begnadigt. Darum dürfen wir ihn bitten, dass «wir lernen, uns dir *mit Freude* zu unterwerfen» (J 2).

Ihm uns unterwerfen, das sagt auch, dass wir Menschen sind, die begrenzt sind. Wir haben es daher nötig zu *beten*. Aber wir beten nicht, weil wir unmündig sind – in der Meinung, dass wir eines Tages, wenn wir mündig sein werden, nichts mehr zu beten haben. Hinter dieser Meinung steht eine verhängnisvolle Auffassung des Menschseins. Es gehört zwar nicht zu unserer Natur, Sünder sein zu müssen – die Sünde würde unheimlich bagatellisiert, wenn sie so verstanden würde. Aber es gehört zur Humanität des Menschen, seine Grenzen zu kennen. In-

---

132 A.a.O., II 9,3.
133 Nach den in Anm. 115 angegebenen Schriften und Abkürzungen.
134 Institutio III 25,4.

dem er sie bejaht, betätigt er seine Mündigkeit im Gebet zu Gott und gesteht damit seine Hilfsbedürftigkeit ein: «weil wir ohne deine Hilfe so schwach sind, dass wir in jedem Augenblick unterliegen können» (Thr 34). Und wenn Gott ihn erhört, so zeigt er damit – nicht, dass er ihn schwach haben will, aber dass er zum Menschen in all seiner Begrenztheit Ja sagt. Denn es ist nichts «seiner Natur gemäßer», als Gebete zu erhören.[135]

So bedeutet Gottes Allmacht kein absolutes, d. h. wörtlich: kein von seiner Freundlichkeit losgelöstes Mächtigsein. Es widerspricht also seiner Anrede als «Allmächtiger» nicht, wenn auf sie hin etwa so fortgefahren wird: «Allmächtiger Gott! Du lädst uns so freundlich zu dir ein, und ob wir auch taub sind, so hörst du doch nicht auf, immerfort die gleiche Gnade gegen uns walten zu lassen» (E 70). Oder: «Du bist, allmächtiger Gott, bis hierher in Gnade und Vergebung mit uns umgegangen, und ob wir dich gleich mit unseren vielen Missetaten zum Zorn gereizt haben, so hast du dich dennoch als unseren gnädigen Vater erwiesen» (E 114). Oder: «Da du uns, allmächtiger Gott, Tag für Tag die Lehre deines Evangeliums an die Ohren klingen lässt, darin du uns in deiner unergründlichen Güte so freundlich zu dir einlädst und uns die Hand zureichst in deinem eingeborenen Sohn, so gib [...]» (E 334). Bei Calvin ist es freilich nicht so, dass einer dieser zwei Begriffe durch den anderen verdrängt werden darf: Man versteht Gottes Allmacht nicht recht, wenn es nicht die des gütigen Gottes ist, wie man seine Güte missversteht, wenn es nicht die des allmächtigen Gottes ist. Und ist das Gebet der Ruf nach dem Kommenden, dann ist dieser Ruf nur deshalb verheißungsvoll, weil er den angeht, der sich schon als der in seiner Allmacht Gütige und in seiner Güte allmächtige Gott erwiesen hat.

Die menschliche Hilfsbedürftigkeit

Aber nun wird er angerufen, damit er sich aufs Neue als dieser hilfreich Allmächtige erweise. Denn die Menschen, die zu ihm beten, befinden sich in einer Situation, in der sie seiner schlechterdings bedürftig sind. Es werden in den Gebeten vier Gestalten dieser Situation ausgesprochen. Die einfachste, aber grundlegende ist die, dass hier Menschen sprechen im Wissen, dass sie – so wie Israel auf seinem Weg durch die Wüste, dem gelobten Land entgegen – *unterwegs* sind. Schon sind sie befreit, aber noch lange nicht am Ziel, sondern noch auf dem Wege in all den Unruhen und Entbehrungen, auch Gefährdungen, die das bedeuten mag. Und so betet Calvin: «Wenn wir von dir abweichen, so lass uns bald auf den rechten Weg zurückkehren. [...] Wecke in uns die Sehnsucht, fest zu beharren in der Hoffnung» (J 3). «Der du uns nirgendwo anders Ruhe verheißt als in deinem himm-

---

135 A.a.O., III 20,13.

lischen Reich, hilf, dass wir bei unserer Wanderschaft auf Erden darein einwilligen, unstet und flüchtig zu sein, und dich dennoch mit stillem Geist anrufen» (J 16). «Wir sollen nach deinem Willen dergestalt in dieser Welt unsere Wohnstatt haben, dass wir Pilgrime sind, bis dass du uns zu deiner Ruhe versammelst. [...] Lass uns in dieser Welt unsere Pilgrimschaft so führen, dass wir doch nicht unstet daherwandern, auch nicht abirren vom Wege, sondern vielmehr allezeit fest nach dem Ziele trachten, das du uns vor Augen hältst, und so unseren Weg fortgehen, bis wir den Lauf vollendet haben» (E 183; vgl. D 380).

Eine weitere Form des Angewiesenseins auf Gottes Eingreifen ist die Bedrängnis der Gemeinde *von außen*. Calvin hat diese Situation besonders bei den Verfolgungen der Protestanten in Frankreich vor Augen. So heißt es dann in seinem Gebet: «Wir müssen heute unseren Wandel führen unter so viel Feinden, und der Teufel lässt nicht ab, uns immerfort neue Erschwernis zu bereiten, auch ist die ganze Welt uns feind. So gib uns denn, dass wir es erfahren, dass der Teufel selbst von dir am Zügel gehalten wird!» (D 375). In diesem Zusammenhang darf man auch *die* Not nennen, die Calvin bewegt: dass «heutzutage [...] viele Länder mit Pestilenz oder Kriegsnot heimgesucht sind» (E 229).

Eine noch größere Hilfsbedürftigkeit zeigt sich in der *Anfechtung* der Gemeinde durch die Fehler und Sünden ihrer Glieder in ihrer *eigenen* Mitte. In der Häufigkeit, in der Calvin davon spricht, zeigt sich, dass er darin das größere Problem sieht als in der Bedrohung von außen. Wie kann der Mensch sich an Gott wenden, wenn er selbst gestehen muss, dass er nicht zu ihm passt, weil er im Abfall von ihm lebt? Und wie darf der Mensch auf Gottes Beistand hoffen, obwohl er in Schuld vor ihm steht? Aber doch *betet* er, und zwar dies: «An dem Alten Volk erkennen wir, wie groß *unsere* Herzenshärtigkeit ist» (E 157). Oder: «Es ist kein Ding so gebrechlich als wir, und auch, wenn du uns einmal deine Hand gereicht hast, so haben wir noch mit so viel Schwachheit zu tun, dass wir unzählige Male fort und fort von neuem hinfallen, wenn du uns nicht zu Hilfe kommst» (E 309). Oder: «So viele Beweise deiner Herrlichkeit stehen uns täglich vor Augen, wir aber sind dermaßen blind, dass wir in unserem Undank ihr ganzes Licht zudecken» (D 389).

Die härteste Form der Hilfsbedürftigkeit ist die, in der der Mensch anerkennen muss, dass er unter dem *Widerspruch Gottes* gegen sein Unwesen steht. Wer kann ihm dann helfen? Er kann sich dann ganz und gar nicht selbst helfen. Es kann ihm gerade dann niemand helfen außer derselbe Gott, der ihn anklagt. An ihn muss er sich dann wenden, bußfertig flehend. «Du mahnst uns durch so viel Beispiele, wie furchtbar dein Zorn ist, vor allem gegen die Halsstarrigen und Widerspenstigen» (E 187). Oder: «Da wir dermaßen über unseren Verkehrtheiten schlafen, dass wir Tag für Tag des Ansporns bedürfen, um uns aufzuwecken, so bitten wir dich ernstlich [...], dass wir [...] unter deiner strengen Züchtigung

dennoch nimmermehr aufhören, deine väterliche Güte zu schmecken» (E 199).
Wenn wir so beten, dann verstehen wir, dass der Zorn Gottes seine *Zucht* ist,
nicht sein Vertreiben von ihm weg, sondern sein Ziehen zu ihm hin, damit wir
uns ganz an sein Erbarmen halten und ihm gemäß leben. Wir dürfen ja gerade
dann in dem von Gott zu erwartenden «kühnen Mut [...] unsere Zuflucht zu deiner Barmherzigkeit» (J 30) nehmen – «in der festen Gewissheit, dass du mitten
im Zorn deine väterliche Liebe nicht vergisst» (J 18).

4. Die vorläufige und die definitive Erfüllung der Gebete

In dieser hilfsbedürftigen Situation soll die christliche Gemeinde, die an den Gott
der Bibel, an den in seinem Sohn der Welt zugewandten Gott glaubt, *beten*. In ihrem Angewiesensein auf Beistand und Rettung darf sie im Gebet darauf *hoffen*,
dass derselbe Gott *aufs Neue* hervortrete und sich geltend mache. Sie darf betend
hoffen, dass er die in der menschlichen Hilfsbedürftigkeit hereingebrochenen
Verdunkelungen beseitigt. Das ist die Ausrichtung auf das verheißene Kommen
Gottes, die den Gebeten Calvins ihre unverkennbare Eigenart aufprägt. Ein großer Teil seiner Gebete zu den Bibelvorlesungen, so kurz sie auch sein mögen, en-
det mit einem Satz, der eingeleitet ist mit einem: donec tandem ..., «bis endlich
...», um dann mit verschiedenen Begriffen und Vorstellungen die Fülle der von
Gott herbeigeführten und mit ihm selbst gefüllten Vollendung zu beschreiben.
Die Hoffnung auf diese Zukunft, das sogenannte Eschaton, ist kein Anhängsel an
eine zuvor schon ausgebreitete Hauptsache, das dann nur noch der Vollständig-
keit halber erwähnt wird; sondern die Gebete eilen gleichsam auf ein Ziel zu.
Man muss es noch genauer sagen und die Ausrichtung auf das verheißene Kommen Gottes in Calvins Gebeten differenzierter sehen: Sie verlangen wohl nach der
definitiven Erlösung der Menschen durch Gott. Aber sie rechnen auch mit *vorläufigen* Erlösungen, die die gegenwärtige Not noch nicht überwinden, doch schon
erträglich machen, und zwar so, dass sie zum Weiterwandern ermutigen. Sie sind
noch voll Verheißung des Kommenden und doch schon Vorwegnahmen der Erfüllung der Verheißung. Hat das Gebet in der Gegenwart eine vorläufige Erfüllung gefunden, so wird es bald weiterer Gebete und weiterer vorläufiger Erfüllungen bedürfen. Diese sind nicht als billige Vertröstungen zu verstehen, sondern als
Stärkung zu weiterem Hoffen und Warten auf die definitive Erfüllung. *Was* dabei
zu erwarten ist, sagt das Unservater-Gebet: Die ersten drei Bitten zielen nach Calvin auf die Ehre Gottes und die letzten drei auf das Wohl der Menschen.[136] Die

---

136 A.a.O., III 20,41–46.

vorläufigen Erfüllungen verweisen auf das Eschaton, – auf das *Letzte*, auf *den* Letzten. Sie sind darauf angewiesen, dass er kommt. Aber indem sich in ihnen das Kommende und darin der Kommende schon ankündigt, zeichnet sich in ihnen die verheißene Erlösung schon ab. Sie sorgen dafür, dass die Gegenwart der Zukunft nicht trostlos und hilflos gegenübersteht, sondern voller Verheißung ist.

Reden wir zunächst von den *vorläufigen* Erfüllungen! Die Gebete Calvins zielen zunächst darauf. Sie bitten in verschiedener Weise um Gottes Hilfe und Kraft, auf dem Weg zum Ziel nicht stecken zu bleiben, nicht abzuirren, nicht mutlos zu werden, sondern unterwegs zu bleiben, umzukehren aus Irrtümern, um dann «fortzuschreiten» (H 297), und zwar auf dem rechten Weg (E 212). Der Weg ist hier wahrlich nicht schon das Ziel. Er kann es schon darum nicht sein, weil es darauf faktisch Abirrungen und Fehlwege gibt. Noch ist der Mensch im Vorläufigen und hat weiter darum zu beten, Gott möge es ihm verleihen, den «trägen Sinn» zu nehmen, so «dass unsere Schwachheiten nicht mehr […] im Wege stehen» können (E 30). Zugleich ist auch darum zu bitten, dass wir «nicht halsstarrig seien» (E 229) und nicht hochmütig (E 28), sondern dass wir «danach trachten, uns so in deinen Dienst zu stellen, dass dein Name durch unser ganzes Leben verherrlicht wird. Und wenn wir dann von dir abweichen, so lass uns bald auf den rechten Weg zurückkehren» (J 3). Calvin sieht offenbar ein Problem bei den Christen – und wohl auch bei ihm selbst! – darin, dass sie in den Kämpfen, die sie auf ihrem Weg nicht vermeiden können, hart werden. Er betet deshalb darum, «dass durch deinen Geist unsere Herzen erweicht werden und unsere […] Härte gebessert [werde]» (H 276). «Gib, dass wir […] unsern Geist nicht in Bosheit verhärten, sondern uns biegsam und gelehrig erzeigen» (H 284).

Wir sind wohl noch unterwegs. Aber schon ist der, der am Ziel erst recht sichtbar werden wird, mit uns und bei uns auf dem Wege. Damit sind wir schon jetzt, «auf dem ganzen Lebenswege dein Eigentum» (J 8). Daher dürfen wir «mitten im Tode von dir das Leben erwarten» (Thr 33). Daher kommen wir, die wir «ohne deine Hilfe so schwach sind, dass wir in jedem Augenblick unterliegen können», in die Lage, dass wir «beharrlich streiten» (Thr 34). Wir dürfen also den Herrn vertrauensvoll anrufen, dass er uns vorangehe, uns geleite, uns helfe, damit wir das Ziel nicht aus den Augen verlieren und damit wir zu ihm hin gelangen: «Gib uns, da wir so leicht in Irrtum fallen, dass uns in der Finsternis dieser Welt alle Zeit deine Wahrheit voranleuchte, wir aber auch mit offenen Augen immerfort mit Eifer auf sie schauen und uns dir in wahrer Gelehrigkeit unterwerfen, auf dass wir von deinem Wort und von deinem Geist regiert, unseren Lauf vollenden» (E 219). Oder: «Es ist kein Ding so gebrechlich als wir, und auch, wenn du uns einmal deine Hand gereicht, haben wir doch mit so viel Schwachheit zu tun, dass wir unzählige Male fort und fort neu hinfallen, wenn du uns nicht zu Hilfe kommst. Du wollest uns denn geben, dass wir, gestützt auf deine unüberwindliche Kraft, den Lauf deiner heiligen Berufung fortgehen und wider alle Anfechtung wacker und beständig streiten» (E 309) – und zwar, wie Calvin oft hinzu setzt: «mehr und mehr». Eben so haben wir das Letzte bzw. den Letzten nicht irgendwo in ferner Zukunft vor uns. «Weil wir eine Hoffnung haben, sind wir schon in den Vorhof unseres ewigen Erbes geschritten» (J 50). Der Erhoffte greift schon in unsere Gegenwart ein und stellt sie unter das Vorzeichen, «dass dir unsere Seligkeit gar sehr am Herzen liegt» (E 211). Wir haben es nicht erst in der Zukunft mit Gott zu tun und jetzt mit Teufeln. Wir haben es schon jetzt mit ihm zu tun, – mit *dem*, «der du dich herbeigelassen, uns nicht allein in deine Treue und Hut zu nehmen, sondern auch zu deinen Kindern zu machen» (E 247).

Die vorläufigen Erfüllungen nehmen die *endgültige* Erfüllung in Gestalt der Verheißung vorweg und machen in der Gegenwart zugleich geduldig und rüstig, in der Gewissheit des Kommenden. Sie machen aber so zugleich hungrig und durstig nach dem Kommenden. Calvin redet von dem letzteren, indem, wie gesagt, in vielen seiner Gebete der Schlusssatz mit der Wendung beginnt: «bis endlich…» Das «endlich» ist offenbar das Seufzen nach einem baldigen Anbruch der definitiven Erfüllung der Verheißung. Worin die Erfüllung bestehen wird, das bezeichnet Calvin mit einigen immer wieder auftauchenden, verschiedenen Wendungen, die sich wohl gegenseitig ergänzen und erklären: Wir werden «versammelt» und genießen dann, nach den jetzigen Kämpfen und Unruhen, «selige Ruhe» (H 272, 288 f., 290). Das Wort «Ruhe» ist hier noch nicht verkommen zu einer Bedeutung im Sinn von Ruhestand oder gar Grabesruhe. Gemeint ist Leben in Vollendung. Gemeint ist Leben im Frieden, in dem atemlos ermattete Pilger aufatmen (E 121, 114, 70), in Befreiung von der Unruhe, von den Bedrängnissen und Irrtümern des jetzigen Laufs (H 303). Es ist der Friede, den «Du uns nach dem Kriegsdienst dieses Lebens verheißen hast» (H 289). Er wird uns als «Erbe» zuteil (E 90), als «Lohn» unseres Glaubens und Wartens. Das heißt, es wird uns dann das bestätigt und bekräftigt, woran wir geglaubt und worauf wir gewartet haben. Es wird dann enthüllt, was uns jetzt verhüllt ist. Oder: Wir gelangen dann zu einer wunderbaren «Herrlichkeit», die wir *schauen* werden (E 46), ja, in die wir *verwandelt* werden (H 297, E 121). Ruhe und Herrlichkeit (aeterna quies et gloria) gehören dort und dann so zusammen (H 294), dass klar ist, dass sich hier kein egoistischer Wunschtraum erfüllt, sondern Gottes Wille mit uns zum Ziele kommt. Statt zur Ruhe kommen, kann Calvin darum auch sagen: «in das Reich [Gottes]» kommen (H 305). Während jetzt «Du durch Menschenmund zu uns redest», wird es dann so sein: «Dann werden wir deine Herrlichkeit schauen von Angesicht zu Angesicht und gar dich selber reden hören und im Hören deiner Stimme jene selige Ruhe finden, auf die wir hoffen durch Christus» (J 10). Oder:

Wir kommen dann in einen Bereich ewiger Seligkeit (E 65, 77) bzw. in eine «Fülle», in der wir befreit sind von all dem Mangel und von aller Verderbnis (H 275). Wir gelangen dann in den reinen Genuss der Liebe Gottes (E 229). Wir werden dann zur vollen Konformität ins Bild der ewigen Herrlichkeit Gottes verwandelt (H 297). Wir werden dann aus dem Dunkel ans Licht geholt (E 93, 274, 303), an das Licht der Gerechtigkeit.

Diese Bilder dürfen als Ausschmückungen der einen Aussage verstanden werden, dass dann die Bitte reichlich erfüllt ist, dass «Du uns versammelst in dein himmlisches Reich», wie Calvin oftmals sagt. Gelegentlich gebraucht er auch andere Formulierungen. Etwa wenn er davon spricht, dass wir uns dann «zum wohlgefälligen Opfer darbringen, indem wir uns und alles, was wir haben, dir von Herzen und aufrichtig weihen» – was daran erinnert, dass wir an jenem Ziel in Gottes Hand sind, aber nicht in einer Erfüllung egoistischer Wünsche (H 293 – zu Hosea 8,14–9,5). Oder es kann auch heißen, dass uns dann «endlich Christus, dein Sohn, als Erlöser vom Himmel erscheint» – was darauf aufmerksam macht, dass mit dem «Himmel» ja nicht einfach ein «Jenseits» gemeint ist (H 307 – zu Hosea 14,4–8). Diese und ähnliche Bezeichnungen des Eschaton sind wohl von den jeweiligen Bibeltexten angeregt. Aber sie sind gerade so Variationen jener Rede von dem himmlischen Reich Gottes.

Calvin fügt der Bitte um das Reich in der Regel die Wendung hinzu: «durch Jesus Christus, deinen Sohn», oder auch ausführlicher: «erworben durch das Blut deines Sohnes […]». Diese Wendung, gerade auch in ihrer erweiterten Form, macht darauf aufmerksam, dass die Gewissheit der Erhörung des Gebets und die des kommenden «Versammeltwerdens in dein Reich» nicht auf unserem Verdienst beruht, sondern allein auf der Vergebung und Beseitigung unserer Sünde durch Jesus Christus.

Wie könnten wir besser zusammenfassen, was Calvin im Gebet von der verheißenen Zukunft sagt, als wenn wir es von ihm sagen lassen! – in seinem letzten öffentlichen Gebet vor seinem Tod:

«Allmächtiger Gott! Dieweil du uns einmal erlöst hast durch den Tod deines eingeborenen Sohnes, so gib, dass wir nicht in unserer Undankbarkeit und Halsstarrigkeit den Lauf deiner Gnade abbrechen, sondern unter dem Gehorsam gegen dein Evangelium also fortschreiten, dass wir endlich zur Vollkommenheit der Gnade geführt werden mögen, die in uns angefangen ist, und von Tag zu Tag je mehr und mehr zunehmen in wahrer Gottseligkeit, bis wir dereinst in dein himmlisches Reich versammelt werden und das Erbe davontragen, das uns verheißen und erworben ist durch Christus, unseren Herrn. Amen» (E 348).

4. Gottes ewige Erwählung

Die Freiheit der Gnade Gottes

1. Wie ist Calvin zu verstehen?

Die Lehre von der göttlichen Prädestination, der ewigen Erwählung oder Vorherbestimmung Gottes bezüglich des Heils oder der Verwerfung der Menschen, ist in fast berüchtigter Weise mit Calvins Namen verknüpft. Warum gerade mit seinem? Er legte ja Wert darauf, dass er sich in seinem Verständnis der Lehre «keinen Fingerbreit» von Augustin unterscheide.[137] Ja, er insistierte darauf: «Nichts ist von mir hierüber vorgebracht, als was Gott durch die Weissagungen der Schrift uns allen deutlich diktiert.»[138] Aber nun trat das, was er nicht erfunden zu haben glaubte, in Verbindung mit seinem Namen an der Schwelle vom Mittelalter zur Neuzeit hervor. Und es war wohl kein Zufall, dass das Sperrige dieser von ihm vertretenen Lehre gerade in der aufblühenden und für die neue Zeit aufgeschlossenen Stadt Genf kantig ans Licht trat. Unter den Deutern seiner Theologie kam dann die These auf, er habe eben diese Lehre eigenmächtig zu dem «Zentraldogma» gemacht.[139]

Um es noch schärfer zu sagen: Mit welchem Recht er auch immer sich mit der Bibel im Einklang gefühlt haben mag, er hat den Einwand provoziert, er habe durch diese Lehre in der Art, in der er sie vortrug, seine Theologie ins Zwielicht gerückt. Denn sie habe den Anschein erweckt, sein Gott sei die schiere Allmacht, die willkürlich und schicksalhaft über alle Menschen verfügt, für wenige grundlos

---

137 De aeterna Dei praedestinatione, qua in salutem alios ex hominibus elegit, alios suo exitio reliquit: item de providentia, qua res humanas gubernat, Consensus Pastorum Genevensis Ecclesiae, a Io. Calvino expositus, Genf 1552, auf deutsch: Von der ewigen Vorherbestimmung Gottes, durch die er die einen Menschen zur Seligkeit erwählt, die anderen in ihrem Verderben belassen hat, des weiteren von der Vorsehung, durch die er die menschlichen Ereignisse regiert. Übereinkunft der Pastoren der Kirche zu Genf, entworfen von Johann Calvin, Genf 1552, übers. von Wilhelm H. Neuser, Düsseldorf 1998, 15. Abgekürzt: De praedestinatione.

138 A.a.O., 19.

139 Z. B. E. Troeltsch, Ges. Schriften, Bd. 1, Tübingen 1912, 615.

zum Heil, für die meisten ebenso grundlos zur Verdammnis. Und hat Calvin diese Lehre nicht derart behauptet, dass er sich damit in Opposition setzte – nicht nur zu allerlei «liberaler» Theologie in seiner Zeit, sondern sogar auch zu den Reformatoren in Basel, Zürich und Bern? Ihnen warf er vor, gleichsam «ein wildes Pferd [...] an einem Spinnwebfaden zu halten [zu] versuchen».[140] Aber warum wollte nicht umgekehrt er sich durch seine dortigen Glaubensgeschwister zur Zurückhaltung mahnen lassen? Selbst ein so treuer Calvin-Interpret wie Ernst Stähelin bemerkt kritisch, dass sich Calvin in seinem Insistieren auf seine Lehre zu einer «Heftigkeit und Bitterkeit» hinreißen ließ, die «einen stark natürlichen und sündlichen Beigeschmack an sich trägt».[141]

Und seit Karl Barths Kritik in der Kirchlichen Dogmatik II/2 an Calvins Lehre scheint sie definitiv in den Schatten gestellt zu sein. Barth schrieb seine Erwählungslehre 1940/41 angesichts der erschütternden kriegerischen Machtentfaltung Hitlers und seines ihm allzu getreulich folgenden Volkes. Im Licht der göttlichen Gnadenwahl sah er im Nationalsozialismus «deren genaue Umkehr und Karrikatur» – einerseits in der Gestalt des «erwählten Führers», der auf Kosten der Anderen regiert und menschenmörderisch handelt, andererseits in Gestalt der «erwählten Masse», die im totalen Staat die Einzelnen entweder zu Rädern in einem Mechanismus macht oder niederwalzt.[142] Im Licht gegenüber diesem Dunkel zeigt sich das Doppelte: eine solche Freiheit Gottes, in der er seinem Geschöpf *auch* Freiheit und Selbständigkeit zu geben beschlossen hat, und zugleich eine Gemeinschaft, in der Gott sich selbst an die Stelle des wegen seiner Sünde Verworfenen begibt und in der er damit eben diesen zur Teilnahme an seiner Herrlichkeit bestimmt. Hat Barth von da aus jener Karikatur im Nationalsozialismus widersprochen, so sah er Calvin in einer Auffassung befangen, mit der jener Karikatur nicht ernsthaft widersprochen werden kann.

Barth bezeichnet den Irrtum in Calvins Prädestinationslehre mit einem Begriff, den dieser zwar nicht benutzte, aber in dem sich seine Kritik an ihr zusammenfasst. Die Schärfe, in der er sich dagegen abgrenzt, zeigt seine Befürchtung, dass dem politischen Irrtum in seiner Zeit nicht zu widerstehen sei, solange in der christlichen Kirche nicht alle Türen zu diesem Irrweg verschlossen sind. Der Begriff, auf den Barth Calvins Lehre bringt und wogegen er sich in *seiner* Lehre

---

140 Calvin, De praedestinatione, 12.
141 E. Stähelin, Johannes Calvin. Leben und ausgewählte Schriften, Bd. 2, Elberfeld 1863, 303.
142 K. Barth, Kirchliche Dogmatik II/2, 341–343. Vermutlich war Barth in seiner Kritik auch beeinflusst durch die Schrift von Stefan Zweig (1936), in der dieser unter dem Titel Calvin gegen Hitler schrieb, vgl. Kap. 1, Anm. 4.

durchgehend abgrenzt,[143] ist der eines *decretum absolutum*, eines absoluten Beschlusses. Wogegen sich Barth dabei wendet, wird erst recht dadurch deutlich, dass sein Gegenbegriff nicht etwa der eines *relativen*, sondern der eines *konkreten* Dekrets ist. Gemeint ist das «absolute, d. h. von der in Jesus Christus gefallenen Entscheidung unabhängige, dieser vorangehende göttliche Dekret über die Errettung und Beseligung Dieser und Jener» – und die Nichterrettung und Nichtbeseligung Anderer.[144] Es ist «die Vorstellung von einem unbestimmten, nicht konkret gefüllten göttlichen Wohlgefallen als dem eigentlichen Grund der Erwählung».[145] Es ist «das Bild von dem [...] sich nicht bindenden und nicht gebundenen Gott an sich und nicht das Bild des in seiner Einheit mit dem Davidssohn sich selbst bindenden und so gebundenen Gottessohnes, nicht Gott in Jesus Christus».[146] Und nennt der Genfer Reformator nicht *selbst* den ewigen Erwählungsbeschluss Gottes ein «schreckliches Dekret» (decretum horribile)?[147]

Ist mit dieser Kritik Calvins Erwählungslehre verstanden und getroffen? Schon früh hat Wilhelm Niesel dazu bemerkt,[148] es sei darin «übersehen», dass *der* Satz Calvins «die Spitze» seiner Darlegungen bilde: Christus mache sich selbst «zum Urheber der Erwählung» (electionis autorem).[149] Dieser kurze Hinweis ermutigt dazu, nun doch noch einmal neu hinzublicken und zu fragen, ob seine Lehre nicht anders zu lesen ist.

2. Wider das abstrakte Reden vom Menschen und von Gott

Zum *wem* redete er eigentlich in der Darlegung dieser seiner Lehre? Man beachte: Er war als der Reformator der zweiten Generation derjenige, der – jenseits des unvermeidlichen protestantischen Streits mit dem römischen Katholizismus, von dem die Reformation herkam – eine neue, große Herausforderung für die Reformation in der Erscheinung des Renaissance-Humanismus erkannte. Seine Beschäftigung mit der Prädestinationslehre war vor allem durch diese moderne Erscheinung provoziert. Schon Luther kam wie von selbst auf das Problem der Prädestination, als er sich einmal näher mit dieser Bewegung befasste: im Streit

---

143 A.a.O., 68 f., 70, 72ff, 107, 111, 113, 115, 122 f., 144ff, 151, 172 f., 183, 198 f., 206, 211, 345, 366 f.
144 A.a.O., 69.
145 A.a.O., 123.
146 A.a.O., 145.
147 Institutio III 23,7.
148 W. Niesel, Die Theologie Calvins, 2. Aufl., München 1957, 166.
149 Institutio III 22,7. Vgl. K. Barth, Kirchliche Dogmatik II/2, 71.

mit Erasmus in seiner Schrift «Vom unfreien Willen».[150] Für Calvin war die Auseinandersetzung mit dem Humanismus ebenso schmerzlich wie hart, weil er selbst, mehr oder anders als Luther, darin geistige Wurzeln hatte. Die Schmerzlichkeit und Härte der Auseinandersetzung erlitt er namentlich darin, dass sich ihm dadurch ein Streit auferlegte, dem er anscheinend am liebsten ausgewichen wäre, dem er sich aber nun nicht entziehen konnte. Noch indem er sich darauf einlässt, hört man ihn seufzen: Hier mehr als an einem anderen Punkte seien wir bedroht, in ein «Labyrinth» zu geraten, aus dem wir keinen Ausgang finden. Gerade hier seien wir in akuter Gefahr, in Finsternis zu geraten, in die Irre zu gehen, zu stürzen und immer wieder anzustoßen.[151] Mit Augustin wusste er sich auch darin einig, dass er sich nicht näher auf das Thema der Prädestination eingelassen hätte, «wenn ihn nicht die Feinde der Gnade Gottes getrieben hätten».[152]

Ob er wollte oder nicht, er musste sich dem Problem stellen. Er musste es, weil sonst nicht ausgeräumt werden konnte, worüber er *noch mehr* erschrocken war: das Heraufziehen eines neuen Geistes, namentlich in der europäischen Intelligenz. Es ist *der* Geist, der zuvor auch ihm selbst attraktiv erscheinen konnte. Dessen Leitmotiv ist der Mensch, der sein Schicksal selbst in seine eigene Hand nimmt. Wenn Calvin in seinem Genfer Katechismus von 1542 die Freiheit des Gewissens (liberté de conscience) bejahte,[153] so zeigte er, dass er zu dem Anliegen dieser Unternehmung nicht nur Nein sagen konnte. Gleichwohl war er gegenüber den Vertretern der neuen Bewegung alarmiert. Denn gleich, ob jetzt schon voll durchschaut oder nicht, die Selbsteinschätzung der Menschen nach jenem Leitmotiv ist eine Sackgasse. Und diese Selbsteinschätzung ist eine Selbsttäuschung: «dass es in unsrer Freiheit stehe […], und es hinge nicht von dem Ratschluss Gottes ab, wer erwählt und wer verworfen sei, sondern jeder bestimmt für sich eins von beiden Schicksalen nach seinem freien Willen».[154] Dieser Irrtum sensibilisierte Calvin auch gegenüber der Verlockung, der im späteren Reformiertentum dann nachgegeben wurde: in der Behauptung eines Syllogismus practicus. Gemeint ist die Vorstellung von einer Möglichkeit des Menschen, aus seinen eigenen Verhaltensweisen oder gar aus seinen irdischen Erfolgen sich seines Erwähltseins gewiss zu machen. Dazu sagt er klar: «Wir finden in uns selbst keine Gewissheit unserer Erwählung (non in nobis ipsis reperiemus electionis nostrae certitudi-

---

150 M. Luther, Vom unfreien Willen, Nach d. Übersetzung von Justus Jonas, hg. von F. Gogarten, München 1924, bes. 190 ff.

151 Institutio III 21,1 f.

152 De praedestinatione, 14.

153 Nach W. Niesel (hg.), Bekenntnisschriften und Kirchenordnungen der nach Gottes Wort reformierten Kirche, Zürich 1985, 7, 21.

154 De praedestinatione, a. a. O., 6.

nem).»[155] Eben die irrige Meinung von einer Selbstbestimmung des Menschen zu Heil oder Unheil zwang Calvin, «von der ewigen Erwählung *Gottes*», De aeterna Dei praedestinatione zu reden.

Was er dieser irrigen Meinung entgegenstellte, war nun allerdings auch nicht ein seinerseits abstraktes Reden von *Gott*. Wohl wahr, dass *Gott*, Gott *allein* über Gericht und Gnade, über Heil oder Unheil des Menschen entscheidet. Aber es ist auch Gott und Gott allein, der darüber entscheidet, wer er selbst ist und als wen dann auch wir ihn zu erkennen haben. Abgesehen davon geraten wir aufs Neue in die Irre, und es scheint, dass es dieselben sind, die sich irrige Ansichten wie über sich selbst, so nun auch über Gott zurechtlegen. Beide Ansichten sind darin beisammen, dass sie sich über Gott wie über den Menschen Vorstellungen machen, unabhängig von der Zuwendung Gottes zum Menschen und von seiner Verbindung mit ihm. Das ist speziell im Blick auf die Beziehung zu Gott zu sagen, «dass diejenigen töricht sind, die mehr wissen wollen, als Gott offenbart hat. Deshalb mag uns mehr eine gelehrte Unwissenheit erfreuen, als eine unmäßige und trunkene Neugierde, mehr zu wissen, als Gott erlaubt».[156] Ja, «was hilft es, euch in sinnloser Unternehmung in den Abgrund zu versenken, von dem einem der Verstand sagt, ihr werdet darin versinken».[157] «Nein, lasst uns lieber Abstand nehmen von einer Untersuchung, um zu wissen, was ebenso dumm wie gefährlich, ja, tödlich ist.»[158] Denn es ist so, «dass man sich, je kühner man in die tiefen Geheimnisse des göttlichen Ratschlusses einzubrechen und einzudringen versucht, nur um so mehr von Gott entfernt».[159] Demnach wird auf diesem Weg nicht bloß Gott nicht *erkannt*, sondern nicht *Gott* erkannt.

Calvin begann offenbar zu verstehen, dass in der Moderne eine Verselbstständigung des Menschen heraufziehen wird – eine sich gegenüber Gott behauptende Emanzipation. Ihm war klar, dass die christliche Theologie dagegen die Initiative *Gottes* im Verhältnis zum Menschen zu betonen hat: Nicht kommt der Mensch der Gnade zuvor (praevenit), sondern immer sie ihm.[160] Aber er sah auch ein, dass dem drohenden Schaden noch nicht gewehrt ist, dass der Schaden vielmehr im Grunde bestätigt wird, wenn dagegen eine Verselbstständigung Gottes gegenüber dem Menschen behauptet wird. Die christliche Theologie ist erst dann recht

155 Institutio III 24,4. Weitere Zitate aus anderem Schrifttum Calvins bei K. Barth, Kirchliche Dogmatik II/2, 67. Intensiv und differenziert belegt das oben Angedeutete: W. Niesel, Theologie Calvins (Anm. 148), 174–182.
156 De praedestinatione, 72.
157 Institutio III 23,5.
158 A.a.O., 21,2.
159 De praedestinatione, 62.
160 Institutio III 22,6.

bei ihrer Sache, wenn sie Gott und Mensch in einer *Verbindung* sieht, die allein durch Gottes *Initiative* zustande kommt und Bestand hat, kurz, wenn sie von Jesus Christus her und auf *Jesus Christus* hin denkt.

3. Christus, der «Spiegel» der Erwählung

Calvin benutzt häufig den Begriff eines «Spiegels», in dem sich uns zuverlässig das Geheimnis der göttlichen Erwählung eröffne. Diesen sonderbaren und missverständlichen Begriff übernimmt er wahrscheinlich aus 1. Kor. 13,12: «Wir sehen jetzt durch einen Spiegel». Er versteht die Stelle so: «Dieser Spiegel ist die Predigt des Evangeliums, die Gott als Mittel gesetzt hat, um sich uns darin zu offenbaren [...]. Die Erkenntnis Gottes, die wir jetzt aus seinem Wort haben, ist gewiss und wahr und hat nichts Trügerisches. Aber im Vergleich damit, dass wir Gott einst von Angesicht zu Angesicht sehen werden, muss man diese Erkenntnis ‹dunkel› nennen.»[161] Der Begriff sagt, dass wir Gott *jetzt* – nicht bloß teilweise, sondern *ganz* erkennen, aber nicht anders als in seinem *Wort* und so auch Christus nur in seiner biblischen Bezeugung. Das hat Konsequenzen für das Verständnis des göttlichen Erwählungsratschlusses. Denn jetzt «brauchen wir die Kenntnis unseres Heils nicht in einem geheimen Ratschluss Gottes zu suchen. Das Leben ist in Christus vor Augen gestellt [...]. Auf *diesen* Spiegel [des göttlichen Ratschlusses] soll sich der Blick des Glaubens heften und nicht dorthin vorzudringen verlangen, wohin ihm kein Zugang offen steht.»[162]

Die Meinung Calvins ist hier klar die, dass wir «in Christus» unserer Erwählung ganz gewiss sein können. «Willst du also Gewissheit darüber haben, ob du erwählt bist? Dann sieh dich selbst in Jesus Christus an!»[163] Es ist also nicht so, dass ein geheimer Ratschluss, den Gott vor aller Zeit gefasst hat, diese Gewissheit erschüttern und in Frage stellen könnte. *Das* meinte vielmehr der Utrechter Propst Albert Pighius in seiner Kritik an Calvins Prädestinationslehre. Ihm antwortete er: «Wenn Pighius fragt, woraus ich erkenne, dass ich auserwählt bin: Christus genügt mir statt tausend Gründe.»[164] Dasselbe ausführlicher: «Es fragen voreilige Menschen, wie sie über ihre Seligkeit, die doch im Ratschluss Gottes verborgen ist, gewiss sein können? Ich habe geantwortet, was wahr ist: Da uns in

---

161 Johannes Calvins Auslegung des Römerbriefes und der beiden Korintherbriefe (abgek. R), 435.

162 De praedestinatione, 2 f. Vgl. Von der ewigen Erwählung Gottes (1551) 1562, CStA 4, (79–149), 127.

163 Von der ewigen Erwählung, a. a. O., 141.

164 De praedestinatione, 79.

Christus die Gewissheit der Seligkeit vor Augen gestellt ist, so tun diejenigen Unrecht – und dies nicht ohne Beleidigung Christi selbst –, die an dieser Quelle des Lebens vorbeigehen, aus der sie schöpfen konnten, und bemühen sich, aus den verborgenen Tiefen Gottes das Leben herauszuholen. Paulus lehrt zwar, dass wir vor der Erschaffung der Welt auserwählt sind, aber ‹in Christus› (Eph. 1,3 f.). Es soll also niemand das Vertrauen auf seine Auserwählung anderswoher suchen, wenn er nicht das Buch des Lebens, in dem [sein Name] aufgezeichnet ist, vernichten will. [...] Und die Schrift sagt, dass alle, welche an den eingebornen Sohn Gottes glauben, Gottes Kinder und Erben sind (Joh. 1,12). Christus ist uns also ein deutlicher Spiegel und ein Angeld und Unterpfand der ewigen und verborgenen Erwählung Gottes.»[165]

So schließt nun Calvin jenen doppelten Irrweg zur Erkenntnis unserer Erwählung aus, indem er sie *allein* in Christus zu erfassen lehrt. «Weil wir in *ihm* erwählt sind, so werden wir nicht in uns selbst die Gewissheit unserer Erwählung finden und auch nicht in Gott dem Vater, wenn wir uns ihn ohne den Sohn für sich allein einbilden (si nudum illum absque filio imaginamur). Christus ist also der Spiegel, in dem wir unsere Erwählung passender Weise ohne Täuschung erblicken dürfen. *Er* ist es, in dessen Leib der Vater alle die einzufügen beschlossen hat, die er von Ewigkeit her als die Seinen ansehen wollte. Er lässt also alle die als seine Kinder gelten, die er als Glieder Christi erkennt.»[166] Und zwar sind sie entscheidend darum Glieder Christi – nicht, weil sie sich an ihn halten, sondern weil sie von ihm bei ihm gehalten werden.

So schreibt Calvin zuversichtlich: «Kein Augenblick vergeht, in dem ich nicht zu stürzen scheine. Aber weil Gott seine Auserwählten erhält, dass sie niemals untergehen, so glaube ich bestimmt, dass ich in den unzähligen Stürmen bestehen werde.»[167] Oder wir hören den schönen Satz: «Die Erwählten können wohl wanken und schwanken, ja sogar fallen; doch werden sie nicht zerschlagen, weil der Herr seine Hand zur Hilfe leiht.»[168] Oder: «Mag auch der Abfall gewaltiger Scharen die ganze Welt erschüttern, so bleibt doch Gottes Ratschluss fest und stärker, als selbst der Himmel besteht, so dass die Erwählung nie und nimmer ins Wanken

---

165 A.a.O., 75.
166 Institutio III 24,5. Chr. Link betont im Vorwort zu: Von der ewigen Erwählung, CStA 4,88f, stark den Unterschied zwischen der dort abgedruckten Predigt Calvins zu diesem Thema und seiner Lehre darüber in der Institutio. Der Unterschied hängt damit zusammen, dass Calvin dort predigt und hier lehrt. Aber im Wesentlichen arbeitet er beide Male mit denselben seiner Einsicht. Doch ermutigt Links Hinweis dazu, Calvins Lehre von seiner Predigt her zu würdigen.
167 De praedestinatione, 79.
168 Calvin, OS 1,87.

gerät.»[169] Es wäre nach Calvin darum schlechterdings «ein Wahnsinn», wollten wir diesen gewissen Halt «*außer* ihm» suchen, «was wir doch *in* ihm bereits erlangt haben und *in* ihm allein zu finden vermögen». Wir müssen dabei nicht fürchten, «es könnte das, was er [Christus] uns in seinem Worte verkündet, von jenem Willen des *Vaters* [...] auch nur im mindesten verschieden sein, nein, er legt ihn uns vielmehr getreulich offen dar, wie er seit Anbeginn gewesen ist und stets sein wird»[170].

Der Gedanke erfährt noch eine Zuspitzung: Der Jesus Christus, in dem die Liebe des erwählenden Gottes sichtbar wird, ist wohl selbst Gott; aber Gott ist in ihm zugleich auch Mensch geworden. Das heißt: Dieser Gott, wie er sich in Christus zeigt, ist den Menschen so verbunden und so nahe, dass, wenn Menschen verletzt werden, Gott selbst verletzt wird. Die von uns in Christus erkannte Erwählung verbindet uns daher mit den Mitmenschen. In diesem Sinn versteht Calvin die Gottebenbildlichkeit des Menschen und sagt: «Ihrerseits wären die Menschen der Fürsorge Gottes gar nicht wert, aber das Bild Gottes in ihnen duldet keine Verletzung. Lernen wir doch daraus, dass der, der seinem Bruder Unrecht tut, Gott selber kränkt! Würden wir dies tief ins Herz fassen, dann könnten wir nicht so leicht anderen Leid zufügen.»[171] Vielmehr: Lieben wir Christus, so können wir nicht ihn lieben, «ohne ihn *in* seinen Brüdern zu lieben»[172].

Gegenüber der verbreiteten Auffassung, dass Calvin durch seine Erwählungslehre von der lutherischen Reformation abweiche, ist es beachtenswert, dass das von ihm dazu Gesagte vielmehr «lange vor Calvin vor allem Luther» gesagt hat.[173] In Luthers Schrift: De servo arbitrio von 1525 unterscheidet er zwischen dem «heimlichen, heiligen Gotteswillen, der alles ordnet, schafft und tut durch seinen Rat, welche und wie viel er will der angebotenen, ausgerufenen Gnade teilhaftig und mitgenossig machen. Welcher heimliche Wille ist nicht zu erforschen, sondern mit Furcht und Zittern anzubeten als eine tiefe, heilige Heimlichkeit der hohen Majestät, die er sich allein behalten hat.» Doch «man muss anders reden von Gott oder dem Willen Gottes, den er hat predigen lassen, den er uns offenbart hat und angeboten. [...] Sofern er [...] durch das Wort sich hervorgetan, dadurch er sich uns anbietet, handeln wir mit ihm.» Der verborgene Gott hindert und der offenbare Gott will die Seligkeit aller.[174] Das konnte Calvin in seiner Weise auch so sagen. In seiner Weise! Denn er hat das noch mit einem eigenen Akzent versehen.

---

169 Institutio III 22,7; vgl. 22,1.
170 A.a.O., III 24,5.
171 Auslegung der Genesis (abgek. Genesis), 117.
172 Institutio IV 17,38.
173 Barth, Kirchliche Dogmatik II/2, 70 f.
174 M. Luther, Vom unfreien Willen (Anm. 150), 146–149.

4. Der Vorrang der Ehre Gottes vor dem Heil der Menschen

Calvin erklärt in seiner Prädestinationslehre wohl mit Bestimmtheit, «dass diejenigen töricht sind, die mehr wissen wollen, als Gott offenbart hat».[175] Stärker noch betont er im Eingang seiner Erklärung dieser Lehre in der Institutio, «dass unser Lauf, sobald wir die Grenzen des Wortes überschreiten, vom Wege abfällt und in der Finsternis verläuft – dass wir da notwendig in die Irre gehen».[176] Und weiter: Die «ohne das Wort den ewigen Ratschluss Gottes ergründen wollen, versinken in einem tödlichen Abgrund (exitialem abyssum)».[177] Muss man dann aber nicht fragen, ob er sich mit diesen Sätzen nicht selbst richtet, wenn er anscheinend hier doch «mehr wissen» will? Geht dann nicht auch er «notwendig» in die Irre? Aber der Sachverhalt ist offenbar noch verwirrender. In seinen allerletzten Vorlesungen vor seinem Tod über den Propheten Ezechiel äußert er sich zweimal näher zu dem Problem – und zwar so, dass ein Besitzer der deutschen Übersetzung um 1944 dazu am Rand notierte: «Dunkel, dunkel, dunkel!!», während Calvin selbst in seiner Erklärung betont, es liege «hier keinerlei Dunkelheit vor».[178] Immerhin, wie soll man das verstehen, wenn er schreibt: «Das Licht, das ohne Maß uns zuströmt, blendet uns natürlich die Augen, so dass wir nicht genau unterscheiden können, wie Gott wollen kann, dass alle selig werden, und wie er dabei doch alle Verworfene für das ewige Verderben bestimmt hat»? Calvin fügt hinzu, dass damit Gott keine «Zwiespältigkeit» unterstellt werde, «nein, Gott will immer dasselbe»[179]. Die römische Lehre von einem zweifachen Willen Gottes, einem «geordneten» und einem «absoluten», ist abzulehnen.[180] Darum: «Nichts ist so klar wie diese Lehre.»[181] Verblüffenderweise heißt es zuletzt, dass jenes Doppelte – Gott will die Seligkeit aller und will die Scheidung von Erwählten und Verworfenen – nicht identisch ist mit der Unterscheidung der Offenbarung und Verborgenheit Gottes; denn noch einmal: «Gott will nicht, dass wir in seine geheimen Ratschlüsse eindringen.»[182] Die Meinung ist demnach die, dass wir *innerhalb* der göttlichen *Offenbarung* auf dieses Doppelte stoßen. Nehmen wir einmal an, dass wir das ernst nehmen dürfen! Dann sind wir hier an einem Punkt, an dem sich das zunächst so verwirrend Tönende zu klären beginnt. Und an diesem

---

175 De praedestinatione, 72.
176 Institutio III 21,2.
177 A.a.O., III 24,4.
178 J. Calvin, Auslegung des Propheten Ezechiel, (abgek. E), 314; die Randnotiz 302.
179 A.a.O., 301, vgl. 313.
180 Von der ewigen Erwählung, CStA 4, 144f.
181 E 312.
182 A.a.O., 314.

Punkt wird zugleich der eigene Akzent in der Theologie Calvins im Vergleich mit der Luthers sichtbar.

Er sieht nämlich eine Gefahr – nicht nur darin, dass man an der Schrift vorbei *zu viel* über den göttlichen Ratschluss zu wissen meint, sondern auch darin, dass wir uns durch die Heilige Schrift *zu wenig* über Gottes Willen und Wege belehren lassen. Wie es allzu neugierig wäre, auf jene verkehrte Art zu viel wissen zu wollen, so wäre es undankbar, auf diese uns vorgelegte Weise zu wenig zur Kenntnis zu nehmen.[183] So oder so haben wir uns an «das Wort des Herrn» als an eine «für uns» sichere Richtschnur des Erkennens zu halten. «Was nun in der Schrift über die Prädestination gelehrt wird – wir müssen uns hüten, die Gläubigen davon fernzuhalten.» Wir dürfen doch nicht auch nur den Anschein erwecken, als wollten wir «den Heiligen Geist beschuldigen und beschimpfen, er habe Dinge kundgemacht, die man nützlicherweise auf alle Art unterdrücken sollte».[184]

Was dabei gelernt wird, ist der «Grundsatz», den man nach Calvin unbedingt «festhalten» muss: «dass er [Gott], sich selbst nicht vergessend, seinen Ruhm an erster Stelle berücksichtigt und so die ganze Welt zu dem Zweck geschaffen hat, dass sie ein Schauplatz seines Ruhmes sei».[185] Man muss daher die Erwählung predigen «erstens, um Gott zu verherrlichen, so wie er es verdient, zweitens, um uns unseres Heils zu vergewissern, damit wir Gott in voller Freiheit als unseren Vater anrufen»[186]. Wollte man es anders sagen, so würde das letztlich «die erstaunliche Tollheit *der* Menschen [rechtfertigen], die Gott sich frech unterwerfen und sich nicht scheuen, ihn irgendeinem dörflichen Richter gleichzustellen».[187] Nach dem ersten Gebot haben wir uns Gott und nicht Gott uns zu unterwerfen. Sehen wir davon ab, dann droht die Gefahr, dass wir das Heilswerk Gottes für uns als die Berechtigung zu einer egoistischen Bedienung des Menschen durch einen Helfershelfer auffassen. Calvin scheint angesichts dieser Gefahr zu spüren, dass die Rede von einer Errettung *aller* ja gar nicht eine *Errettung* aller bedeutet, sondern dies, dass der Mensch *selbst* sich sein Heil oder Unheil beschaffen kann. Nach dieser Auffassung legt Gott ihm ein Angebot vor, mit dem der Mensch «frei», das heißt in einer Wahlfreiheit so oder so umgehen kann.[188] Für Calvin ist damit Gott nicht mehr als *Gott* anerkannt.

Dass es im Handeln Gottes an seiner Kreatur zuerst um die Ehre *Gottes* geht und erst daraufhin auch um das Heil des *Menschen*, das bedeutet, dass dem Men-

---

183 Vgl. Institutio, III 21,4.
184 A.a.O., 21,3.
185 De praedestinatione, 47.
186 Sermons sur l'Epistre aux Ephesiens (1562), CO 51,262.
187 De praedestinatione, 10.
188 A.a.O., 47.

schen das Heil nicht automatisch zufließt. *Gott* ist es, der bestimmt, was dem Menschen zuteil wird, und er *bestimmt* es: ob Heil oder Unheil, Gnadenwahl oder Verurteilung, Errettung aus der Verlorenheit oder Steckenbleiben in ihr. Ja, Gott ist gnädig, aber er ist gnädig, «wem er will».[189] Wenn das Heil dem Menschen automatisch zuflösse, dann läge die Frage seiner Wirksamkeit in der Hand des Menschen, wie es ja im Humanismus damals zu hören war. Dann würde das Gott zu einer Puppe des Menschen machen und ihn in Wahrheit absetzen. Dagegen beruft sich Calvin häufig auf Jesu Wort in Joh. 6,44, wonach niemand zu ihm kommen kann, außer es zieht ihn «der Vater». Das heiße: Nicht «alle» kommen zu ihm, denn «niemand wird jemals aus eigenem Entschluss zu Christus kommen können, wenn nicht Gott zuvor mit seinem Heiligen Geiste zu ihm kommt».[190] Aber wenn man das in die Hand Gottes gelegt sein lässt, handelt dann Gott nicht als Tyrann an den Menschen? Calvin ist wie elektrisiert von diesem Einwand und lehnt ihn wieder und wieder ab: Nein zu dem «Hirngespinst von der bindungslosen Gewalt (absoluta potentia) Gottes; denn das ist ungläubig und sollte billigerweise unsere Abscheu erregen. Wir erdichten uns keinen Gott, der außerhalb der Gesetze stünde; denn Gott ist doch selbst ein Gesetz.»[191] Das Letztere ist zu sagen, weil dadurch ausgeschlossen ist, dass umgekehrt wir uns mit einem von uns zurechtgelegten Gesetz zu Richtern über Gott machen. Summa: «Wo du von Gottes Ehre reden hörst, da denke an seine Gerechtigkeit», Ubi mentionem gloriae Dei audis, illic iustitiam cogita.[192]

Von da aus stellt sich Calvin drei schwierigen Problemen, die sich durch die kritischen Einwände seiner Gegner im humanistischen Lager stellen. 1.) Ist der Mensch denn etwa nicht in der Lage, den ihn bestimmen wollenden ewigen Ratschluss Gottes außer Kraft zu setzen – nämlich indem er dazu Nein sagt? Einmal dahingestellt, ob er wirken oder mitwirken kann zu seinem Heil, aber er vermag doch in eigener Kraft, Böses zu tun! Calvin durchschaut die Hinterlist dieses Gedankens, der natürlich die Schlussfolgerung ziehen will: Wenn dem Menschen solches negative Vermögen zugestanden wird, dann wird man ihm ein positives Vermögen zur Beschaffung seiner Seligkeit auch nicht absprechen können. Calvin widerspricht dem Gedanken in solcher Schärfe, dass er sich nicht scheut, sich dabei Blößen zu geben. Er tut es offenbar darum, um unbedingt diese fatale Konsequenz auszuschließen: Nein! Gott ist den ihn Verwerfenden zuvorgekommen,

---

189 Von der ewigen Erwählung, CStA 4, 138 f., vgl. 116 f.
190 Auslegung des Johannes-Evangeliums (abgek. Joh), 165. Vgl. Institutio II 2,20; 3,10; 5,5; III 1,4; 2,34 f.; 3,10; 5,5; 22,7; 24,1.; De praedestinatione, 24; Von der ewigen Erwählung, CStA 4, 102–109. Vgl. auch Luther, Vom unfreien Willen (Anm. 150), 331 f.
191 Institutio III 23,2; vgl. 24,14; De praedestinatione 64 f.
192 Institutio III 23,8.

indem zuerst er *sie* verworfen hat. «An der göttlichen Prädestination hängt ihr Verlorengehen [...]. Der erste Mensch ist gefallen, weil Gott es für zuträglich hielt.»[193] – Hat dann aber Gott *selbst* die Sünde der Menschen verursacht, in der sie ihn verwerfen? Ist dann also ihre Sünde gar nicht Schuld, sondern Schicksal und ist nicht in Wahrheit Gott der Missetäter, weil er ihre Sünde verursacht hat? – Wiederum Nein! Wohl «fällt der Mensch, weil Gottes Vorsehung es so geordnet hat, aber er fällt durch eigene Schuld».[194] – Aber ist dann nicht besser zu sagen, um Gott nicht mit der Sünde zu belasten, er habe den Sündenfall nur vorausge*sehen*? – Nochmals Nein! Gott ist nicht so ohnmächtig, dass er bloß zusieht, was die Menschen in eigener Regie sich an Bosheit leisten. Dann aber ist zu sagen: Er hat den Fall nicht nur vorausgesehen (praevidisse), sondern auch angeordnet (dispensasse).[195] Er hat ihn «verordnet», doch so, dass er nicht «eigentlich der Urheber» ist.[196] Man muss also beides sagen: dass der Mensch im Sündenfall allein schuldig ist *und* dass dabei Gott in seiner Macht und Gerechtigkeit anwesend ist, doch ohne Bestreitung dessen, dass ihm «die Sünde immer verhasst» war und ist.[197] Das tönt wohl widersinnig. Aber man übersehe nicht, dass Calvin unbedingt den Einwand entkräften muss, der Sünder sei in der Lage, den Ratschluss Gottes aufzuheben, indem er sich selbst göttliche Fähigkeit zuschreibt. «Sein wollen wie Gott» – das ist ja der Sündenfall. Aber der Mensch schafft damit keine Tatsache, die Gott nur passiv erduldet oder auf die er nur reagieren kann.

2.) Wenn Gott zu allen Menschen Nein sagen muss, wie kann es gleichwohl dazu kommen, dass er wenigstens zu einigen von ihnen dennoch Ja sagt und sie aus der «Masse der Verlorenheit» (massa perditionis) erwählt und befreit? Liegt das daran, dass sie gegenüber anderen bestimmte Vorzüge aufweisen und bessere Menschen sind als jene? Nein, antwortet Calvin erneut. Wenn auch nur einer aus der massa perditionis errettet wird, dann niemals aufgrund irgend eines Vorzugs auf seiner Seite. Diesem Irrtum öffnet der moderne Humanismus die Tür. Es ist vielmehr «die unverdiente Erwählung Gottes, durch die er aus dem verderbten und verdammten Menschengeschlecht diejenigen, die er will, in die Kindschaft aufnimmt».[198] *Alle* sind verloren. Wenn auch nur einige aus ihrer Verlorenheit gerettet werden, «so ist es ein Frevel, dies ihrer Güte zuschreiben zu wollen».[199] Man muss es allein «der Gnade Gottes zuschreiben, wenn sie herausgeholt werden

---

193 A.a.O.
194 A.a.O.
195 Institutio III 23,7.
196 De praedestinatione, 71.
197 A.a.O., und Institutio III 23,8.
198 De praedestinatione, 1.
199 A.a.O., 54. Vgl. Von der ewigen Erwählung, CStA 4, 100 f., 130 f., 136 f.

aus der Verlorenheit».[200] Mit Röm. 9,16: «Somit kommt es nun nicht auf den an, der will, noch auf den, der läuft, sondern auf Gott, der sich erbarmt.»[201] Nach Augustin ist das so zu verstehen, «dass der Apostel *alles* der Barmherzigkeit des Herrn zuschreibt, unserm Wollen und Trachten aber *nichts* übrig lässt».[202] Die Erwählungslehre steht hier sachlich zusammen mit der Rechtfertigungslehre: mit ihrer Aussage, dass der Sünder seinem Sündersein zum Trotz glauben darf, dass er um Christi willen von Gott als sein Kind angenommen ist. Abgesehen von der ihm widerfahrenen Gnade unterscheidet er sich nicht von den Verworfenen. Es ist nicht zu leugnen, «dass die Verworfenen bisweilen viel Ähnlichkeit mit den Kindern Gottes haben».[203] Und Röm. 9,18: «Er erbarmt sich also, wessen er will, und macht verstockt, wen er will». Das versteht er mit Augustin so, dass gerade durch Gottes Barmherzigkeit gegen die einen deutlich wird, sie werde ihnen *rein* aus Gnade zuteil.[204] Es gibt dafür nicht den geringsten Grund, außer der Gnade selbst.[205] Worin unterscheiden sich denn Jakob und Esau? «Alles ist in ihnen gleich.»[206] «Blickst du auf sie [die Menschen] als solche, so erkennst du [in jedem] einen Sprössling Adams, der den Geruch der allgemeinen Verdorbenheit der Menschenmasse (massae corruptio) verbreitet.» Daher ist Martin Bucers Theorie von einem «Samen der Erwählung», der einigen von Geburt eingesenkt sei, eine Träumerei ohne Grund in Schrift und Erfahrung.[207] Gegen alle unsere voreiligen Einteilungen der Menschheit in Erwählte und Verworfene sei erinnert an die zuletzt doch noch wunderbar Geretteten: die Hure Rahab, der blutrünstige Manasse, der Schächer am Kreuz. Eine andere Hoffnung haben auch *wir* nicht, die doch selbst sagen müssen: «Wir gingen alle in der Irre wie die Schafe …»[208] Aber die eine Hoffnung haben wir: «Gott hat mich erwählt, mich, der ich ausgestoßen und von seinem Reich ausgeschlossen war.»[209] «In uns» sind wir nur «wert, dass Gott uns verabscheut». Was uns rettet, ist weder, dass wir uns bessern, noch dass ein Gutes in uns eingegossen wird, sondern allein dies, aber dies wirklich rettet uns: «In seinem Sohn blickt er uns freundlich an, und daraufhin liebt er uns.»[210]

---

200 A.a.O., 66.
201 Institutio III 24,1; 24,17.
202 A.a.O. III 24,1.
203 De praedestinatione, 80.
204 Institutio III 24,1.
205 A.a.O., III 22,6; 23,10.
206 A.a.O., III 22,5.
207 A.a.O., III 24,10.
208 A.a.O., III 24,11.
209 Von der ewigen Erwählung, CStA 4, 129.
210 Institutio, 97.

3.) Aber ist denn die Gnade Gottes tatsächlich zuverlässig? Dass das Heil des *Menschen* unter dem Vorrang der Ehre *Gottes* steht, bestreitet, wie gesagt, eine Automatik der Heilszueignung für die Menschen. Bedeutet das jedoch nicht, dass wir daher ständig in der Unsicherheit leben müssen, ob uns die Gnade Gottes wirklich gilt, und zwar so gilt, dass wir erwählt *sind* und in allen Schwankungen unseres Lebens erwählt *bleiben?* Es kommt in der Unruhe darüber darauf an, dass wir von uns wegblicken, nicht zuerst nach *unserem* Heil fragen, sondern auf *Gott* schauen. So werden wir frei zu sehen, dass Gott ja seinerseits frei ist, für uns zu sorgen. «Zweifeln wir, ob wir auch von Christus in seine Treue und Hut aufgenommen sind, so tritt er selbst solchem Zweifel entgegen, indem er sich aus freien Stücken als unser Hirte anbietet und uns kundtut, dass wir in die Zahl seiner Schafe eingereiht werden, wenn wir seine Stimme hören (Joh. 10,3). Deshalb wollen wir also Christus empfangen, der uns so freundlich [...] entgegenkommt; er aber wird uns zu seiner Herde zählen [...] und uns bewahren.» Doch noch und noch kann die Angst in uns wach werden, wenn wir hören, dass viele berufen und wenige auserwählt sind (Mt. 22,14).[211] Calvin selbst nennt die Erfahrung, dass von 100 Hörern einer Predigt nur 20 sie gehorsam annehmen, während 80 sie überhören oder verspotten[212] – ein noch sehr günstiger Prozentsatz, bemerkte Karl Barth dazu. Jedenfalls dürfen nach Calvin die durch solche Erfahrung Angefochtenen den Zuspruch Jesu (Joh. 10,27–29) ernst nehmen: «Niemand wird sie aus meiner Hand reißen.» Aber sie können das nicht in der Weise ernst nehmen, dass sie sich selbstverständlich den 20 zuordnen, während sie irgendwelche, ihnen Fernstehende bei den 80 Spöttern sehen. Dürfen wir wohl jenes Zuspruchs Jesu *gewiss* sein, so darf er uns doch nicht *selbstsicher* machen und nicht zu Verächtern der «Anderen». Dass unser «Heil» unter der Voraussetzung der «Ehre Gottes» steht, bedeutet eben auch: Wir haben damit zu rechnen, dass Gottes Zuwendung gerade denen gilt, die wir von ihm getrennt sehen, wie wir zugleich gewarnt sein müssen, dass Gott denen fern sein kann, die vorderhand auf seiner Seite zu stehen scheinen. «Es gibt Kinder Gottes, die es für uns noch nicht sind, die es aber für Gott sind», und es gibt solche, «die von uns wegen der nur für einige Zeit empfangenen Gnade so genannt werden, die es aber für Gott nicht sind».[213] «Denn sowohl werden solche, welche als die Verlorensten erschienen und schon ganz aufgegeben waren, durch seine Güte auf den Weg zurückgerufen, als auch solche ins Verderben stürzen, die vor den andern zu stehen schienen.»[214]

---

211 A.a.O., III 24,6.
212 A.a.O., III 24,12.
213 De praedestinatione, 18.
214 P. Barth, Die Erwählungslehre in Calvins Institutio von 1536, in: E. Wolf (hg.), Theologische Aufsätze. Karl Barth zum 50. Geburtstag, München 1936, 432–442, hier: 438.

5. Die Verantwortung des Menschen

Es liegt Calvin in seiner Prädestinationslehre auch daran, dass Gott nicht etwa mit dem Schicksal verwechselt und dass menschliche Freiheit nicht durch eine ewige Notwendigkeit ausgelöscht wird. Schon das soll nach ihm ausgeschlossen sein, dass die Sünde als der mechanische Vollzug einer göttlichen Anordnung verstanden wird. Es ist wohl schwierig, den Gedanken klar zu machen, dass die Sünde allein Schuld des Menschen ist und dass sie doch nicht unter einer bloßen ohnmächtigen Zulassung Gottes geschieht. Ebenso schwierig ist es, es deutlich auszusagen, dass sie eine Tat des menschlichen Willens und doch keine echte Freiheitstat des Menschen ist. Aber Calvin versucht es, dieses Schwierige so zu sagen, dass weder Gott belastet noch die Menschen entlastet werden: Die Sünde geschieht durch «freiwillige Übertretung». «Die Gottlosigkeit strebt also vergebens danach, den Menschen, den sein eigenes Gewissen verdammt, freizusprechen. Warum aber Gott mit Wissen und Wollen geduldet hat, dass der Mensch selbst fiel, kann einen verborgenen, doch nicht einen ungerechten Grund haben. Das wenigstens muss man immer ohne Widerspruch festhalten, dass Gott die Sünde immer verhasst gewesen ist.» Er hat den Sündenfall «verordnet» oder «angeordnet» und ist doch nicht sein «Urheber» gewesen.[215] Und so sündigen die Menschen wohl mit Willen, aber mit einem verstockten Willen.[216]

Anders ist es bei denen, die im Glauben ihrer Erwählung durch Gott in Christus gewiss sein dürfen. Sie leben in dem, wovon Calvin in der Institutio in dem Kapitel *vor* der Besprechung der Prädestinationslehre ein hohes Lied singt: De libertate christiana, «Von der christlichen Freiheit». Als die Seinen stehen sie erst recht nicht unter dem Zwang einer Notwendigkeit (necessitate coacta). Die christliche Freiheit beruht auf einer uns aus solchem Zwang herausholenden Befreiung. Sie prägt sich aus in einem Tun «aus freien Stücken» (ultro).[217] Allerdings ist es keine ungebundene Freiheit, in die wir durch Christus entlassen werden, sondern eine, in der wir durch den Willen unseres Befreiers gebunden sind. Wir sind befreit vom Fluch und Zwang des Gesetzes, aber nicht vom Gesetz Gottes.[218] Vorbild dafür ist das Volk Israel, als ihm das Gesetz Gottes gegeben wurde: «aus der elenden Knechtschaft (misera servitute) dazu frei geworden, dass es nun seinen Befreier gehorsam (libertatis authorem obedientia) verehre [...]. Da müsste doch jeder von der Liebe zu diesem Gesetzgeber durchdrungen werden,

---

215 De praedestinatione, 71; Institutio III 23,7.
216 Institutio III 23,13.
217 A.a.O., III 19,4.
218 A.a.O., III 19,2.5. Vgl. P. Jacobs, Prädestination und Verantwortlichkeit (1937), Darmstadt 1968.

wenn er hört, dass er dazu erwählt ist, seine Gebote zu halten. Es sind ja die Gebote *des* Gesetzgebers, von dessen Freundlichkeit er alles Gute im Überfluss und sogar die Herrlichkeit des ewigen Lebens erwartet, durch dessen wunderbare Kraft er sich doch aus dem Rachen des Todes gerissen weiß».[219]

Wiederum hebt die Einbindung der Freiheit in das Gesetz Gottes nicht die Freiheit auf. Sie hebt sie darum nicht auf, weil das Gesetz seinerseits eingebunden ist in den guten Gnadenwillen Gottes. Kraft dieser Einbindung des Gesetzes hebt der Gnadenwille Gottes die gnadenlose «*Herrschaft* des Gesetzes», seinen Fluch auf. «Solange unser Gewissen unter der Herrschaft des Gesetzes steht, lebt es in unablässiger Angst, und darum ist es ja nie und nimmer befähigt, Gott in freudiger Bereitwilligkeit (alacri promptitudine) zu gehorchen, wenn es nicht zuvor mit solcher Freiheit beschenkt ist.»[220] Die Herrschaft des Gesetzes, das nicht in Gottes guten Willen eingebunden ist, wirkt sich aus bis ins Alltägliche: «Wenn einer bei einigermaßen wohlschmeckendem Wein bereits Bedenken hat, so wird er bald nicht einmal gemeinen Krätzer mit gutem Frieden seines Gewissens trinken können, und am Ende wird er nicht einmal mehr wagen, Wasser anzurühren. [...] Kurz, er wird schließlich dahin kommen, dass er es für eine Sünde hält, über einen quer im Wege liegenden Grashalm zu gehen.»[221] Diese spöttische Ausmalung des Diktats der Gewissensbisse beschreibt die ausweglose Gefangenschaft in der Gesetzlichkeit. Anders die Freiheit der Christenmenschen. Sie äußert sich auch in der Freiheit, «zu lachen oder sich zu sättigen oder sich am Klang der Musik zu erfreuen oder Wein zu trinken».[222] Aber ihre Freiheit hat «ihr Wesen nicht bloß im Genießen, sondern auch im Entbehren» – um des Nächsten willen.[223] So oder so, es sind «alle äußeren Dinge unserer Freiheit [überlassen]; nur muss unser Herz vor Gott solcher Freiheit versichert sein».[224] Durch unsere Bindung an den uns befreienden Gott sind wir frei in «allen äußeren Dingen». Dieser befreiende Gott beschenkt uns durch Christus mit der Wohltat, dass unser Gewissen «in solchen Dingen, in denen es nach Gottes Willen frei sein muss, nicht in die Fesseln irgendwelcher Verpflichtungen verstrickt werden muss. Wir stellen also fest, dass es der Gewalt aller Menschen entnommen ist».[225]

Doch mehr noch: Diese Freiheit ist nicht bloß die in äußeren Dingen. Diese Freiheit wurzelt in *der* Freiheit, die wir vor *Gott* haben. Denn es ist wohl so, dass

---

219 A.a.O., II 8, 15.
220 A.a.O., III 19,4.
221 A.a.O., III 19,7.
222 A.a.O., III 19,9.
223 A.a.O., III 19,10.
224 A.a.O., III 19,8.
225 A.a.O., III 19,14.

uns seine Erwählung und Berufung ohne unser Zutun widerfährt, ja, ohne dass wir sie uns selbst aussuchen, ohne dass wir uns selbst dazu erwählen und berufen. Aber eben das versetzt uns sofort in die Freiheit, dem mit dankbarer Zustimmung zu entsprechen. «Wenn sie [– also die von der Herrschaft des Gesetzes Befreiten –] hören, wie sie von Gott in väterlicher Milde gerufen werden, dann werden sie seinem Ruf in großer Freudigkeit antworten und seiner Führung folgen.»[226] Dieses fröhliche Antworten und Folgen ist unsere Freiheit vor Gott. Noch einmal: Diese Freiheit ist keine bindungs- und beziehungslose Willkür. Sie ist genau so lange lebendig, wie Menschen in ihr dem Willen Gottes entsprechend zu leben suchen. *Suchen!*– denn diese Freiheit lebt auch schon da, wo wir als schon Gerechtfertigte noch Sünder sind, die der Vergebung bedürfen. Ist diese Freiheit vor Gott nicht bindungs- und beziehungslos, so ist sie es darum auch nicht im Verhältnis zu den uns von Gott zur Seite gestellten Mitmenschen. Also, «unsere Freiheit ist uns nicht [zum Gebrauch] gegen unsern Nächsten gegeben, der schwach ist und dem uns die Liebe in allen Dingen zu Dienst gegeben hat, sondern vielmehr dazu, dass wir in unserem Herzen Frieden mit Gott haben und deshalb unter den Menschen friedsam leben.»[227]

Solche Freiheit hat ihre Wurzel in einer Befreiung. Sie begegnet den Menschen als ein reines Widerfahrnis, dessen konkrete Gestalt Calvin in seiner Prädestinationslehre mit dem Begriff der *Berufung* bezeichnet. Die Erwählung greift in das Leben von Menschen ein als ihre Berufung zu Jüngern Jesu und zu Kindern Gottes. In ihr bezeugt sich die Erwählung je bestimmter Menschen. Nach Joh. 6,44 sagt Jesus: «Es kann niemand zu mir kommen, es sei denn, dass ihn ziehe mein Vater.»[228] Also nicht durch ihren eigenen Entschluss, sondern durch Gottes Gnade, d. h. indem Gott zu ihnen kommt, kommen Menschen zu Gott. Gott hat die Seinen allemal schon zum vornherein an Kindes Statt angenommen. Aber dieses im Voraus Gültige wird für sie aktuell, wenn sie *berufen* werden.[229] Die Mittel, durch die diese Berufung geschieht, sind äußerlich die Predigt des Wortes Gottes und inwendig die Erleuchtung durch den Heiligen Geist.[230] Menschen werden zu wirklichen Christenmenschen nicht durch die Tradition, durch Gewohnheit, durch die sogenannte religiöse Sozialisation –, so sehr dergleichen Hilfsdienste für die Berufung zum Christen sein können. Aber sie werden zu Christenmenschen – es gibt an diesem Punkt kein Ausweichen – allein durch die vocatio, die Berufung. Sie trägt sich zu wie die Berufung des Levi am Zoll: «Jesus sprach: Folge mir!, und

---

226 A.a.O., III 19,5.
227 A.a.O., III 19,11.
228 Vgl. Anm. 54.
229 Institutio III 24,1.
230 A.a.O., III 24,2. Vgl. Von der ewigen Erwählung, CStA 4, 140–143.

er stand auf und folgte ihm nach» (Mk. 2,14). Calvin sagt es so: Jeder, der berufen wird, «der *kann* nicht bloß kommen, sondern der *kommt*»[231]. Man hat seine Berufung noch nicht vernommen, solange man meint, man könne sich ihr entziehen. Wer sie vernimmt, der steht auch nicht in einer Wahlfreiheit vor der Alternative, ihr oder einem anderen Ruf zu folgen. Der hat nur noch die eine Wahl, ihr zu folgen. Der folgt ihr. Die ewige Erwählung vollzieht sich in der Zeit als solche Berufung bestimmter Menschen. Mag man nach deren Empfang stolpern und irren, aber entziehen kann man sich ihr nicht mehr und es sich aussuchen, ob man es anders haben will, auch nicht mehr.

Aber muss man nach deren Empfang immer nur stolpern und irren und sich immer nur wünschen, es anders haben zu wollen? Die Sünde ist doch nicht mächtiger als die Gnade des uns berufenden Herrn. Calvin stellt sich darum auch der Frage: *Wozu* hat Gott Menschen erwählt und berufen? Dazu, antwortet er mit Eph. 1,4: «das Ziel der Erwählung ist die Heiligkeit des Lebens», electionis scopus est vitae sanctimonia.[232] Erwählt- und Berufenwerden ist nicht das Ende der Wege Gottes, sondern ihr Anfang mit uns, und deren Ziel ist die *Heiligkeit* unseres Lebens. Gott wird nicht gehindert, ganz und gar Unwürdige, Unheilige gnädig zu erwählen und zu berufen.[233] Aber sie sind von Gott erwählt und berufen, nicht Unheilige zu *bleiben*, sondern Heilige zu *werden*, solche, die Gottes Willen achten, den er in seinem Gesetz offenbart hat.[234] Die Gewissheit, von Gott erwählt und berufen zu sein, stiftet kein Bewusstsein der Erwählten, mittels dessen sie sich gegen andere abgrenzen oder in dem sie sich stolz und bequem zur Ruhe setzen können, während sie andere der ihnen gebührenden Verderbnis preisgegeben sein lassen. «Nach Paulus sind wir zu dem Ziel erwählt, dass wir ein ‹heiliges› und ‹unsträfliches› Leben führen (Eph. 1,4). Ist nun das Ziel der Erwählung die Heiligkeit des Lebens, so muss sie uns dazu erwecken und anspornen, umso mehr uns in solcher Heiligkeit eifrig einzuüben, statt uns als Vorwand für unsere Faulheit zu gelten.»[235]

Worin aber besteht die bei uns erwartete Heiligkeit? Nach Eph. 1,5 f. ist dies das «letzte und höchste Ziel» der Erwählung: «Gott hat uns erwählt zu Lobe seiner herrlichen Gnade. Wer also nicht Gott einzig und allein den Ruhm unserer Errettung lassen will, der kämpft gegen seinen ewigen Ratschluss an.»[236] Damit ist zugleich verbunden, dass «wir in Liebe übereinander urteilen und von allen Berufe-

---

231 Institutio, III 24,1.
232 A.a.O., III 23,12, und Von der Erwählung, CStA 4, 99.
233 Der Brief an die Epheser, abgek. Eph., 5.
234 De praedestinatione, 127.
235 Institutio III 23,12; vgl. 22,3.
236 Eph. (Anm. 233), 7.

nen annehmen [sollen], dass sie auch wirklich *zum Heil* berufen sind»[237]. Mehr noch: «Aufgrund eines gewissen Vorurteils der Liebe» dürfen und sollen wir alle uns in der Kirche Begegnenden für Erwählte halten.[238] Ja, noch stärker ist zu sagen: Es steht uns nicht zu, «solche, die aus der Kirche ausgeschlossen sind, aus der Zahl der Auserwählten zu tilgen oder an ihnen zu verzweifeln, als ob sie bereits verloren wären». Wir dürfen nicht aufhören, «für sie zu Gott zu bitten. [...] Denn so oft es ihm gefällt, werden die Schlechtesten in Beste verwandelt, werden Fremde in die Kirche eingefügt und Draußenstehende in sie aufgenommen.»[239] Wie dürften wir uns da weigern, sie zu lieben! Wir sind nicht Gott und wissen darum nicht, «wer zur Zahl der Erwählten gehört oder wer nicht». Doch wir kennen den Heiland Jesus Christus, der «der Urheber der Erwählung (electionis author)» ist.[240] Darum «gebührt uns solche Gesinnung, dass wir wünschen, es möchten *alle* selig werden. So wird es kommen, dass wir jeden, der uns begegnet, zum Mitgenossen des Friedens zu machen trachten!»[241]

Aber ist da das Herz der Gläubigen weiter als das Herz Gottes? So wahr es gewiss dabei bleibt, dass *Gott* und *nur* Gott das Urteil fällt über Begnadigung oder Verurteilung seiner Menschen, so wahr ist doch auch dies, was nach Calvin «Paulus sagt, Gott wolle die Seligkeit *aller*, die er gnädig zu Christus einlädt (1. Tim. 2,6 f.)».[242] Wenn Gott Menschen gnädig ist, die das ganz und gar nicht verdient haben, dann kann unsere Liebe zu unsern Nächsten auch ganz und gar nicht an irgendeine Bedingung gebunden sein. «Der Herr gibt uns die Vorschrift, allen Menschen ohne Ausnahme Gutes zu tun. [...] Sage du nur, er sei dir fremd: der Herr hat ihm aber ein Kennzeichen aufgeprägt, das dir wohl bekannt sein soll. [...] Sage du nur, er sei ein verachteter, nichtswürdiger Mensch: der Herr aber zeigt ihn dir als einen Menschen, den er der Zier seines Ebenbildes gewürdigt hat! Sage du nur, er habe dir keinen Dienst geleistet, der dich wiederum verpflichte: Gott hat ihn aber gleichsam zu seinem Stellvertreter eingesetzt – und du sollst dich diesem Menschen gegenüber für so viele und so große Wohltaten erkenntlich erweisen, mit denen Gott dich zu seinem Schuldner gemacht hat!»[243]

Calvin kann sein Verständnis der Prädestination mit Worten von Augustin zusammenfassen: «Indem er [Gott] einigen schenkt, was sie nicht verdient haben, bringt er seine freie Gnade ans Licht; indem er es aber nicht allen schenkt, zeigt

---

237 R (Anm. 161), 312,
238 Institutio 1536, OS I, 89.
239 Institutio, IV 12,9.
240 A.a.O., III 22,7.
241 A.a.O., III 23,14. Vgl. weiteres dazu Kap. 5, Teil 2.
242 De praedestinatione, 59.
243 Institutio III 7,6.

er, was alle verdienen.»[244] Aber wenn er das zuvor von ihm Zitierte ernst nimmt, müsste er hier nicht noch anders reden? Nämlich so: Indem Gott einigen Verlorenen schenkt, was sie nicht verdient haben, bringt er seine freie Gnade ans Licht; indem ihnen das allein in seiner freien Gnade geschenkt ist, bringt sie ans Licht, was auch den anderen Verlorenen verheißen ist!

---

244 A.a.O., III 23,11. Vgl. II 2,20; 3,10; III 1,4; 2,35; 3,10; 5,5; 22,7; 24,1; De praedestinatione, 24. Vgl. auch Luther, Vom unfreien Willen (Anm. 150), 331 f.

5. Bekennende Gemeinde oder Volkskirche?

Die Lehre von der Kirche bei Calvin und a Lasco

1545 widmete der Genfer Reformator die lateinische Fassung seines (zweiten) Katechismus seinen «allerteuersten Brüdern», den «treuen Dienern Christi, die in Ostfriesland die reine Lehre des Evangeliums verkündigen».[245] Der Katechismus mit der auf den 4. Dezember 1545 datierten Widmung traf in Emden ein, als dort namentlich der dortige Kirchenleiter Johann a Lasco mit der Frage der Einführung eines Katechismus in Ostfriesland befasst war. Am 7. April 1546 schrieb im Namen der Emder Kirche thom Camp an den Zürcher Theologen Konrad Pellikan: Es werde hier gegenwärtig an einem Katechismus gearbeitet – es ist der «Große Katechismus» von 1546 –; dabei werde der Zürcher Katechismus von Leo Jud «aufs stärkste» benutzt; zudem werde das nun auch eingetroffene Werk Calvins demnächst amtlich verdankt.[246] Es lag wohl bei der Erstellung des «Großen Katechismus» ebenfalls auf dem Tisch – ins Deutsche übersetzt wurde es erst 1563: in Heidelberg, zur selben Zeit, als der dortige Katechismus abgefasst wurde.[247] Als Calvin 1545 darin seine Widmung schrieb, wusste er um Unterschiede zwischen Einsichten und Gepflogenheiten an seinem und dem ostfriesischen Ort. Doch, so schreibt er,

«[…] es soll die Verschiedenheit in der Lehre nicht weiter gehen, als dass wir durch sie zu dem einen Christus geführt werden und, durch seine Wahrheit untereinander verbunden, so in einen Leib und Geist verschmelzen, dass wir einhellig miteinander die Hauptpunkte des Glaubens verkündigen.»

Calvin eignete den Ostfriesen seinen Text zu in der Absicht, in der er bei ihnen auf Einverständnis hoffen konnte: dass «Kirchen, die an verschiedenen Orten voneinander getrennt leben, eine in Bezug auf Christus übereinstimmende Lehre besitzen und sich gegenseitig anerkennen». Anscheinend gab es nähere Beziehun-

---

245 CStA, Bd. 2, 10–15.
246 Zit. nach Jan Weerda, Der Emder Kirchenrat (Anm. 258), Bd. 1, 91 f. Zum «Großen Katechismus», vgl. Anm. 281.
247 Dieses Faktum ist bislang kaum beachtet. Die Heidelberger (deutsche) Version von Calvins Katechismus findet sich bei Reu, Quellen (Anm. 281) I,3.2.3, 1061–1102.

gen zwischen dem Genf Calvins und dem Ostfriesland a Lascos, an den Calvin in seiner Widmung wohl speziell dachte. A Lasco stammte aus dem polnischen Hochadel und war in Italien und Frankreich ausgebildet worden. Er wohnte dann zunächst bei dem von ihm hoch verehrten Erasmus in Basel, bevor er den Schritt zur Reformation vollzog und «Superintendent» in der ostfriesischen Kirche wurde. Ihm gelang hier das in der damaligen Zeit vielleicht Einmalige – nämlich in derselben einen Kirche lutherische und reformierte Pfarrer zusammen zu halten. Calvin rühmte in der Widmung seines Hebräerbriefkommentars an König Sigismund August II. von Polen im Blick auf a Lasco, dass er «auch anderen Völkern die Fackel [des Evangeliums] vorantrage».[248] Die auf den 23. Mai 1549 datierte Widmung richtete sich an diesen König, der ein Jahr zuvor sein Amt angetreten hatte und sein Land vorsichtig der Reformation öffnete. Genauer noch: Nachdem dort bereits die lutherische Richtung Fuß gefasst hatte, gestattete er nun auch die Ausbreitung der reformierten Richtung. Vielleicht wies Calvin ihn auch darum auf seinen Landsmann a Lasco hin, der in dieser Zeit vor der kaiserlichen Politik aus Ostfriesland nach England hatte fliehen müssen. Wichtig war es für Calvin, die reformatorische Gesinnung des Königs zu stärken, da die Reformation eben auch in Polen nicht unangefochten war. Calvin erwähnt in seiner Widmung, dass auch Johann Eck, der römisch-katholische Gegner der Reformation, in Polen Einfluss zu gewinnen suchte. Eck hatte dem Vater des Königs eine Schrift über das Messopfer gewidmet. Und 1549 übertrug Sigismund an Stanislaus Hosz das Bistum Culm und entsandte ihn, wohl um sein Land unverdächtig erscheinen zu lassen, zu Kaiser Karl V. Karl, ein Förderer der päpstlichen Interessen, befand sich nach dem Schmalkaldischen Krieg auf glänzender Höhe. In diesem Zusammenhang verfolgte Calvins Widmung auch das Ziel, für die reformatorische Sache in Polen die Türe offen zu halten.

A Lasco war in seiner Art zwar dem ruhigen Zürcher Bullinger verwandter, war jedoch auch Calvin respektvoll zugetan. So gibt es nicht zufällig Übereinstimmungen zwischen ihrer Lehre und Gestaltung der Kirche, trotz aller Unterschiede, wie sie Abraham Kuyper überscharf herausgestellt hat[249] und wie sie traditionell bis heute in Ostfriesland betont werden. Von Übereinstimmung und Unterschied ist im Folgenden zu reden. Man lernt dadurch beides: Die reformierte Tradition ist reicher und bewegter als der so genannte «Calvinismus» *und* man erkennt zugleich im Vergleich mit a Lasco das eigentümliche Profil von Calvins Lehre von der Kirche.

---

248 Calvin, Briefe, 472.

249 A. Kuyper, Disquisitio historica-theologica, exhibens J. Calvini et J. a Lasco de ecclesia sententiarum inter se compositionem, Den Haag/Amsterdam 1862.

1. Die Notwendigkeit einer der Kirche Christi angemessenen Kirchenordnung

Der Ostfriese Petrus Bartels erklärte: «Calvinisch war […] a Lascos Kirchenverfassung nicht», wessen man sich damals auch bewusst gewesen sei.[250] Hingegen bemerkt der Balte Otto Naunin, dieser sei auf dem Gebiet der «Kirchenordnung in keiner Weise schöpferisch gewesen», er habe sich «an Calvin angelehnt», was er selbst zugegeben habe.[251] Nun, beide Reformatoren waren sich jedenfalls darin einig, dass die Fixierung einer evangelischen Kirchenordnung eine ausgesprochen kirchliche Aufgabe ist und namentlich eine Aufgabe in der Zeit der zweiten Generation der Reformatoren war. Ihr haben sich beide dann auch gestellt: Calvin in den Genfer «Ordonnances Ecclésiastiques» (Kirchenordnung) von 1541/61[252] und a Lasco in der «Forma ac ratio tota ecclesiastici ministerii» (Gestalt und Verfahren des kirchlichen Dienstes) von 1550, die er in London als Leiter der dortigen «Fremdengemeinde» schrieb.[253] Angesichts des definitiv gewordenen Bruchs mit der alten Kirche war ihnen klarer als den Reformatoren der ersten Stunde (in Zürich *und* Wittenberg!), dass die Kirche über eine erneuerte *Erkenntnis* ihrer Botschaft hinaus auch einer gegenüber der päpstlichen Ordnung eigenen *Kirchenverfassung* bedürfe. Und es war ihnen klarer als jenen, dass eine weitgehende Überlassung der kirchlichen Organisation an die politischen Obrigkeiten ein Provisorium war, das nach Wegfall der römischen Ordnung notgedrungen in die Lücke trat. Das Provisorium war unabhängig davon geregelt, ob es mit dem Argument gutgeheißen war, dass für das ordnungsschaffende Recht ohnehin die Obrigkeit zuständig sei, oder damit, dass die Obrigkeit als Vertretung des christlichen Volks aufzufassen sei. Diese beiden Punkte – die Herauslösung der evangelischen Kirchen aus der römischen Kirchengestalt und die obrigkeitliche Wahrnehmung der äußeren Kirchengewalt als Notlösung – waren indes für Calvin und a Lasco nur der äußere Anlass, die Frage der Kirchenordnung als eine kirchliche Aufgabe anzufassen.

Dabei war die Situation, in der sich ihnen diese Aufgabe stellte, je eine besondere. Die Fremdengemeinde in London, in der a Lasco von 1550 bis 1553 wirkte,

---

250 P. Bartels, Johannes a Lasco, Elberfeld 1860, 39.

251 O. Naunin, Die Kirchenordnungen des Johannes Lasci, in: Deutsche Zeitschrift für Kirchenrecht, Bd. 19, Tübingen 1909, 24–40; 196–236; 348–375.

252 CStA Bd. 2, 238–279.

253 Johannes a Lasco, Opera tam edita quam inedita, hg. v. A. Kuyper, 2 Bde., Amsterdam/s'Gravenhage 1866 (= K I/II), hier: K II, 45–284. – Die Fremdengemeinde war eine von der Kirche von England unabhängige selbstständige Gemeinde von Flüchtlingen, die vom Festland kamen und in der religiös toleranten Zeit der Regierung des Infanten Edward VI. (bis 1553) dort Asyl fanden.

hatte für die Selbstgestaltung ihrer Kirchenordnung einen beträchtlich freien Spielraum. Anders war die Situation in Emden, wo a Lasco zunächst wirkte. Dort konnte sich der Kirchenrat zunächst nur als Bevollmächtigter der Obrigkeit und konnte sich seine disciplina (= Ordnung, «Zucht») zunächst nur im Rahmen der «Polizeiordnung» entfalten. Die Lage stellte sich anders in Genf dar, wo sich der Rat selbstverständlich als das für die Kirchenordnung verantwortliche Rechtssubjekt verstand. Die Unstimmigkeit zwischen Calvins Vorstellung von einer sich selbst leitenden Kirche und den faktischen Genfer Verhältnissen spiegelt sich in der Unstimmigkeit zwischen seinem Reden von den Presbytern in der Kirchenordnung der Institutio (IV 3,8) und deren Status in der Kirchenordnung von 1541: Dort sind sie *kirchliche* Gemeindeleiter und hier sind sie vom *Rat* bestimmte Beauftragte, «commis ou deputez par la Seigneurie au Consistoire»[254]. Immerhin wird in der Ausgabe der Kirchenordnung von 1561 der Titel der Ratsbeauftragten in den von *Ältesten*, Anciens, geändert, und diese Änderung wird mit dem Unterschied zwischen den Magistratsaufgaben und einer innerkirchlichen Aufsichtsaufgabe begründet.[255] Calvin konnte diese Genfer Ordnung mit der These rechtfertigen, dass trotz der notwendig geistlichen Begründung der Kirchenordnung sie in ihrer faktischen Ausgestaltung pro moribus uniuscuisque gentis ac seculi, «nach den Sitten eines jeden Volkes und Zeitalters variabel ist».[256] Es muss ihn gleichwohl geschmerzt haben, dass in Genf nicht, wie eigentlich gewollt, eine Vermischung von weltlicher und geistlicher Autorität auszuräumen war.[257]

Die Regelung der Kirchenordnung durch die Kirche selbst verband sich bei Calvin wie bei a Lasco mit einem inneren Grund. Der bewirkte erst recht, dass die reformierte Kirchen eine Kirchenverfassung bekamen, durch welche die mit der Trennung von Rom an diesem Punkt entstandene Lücke geschlossen wurde. Die Lücke wurde so geschlossen, dass der römische Einwand nicht verfangen kann: Der Protestantismus habe hinsichtlich seiner Organisation ein Defizit, das die Rückkehr unter das päpstliche Oberhaupt erforderlich mache. In der reformierten Kirchenordnung ist der Stuhl der Leitung anderweitig besetzt. Er ist es dergestalt, dass er aber auch nicht statt des Papstes einfach mit einer politischen Obrigkeit besetzt werden konnte.

Denn darin waren sich Calvin und a Lasco wiederum einig: Diese Aufgabe sei in dem Sinn gründlich aufzugreifen, dass dabei auf den Grund zurückgegangen wird, der die Kirche zur Kirche macht. Man glaubte, dass in diesem Grund

---

254 CStA Bd. 2, 254, Z. 1 f.
255 A.a.O., 257, Z. 16–18.
256 Institutio IV 10,30.
257 Vgl. dazu J. Weerda, Nach Gottes Wort reformierte Kirche, TB 23, München 1964, 157.

selbst der Maßstab steckt, nach dem sich wie die *Botschaft*, so auch die *Ordnung* der Kirche zu richten hat. Nach Jan Weerda hat sich die Kirchenordnung der beiden Theologen in der Spannungseinheit zwischen zwei Polen gestaltet, die er mit den Begriffen Kirche als Anstalt und Kirche als Genossenschaft bezeichnet.[258] Mit dem *Genossenschaftlichen* ist die Kirche in ihrer sichtbaren Erscheinung gemeint, vor allem in ihrer konkretesten Sichtbarkeit als die gottesdienstlich, zur Predigt und um den Abendmahlstisch *versammelte* Gemeinde. Diese sichtbare Gemeinde kann nicht ohne Ordnung sein.[259] Diese Aussage können beide als einen allgemein plausiblen Grundsatz einführen, indes mit einem auffallenden Unterschied. Calvin argumentiert mit dem Bild, dass Ordnungsregeln die «Nerven» oder «Bande» (nervi oder vincula) jedes Zusammenlebens sind.[260] A Lasco argumentiert, dass kein Schiff ohne Steuermann fahren kann.[261] Doch entscheidet sich für beide die Christlichkeit der Kirchenordnung erst daran, dass sie von *Christus* «eingerichtet» ist, und zwar von ihm eingerichtet als Werkzeug in seinem Dienst. Sie dient dem Doppelten: der Verehrung Gottes und dem Zusammenhalt der Gemeinde. Solche Ordnung hat ihr Zentrum in der Gottesdienstordnung. Auf deren gedeihliches Funktionieren sind alle weiteren Einrichtungen hinzuordnen. Deshalb ist nun auch die Kirche als versammelte Gemeinde selbst für ihre Ordnung verantwortlich. Wie gesagt, erlaubt ihr das gewisse Gestaltungsspielräume, auch die Rücksichtnahme auf äußere Rahmenbedingungen, etwa auf die so oder so gegebene politische Rechtssituation wie etwa die in Genf oder in London (in der Zeit um 1553) oder auch auf traditionelle Gepflogenheiten wie die vorreformatorischen kirchlichen Sonderrechte, die a Lasco in Ostfriesland vorfand: Wahl der Prediger durch die Gemeinde, Einsetzung von Kirchengeschworenen zur Mitausübung der Kirchenzucht usw.[262] Das erlaubt ja auch die Freiheit, bei aller Bindung an die Schrift eine urchristliche Gemeindeordnung nicht buchstäblich reproduzieren zu müssen.[263] Für Calvin muss die Kirchenordnung zwar dem

---

258 J. Weerda, Der Emder Kirchenrat und seine Gemeinde. Ein Beitrag zur Geschichte reformierter Kirchenordnung in Deutschland, ihrer Grundsätze und ihrer Gestaltung, masch.schr. Münster 1948, Bd. 1 und 2, hier Bd. 2, 209–216.

259 O. Weber übersetzt Calvins Wendung, dass kein Gemeinwesen sein kann ohne «politia aliqua» (Institutio IV 10,27), mit: «öffentliche Gewalt». Zutreffend wäre der Begriff «Verfassung». Calvins Ausdruck entspricht dem der «police Ecclesiastique» in den Ordonnances (CStA Bd. 2, 238, Z. 21), dort übersetzt mit «Kirchenordnung».

260 Institutio IV 3,2; 10,27.

261 A Lasco, Forma ac ratio, K II, 47.

262 Vgl. Naunin, Die Kirchenordnungen (Anm. 251), 26.

263 Vgl. Institutio IV 3,5: Unterscheidung zwischen zeitlich begrenzten und immerfort gültigen Ämtern, ähnlich a Lasco, K II, 49. Zeitlich begrenzte und heute nicht mehr zu wiederholende Ämter hat es schon in der urchristlichen Ordnung gegeben.

biblischen Zeugnis gemäß sein, aber sie ist nicht biblizistisch daraus zu deduzieren, so als biete es ein Lehr- und Ordnungsgesetz. Denn die Autorität der Heiligen Schrift beruht darauf, dass sie das Dokument der Offenbarungsgeschichte Gottes mit den Menschen ist. So versteht sich die Dialektik, in der Calvin beides betont: Die humanae constitutiones, «die menschlichen Satzungen» der Kirchenordnung sind nicht heilsnotwendig, aber sofern die Ordnung auf der göttlichen Autorität in der Schrift begründet ist, sind sie doch auf göttlicher Autorität begründet.[264] So soll in ihr zugleich eine Abgrenzung gegen willkürliche Gestaltungen gelten wie eine Freiheit, sich nach der jeweiligen Situation der Kirchen einzurichten.

Mit dem *Anstaltlichen* meint Weerda dies, dass die Kirche «eine Einrichtung des Herrn» ist: «die allem menschlichen Planen und Wollen, allem Wählen und Sich-Entscheiden [...] vorauslaufende Veranstaltung des Hauptes der Kirche».[265] Abraham Kuyper sah den Unterschied von a Lasco zu Calvin darin: Ecclesiae invisibilis dogma reiicitur, «Das Dogma von der unsichtbaren Kirche wird abgelehnt».[266] Diese These ist kurzsichtig angesichts dessen, was für Calvin, so auch für a Lasco das über die gewiss sichtbare Kirche schlechthin Entscheidende ist: *Christus* ist das unsichtbare Haupt der Gemeinde, durch das sie ist, was sie ist, und ohne das sie nicht nur ein bisschen weniger, sondern gar nicht mehr wäre.[267] Er «versammelt und erhält» sie.[268] Das ist die Quelle ihres Trostes, von dem sie lebt. Und das ist die Grenze ihres ordnenden Handelns. Denn dieses Tun Christi kann sie damit nicht herbeiführen. Ihr Tun kann nur in «Ordnungshilfen»[269] bestehen, die dem Tun Christi dienen. Das ist aber auch die Quelle allen Rechts, das in ihr zu gelten hat: Sie ist *seine* Veranstaltung, nicht Vereinigung Gleichgesinnter, deren Ordnung auf einem von ihnen eigenmächtig ersonnenen Gesellschaftsvertrag beruht. Alle ihre Ordnung, die sie wohl verantwortlich aufzustellen hat, hat darin ihre Grenze wie ihren Grund, dass Christus das sie regierende und verbin-

---

264 Institutio IV 10,30, vgl. Weerda, Nach Gottes Wort (Anm. 257), 139 f. Entsprechend a Lasco, vgl. Weerda, Der Emder Kirchenrat (Anm. 258) Bd. 1, 63–66.

265 Weerda, Der Emder Kirchenrat (Anm. 258), Bd. 2, 210.

266 Kuyper, Disquisitio (Anm. 249), 189. Freilich kommt auch Kuyper nicht ganz ohne das von ihm Bestrittene aus, indem er a.a.O., 113 das Problematische behauptet, a Lasco unterscheide zwischen idealer und empirischer Kirche.

267 Emder Katechismus, Art. 47.54; bei E. F. Karl Müller, Die Bekenntnisschriften der reformierten Kirche, Leipzig 1903, 674, Z. 36–40; 675, Z. 33–39. – Genfer Katechismus, Fr. 82.97, in: CStA Bd. 2, 40, Z. 18–20; 44, Z. 19–22.

268 Emder Katechismus, Art. 45; bei Müller, Bekenntnisschriften (Anm. 267), 674, Z. 25–31: «versamlet, unde erholdt.»

269 So Weerda, Nach Gottes Wort (Anm. 257), 151.

dende Haupt ist. Darum lautet Calvins erster Satz, in dem er in der Institutio auf die Kirchenordnung zu reden kommt:

«[Christus] allein soll in der Kirche [...] herrschen und sein Imperium allein durch sein Wort ausüben und verwalten.»[270]

Entsprechend a Lasco:

Alle Beschlüsse zur Gestaltung der Kirche «müssen nach der Regel des Wortes Gottes ausgeführt werden. Allein das ist anzunehmen, was mit ihr übereinkommt. Was nur durch menschliche Vernunftgründe gestützt wird, ist zu verwerfen, woher auch immer es kommt.»[271]

Denn dieses Wort verbindet uns mit dem, was Gott für uns tut. Es zeigt aber auch, wie er von uns verehrt sein will. Darum darf die Kirche ihre Ordnung nicht beliebig wählen. Sie kann das von ihr zu ordnende menschliche Tun in der Kirche nur als ministerium (Dienst) an jenem imperium (der Herrschaft) Christi verstehen. Sie ist zur Ordnung dieses Tuns insofern befugt, als Christus in seinem imperium nach einem ihm entsprechenden ministerium verlangt. Eben im Dienst dessen, der ihr Haupt ist, hat ihre Ordnung stets zwei Dimensionen, eine vertikale und eine horizontale: Es geht um das Hinordnen der Gemeinde zu dem, der ihr Haupt ist, und um das Einordnen in die Gemeinde derer, die der Leib ihres Hauptes sind.[272]

Es war Calvins Einsicht, dass Christus als das eine Haupt der Kirche ein dreifaches Amt ausübt, das des Propheten, des Priesters und Königs; und er glaubte, dass das in sinnvoller Weise die Kirchenordnung zu bestimmen hat. Diese wird von ihm zwar nicht förmlich aus der Lehre vom dreifachen Amt Christi deduziert. Davon nimmt er schon deshalb Abstand, weil er mit jenen Gestaltungsspielräumen der Kirchenordnung rechnet. Aber es besteht zwischen hier und dort ein Entsprechungsverhältnis. Es interpretiert den inhaltlichen Sinn der drei Faktoren, die die Kirchenordnung bestimmen, wenn Calvin bereits 1539 in seinem Schreiben an Sadolet folgende Definition vorlegt: Die Kirche ist die Gemeinschaft der Heiligen (societas sanctorum), die durch die evangelische Lehre (doctrina) Christi sowie durch den Geist (Heiligung!) verbunden ist und die geschwisterliche Eintracht pflegt.[273] In seinem Genfer Katechismus von 1545 Fr. 42–44 wird deut-

---

270 Institutio IV 3,1.
271 Brief vom 8.8.1543 an Gräfin Anna (K II, 559); vgl. auch Bartels, Johannes a Lasco (Anm. 250), 35.
272 Vgl. Weerda, Nach Gottes Wort (Anm. 257), 145.
273 CStA Bd. 1,2, 1994, 368, Z. 5–8.

lich, dass *alle* Christusgläubigen an dem dreifachen Amt Christi *teilhaben*.[274] Nach ihm werden aber zugleich die Gemeinden der Christusgläubigen auch durch ein auch dreifaches Amt *geleitet*. Wie a Lasco lehrt er, dass die Kirche in *der* Weise im Dienst ihres einen Hauptes steht, dass in ihr dem dreifachen Amt Christi durch drei kirchliche Dienste entsprochen wird. Christus hat als der Inhaber seines dreifachen Amtes diese drei kirchlichen Dienste eingesetzt, um unter deren Bedienung das Werk seiner Bezeugung in seiner Gemeinde und durch sie zu tun.[275] Die Gemeinde hat darum, um in Ordnung zu sein, dafür Sorge zu tragen, dass sie sich – irgendwie, nämlich auch in Rücksichtnahme auf die jeweiligen Umstände – dementsprechend organisiert.

Nun weiß Calvin natürlich, dass das Papsttum seinem Anspruch nach diese drei Ämter schon in sich vereint und damit sein Vorrecht begründet, Stellvertreter Christi auf Erden zu sein: das oberste Lehramt, das Priesteramt und das Jurisdiktionsamt. Gegen die römische Lehre und Praxis war geltend zu machen, dass hier eine berechtigte Sache durch ein christologisches Defizit verdorben ist. Denn die Einzigartigkeit, in der Christus sein dreifaches Amt ausgeübt hat, bedeutet auch, dass er es immer noch ausübt für die Seinen. Darum kann die von Menschen in der Kirche zu versehende Aufgabe nur eine im *Dienste* Christi als des einen Hauptes der Kirche sein, der der eine Prophet, Priester und König ist und *bleibt*. Und zwar geht es nun allerdings um einen Dienst, der der *ganzen* Gemeinde anvertraut ist und keinem in der Leitung der Gemeinde so, als sei er mit dem Haupt der Gemeinde identisch und könnte es ersetzen. Damit ist die Grundstruktur der Kirchenordnung beschrieben, in der Calvin und a Lasco sich einig waren.[276]

Hat a Lasco tatsächlich auch an ein dreifaches Amt bei der menschlichen Leitung der Kirche gedacht? Denn in der «Forma ac ratio» rechnet er nur mit zwei Ämtern. Aber er tut es dort anscheinend aus Rücksicht auf die besonderen Umstände seiner Gemeinde. Bei näherem Hinsehen zeigt sich, dass darin jedoch alle drei bzw. vier Ämter nach Calvin enthalten sind. A Lasco unterscheidet zwischen den «Senioren» (die Pastoren bzw. Lehrer und die Ältesten) und den Diakonen.[277] In der Confessio der Londoner Fremdlingsgemeinde wird dann die Drei-Ämter-Lehre noch klarer als bei Calvin entfaltet[278]: Glaube an Christus ist Glaube, dass er der König, Prophet und Priester der Kirche Gottes ist – und zwar er allein, wie gegen solche, die sich sein dreifaches Amt anmaßen, zu behaupten ist. Die Kirche ist die Versammlung (coetus), die an diesem Einen, dem Inhaber des dreifachen

---

274 CStA Bd. 2, 28, Z. 1–15.
275 So z. B. Institutio IV 3,1. Genaueres zu a Lasco s. u.
276 Näheres zu Calvins Ämterlehre vgl. Kap. 7, Abschnitt 3.
277 K II, 48–51.
278 K II, 304–313.

Amts, und insofern auch an diesem seinem Amt teilhat. Sie hat insofern an ihm teil, als sie an ihn glaubt und als sie bekennt, was sie glaubt. Solche bekennende Verlautbarung (professio) ist privat und öffentlich. Die öffentliche Gestalt solcher professio wird von besonderen Dienern in der Kirche wahrgenommen, deren Dienst in drei verschiedenen Aufgaben besteht: in der Ausrichtung des Wortes, in der Handhabung des «Schwertes» (Presbyter) und in der Fürsorge für Bedürftige.

Den Einwand, dass a Lasco in dieser Sache nicht schöpferisch war, hätte auch Calvin auf sich bezogen. Denn auch er wollte hier gar nicht schöpferisch sein, sondern gehorsam gegenüber der Vorgabe, dass die Kirche Veranstaltung Jesu Christi ist und nicht Eigenveranstaltung eines sich selbst konstituierenden und organisierenden Vereins. Doch gab es innerhalb dieser Grundstruktur nun auch Gestaltungsspielräume, die Calvin und a Lasco je in ihrer Weise benutzt haben.[279] Während in Genf die Pfarrer zusammen mit den aus dem Rat beschickten Ältesten das Consistoire bildeten, sah die Londoner Ordnung den Coetus vor, in dem sich vierteljährlich Geistliche, Älteste und Diakone in öffentlicher Sitzung trafen. Während in Genf das Consistoire die Gemeindeleitung innehatte, kannte a Lasco noch das besondere Amt eines Superintendenten. Während schon Calvin im Lehramt von den Predigern die Doctores unterschied, die biblischen Unterricht erteilten, gestaltete a Lasco das nach Zürcher Vorbild zur Prophezei aus; in ihr wurden mit der Gemeinde Bibel und Predigt besprochen. Während in der Wahl der Prediger bei Calvin die Gemeinde nur ein Vetorecht hatte, hatte sie bei a Lasco ein indirektes Wahlrecht für alle Amtsträger. Während Calvin die Amtseinsetzung auf eine Vereidigung vor dem Bürgermeister reduzierte, setzte a Lasco auf eine förmliche Ordination, die mit der Amtseinführung inmitten der Gemeinde eins war. Das sind Unterschiede, die man aus verschiedenen regionalen Umständen erklären kann oder auch so, dass a Lasco Calvins Vorlagen[280] produktiv weiterentwickelte. Und es sind Unterschiede, von denen man zu späteren Zeiten fruchtbar lernen konnte. Aber man darf sie schwerlich als wesentliche Differenzen verstehen, bei denen es sich lohnt, sie gegeneinander auszuspielen. Sie sind

---

279 Zu Calvins Ordonnances vgl. CStA Bd. 2, 238–293, wobei immerhin Verschiebungen zwischen den Fassungen von 1541 und 1561 sichtbar werden, wie die in Anm. 254 und 255 nachgewiesenen. Zu a Lascos Arbeiten zur Kirchenordnung, zwischen denen es auch Unterschiede gibt, wie etwa die in Anm. 277 und 278 nachgewiesenen, vgl. Naunin, Die Kirchenordnungen (Anm. 251).

280 Es lag a Lasco neben dem «Vorbild» der Genfer auch das der Straßburger Ordnung vor, worauf er sich in der Forma ac ratio (K II, 50) ausdrücklich beruft. Er beruft sich in dieser Sache aber nicht, bei aller Wertschätzung für Heinrich Bullinger, auf die Zürcher Ordnung, die ihm hier offenbar nicht helfen konnte: Vgl. dazu Weerda, Der Emder Kirchenrat (Anm. 258), Bd. 1, 158.

Ausdruck der Vielfalt des kirchlichen Lebens, wie sie für die Familie der reformierten Kirchen von Anfang an eigentümlich war.

2. Das Verhältnis von sichtbarer und unsichtbarer Kirche

Das apostolische Glaubensbekenntnis, das so genannte Credo, sagt im Zusammenhang des dritten Glaubensartikels: *credo* sanctam ecclesiam catholicam, «ich *glaube* die eine heilige, katholische Kirche». Damit wird auf eine Dimension der Kirche hingewiesen, die zu glauben ist und nicht direkt gesehen wird. Die Lehre von der Kirche wird dem Rechnung zu tragen haben. Aber wie ist das zu verstehen? Calvin und a Lasco haben den Satz in ihren Katechismen ausgelegt. Dabei zeigt sich eine Verschiedenheit im Verständnis der Kirche, bei der nun allerdings zu fragen ist, wie tiefgehend sie ist. Im Emder Katechismus von 1546 lautet der Satz zur Erläuterung des Credos so:

«Ich gleube vnd bekenne eine versammlung der Christgleubigen auff erden von Adams zeiten an biß nun, vnd wirt noch wehren biß an das end der welt, [...] als glidmassen in *einem* liechnam vnnder einn haupt zusammen verordnet.»

Im Genfer Katechismus von 1545 heißt es so: «Die Kirche ist der Leib oder die *societas* der Gläubigen, die Gott zum ewigen Leben erwählt hat.»[281]
Wenn Viktor Bredt den letzteren Satz – im Gegensatz zu a Lascos Definition – für kirchenrechtlich belanglos hält, weil er die Zugehörigkeit zur Kirche in das Urteil Gottes delegiere,[282] so übersieht er: Die Kirche in der Sicht Calvins ist doch an bestimmten Zeichen erkennbar, die die Aufstellung seiner Kirchenordnung erlauben. Und die Kirche in der Sicht a Lascos ist auch nicht nur äußerlich sichtbar, weil ihr Lebenszentrum der Heilige Geist und das Haupt Christus ist. Vor allem aber ist es doch sehr die Frage, ob man das «Urteil Gottes» im Verständnis der Kirche für «kirchenrechtlich belanglos» halten *darf,* wie Bredt sagt. Man sollte immerhin nicht übersehen, dass auch für a Lasco die Kirche zuerst ein Glaubensartikel ist. In dem Katechismus, der in seiner «Forma ac ratio» integriert ist,

---

281 Der Katechismus von 1546 war nach K II, 696 ein Gemeinschaftswerk, erstellt unter Beteiligung von a Lasco. Es blieb damals ungedruckt und liegt gedruckt vor in: J. M. Reu, Quellen zur Geschichte des kirchlichen Unterrichts in der evangelischen Kirche Deutschlands zwischen 1530–1600, Bd. I.3.2.3, Gütersloh 1924, 1103–1148; dort der oben zitierte Satz: 1133, Z. 24 f.. Calvins Satz in: CStA Bd. 2, 45, Z. 2 f.

282 J. V. Bredt, Die Verfassung der reformierten Kirche in Kleve-Jülich-Berg-Mark, Neukirchen 1938, 15.

bekennt er: *Credo*, Filium Dei Christum Dominum habuisse ab ipso mundi initio habereque etiam num et usque ad saeculi consummationem semper habiturum esse unum quendam coetum fidelium, in suo nomine ubique terrarum collectum, cuius me quoque membrum esse agnosco.

«Ich glaube, dass der Sohn Gottes, Christus unser Herr, von Anfang der Welt an hatte und auch jetzt hat und bis zur Vollendung der Zeiten immer haben wird eine Gemeinde der Glaubenden, die in seinem Namen versammelt ist, und ich anerkenne, dass auch ich ein Glied in ihr bin.»[283]

Wiederum konnte Calvin – in seinem Schreiben an Sadolet – die Kirche auch so definieren:

«Sie ist die Gemeinschaft der Heiligen, welche, über den ganzen Erdkreis und durch alle Zeiten zerstreut, doch durch die eine Lehre Christi und den einen Geist verbunden ist und an der Einheit des Glaubens und brüderlichen Eintracht festhält und sie pflegt.»[284]

Auf dieser grundsätzlichen Linie liegt noch nicht die Differenz zwischen den beiden Theologen.

Die Differenz zeigt sich darin, dass a Lasco, der ja Calvins Katechismus kannte, mit Bedacht dessen Bestimmung der Christgläubigen als der von Gott *Vorhererwählten* weglässt. Tatsächlich hatte er von der Abneigung seines einstigen Lehrmeisters Erasmus gegen die schroffe reformatorische Lehre von der vorzeitlichen Erwählung so viel gelernt, dass er in dieser Sache Mühe mit Calvin hatte. Er wurde deswegen in London sogar angefochten. Er antwortete, dass er Calvin gewiss schätze, wenn er auch seine ihm anstößige Erwählungslehre missbillige.[285] Er wandte sich deshalb an Calvin selbst, der darüber an Pietro Vermigli schrieb:

«Der gute Mann beklagt sich, er werde von Gegnern, die sich auf mich beriefen, schlimm bedrängt; ich kann mir nicht denken, dass er das zu einem anderen Zweck tut, als um mich zu seiner dogmatischen Ausdrucksweise zu bringen; und das kann nicht sein. Da er sich erlaubt, einfach abzulehnen, was wir nach der Schrift über die Gnadenwahl Gottes lehren, so

283 A Lasco, K II, 131.
284 Calvin, CStA Bd. 1,2, 369, Z.6–10.
285 Bartels, Johannes a Lasco (Anm. 250), 42.45. Bartels bezieht sich auf a Lascos Brief vom 7.6.1553 an H. Bullinger (K II, 676). Vgl. P. Bartels, Die Prädestinationslehre in der reformirten Kirche von Ostfriesland bis zur Dordrechter Synode mit besonderer Beziehung auf Johann a Lasco; in: Jahrbücher für Deutsche Theologie, hg. von I. Dorner u. a., H. 1, Gotha 1860, 313–352; dort 334 legt Bartels Wert darauf, dass die ostfriesische Kirche, wie ihr Begründer, a Lasco, «auf ausgesprochen antiprädestinatianischem Boden» stehe – sic!

darf er sich doch nicht beschweren, wenn wir nicht anerkennen, was er ohne überzeugenden Beweis vorträgt.»[286]

Hier liegt ein Unterschied zwischen beiden vor, der bedeuten könnte, dass der eine eine Lehre von der Kirche *mit*, der andere eine *ohne* Erwählungslehre vertritt. Nun hat aber a Lasco im Emder Katechismus von 1554 die Kirche so verstanden, dass Christus sich aus der verdorbenen Welt «eine ewige, heilige, bleibende Kirche oder Gemeinde der Auserwählten versammelt hat und erhält».[287] Geht die eingefügte Erwählungsaussage wohl auf Gellius Faber zurück,[288] so hat sie a Lasco doch mitgetragen. Er konnte das, weil seiner Lehre von der Kirche der Begriff des Erwählten nicht fehlen musste. Er fasste den Begriff freilich anders als Calvin auf.

Nach Calvin ist Röm. 9,18 – «Gott erbarmt sich, wessen er will, und verstockt, wen er will»[289] – so zu verstehen, dass Gott in seinem vorzeitlichen Ratschluss beschlossen hat, welche Menschen er erretten will und welche nicht. Gott, der doch kein Tyrann ist, zeigt seine Herrlichkeit darin, dass er in strenger Rücksichtslosigkeit gegenüber allem menschlichem Verdienst, gleich, ob wir wegen unserer Sünde Strafe oder wegen guter Werke Lohn verdient haben, die einen aus der massa perditionis, aus der Masse der Verlorenen, zum Erweis seiner Barmherzigkeit erlöst, die anderen zum Erweis seiner Gerechtigkeit nicht erlöst.[290] Diese seine freie Gnade bringt er zur Vollendung in Christus, dem Versöhner, so dass

---

286 Brief vom 18.1.1555, in: Calvin, Briefe, 742 (= CO 43,388). Der Brief a Lascos, auf den sich Calvin bezieht, ist vielleicht verloren gegangen und ist wohl nicht der von jenem an ihn vom 13.3.1554 (CO 43,81–84), worin er sich über mancherlei «Gegner» beklagt, die ihm nach seiner Rückkehr aus London in Ostfriesland das Leben sauer machen, und namentlich über Joachim Westphal, der den «Reformierten» vorhält, dass sie alle unter sich nicht übereinstimmen. Calvin wünscht sich dort übrigens von a Lasco Zurückhaltung in der Abgrenzung seiner Abendmahlslehre gegenüber der Polemik Westphals.

287 Dort Fr. 45; bei Müller, Bekenntnisschriften (Anm. 267), 674, Z. 29 f.

288 Weerda, Der Emder Kirchenrat (Anm. 258), Bd. 2, 204. Nach ders., Bd. 1, 138.142–145 ist dieser Katechismus von Faber verfaßt, aber von a Lasco genau durchgesehen und mit Korrekturen versehen worden, auf die er insistierte. Faber dachte, abgesehen von anderen Akzenten in der Abendmahlslehre, theologisch ähnlich wie a Lasco und rezipierte Gedanken und Formulierungen a Lascos, wie z. B. der Vergleich des hier interessierenden Artikels von der Kirche mit dem in der Forma ac ratio von 1550 zeigt (Anm. 280). Insofern kann der Emder Katechismus von 1554 hier auch zur Erschließung der Theologie a Lascos herangezogen werden. Nach E. F. K. Müller, Die Bekenntnisschriften (Anm. 267) Seite L, ist er sogar rein von a Lasco verfasst.

289 Institutio III 28,8.

290 Institutio III 23,11.

kein Heil ist und keiner zum Heil erwählt wird außer in Christus. Aber wer sich an Christus hält, darf gewiss sein, von Gott zum Heil erwählt zu sein.[291]

Und dazu ist die sichtbare Kirche da, dass in ihr dieser Christus bezeugt wird – durch das Tun in den Ämtern der Gemeinde und durch das Bekenntnis aller Mitglieder zu ihm. Es kann sich in den Aktivitäten der Kirche nur um einen Zeugnisdienst handeln, weil alles da Verrichtete unter dem Vorbehalt jenes ewigen Ratschlusses Gottes steht, dass er sich erbarmt, wessen er will, und verstockt, wen er will. Dieser Beschluss liegt derart in Gottes Hand, dass ihn die Kirche nicht in der Hand hat und auch nicht in ihre Hand bekommen wird. Wohl ist uns Jesus Christus bekannt als der Mittler des Heils, an denen wir uns unter allen Umständen halten dürfen. Aber der ewige Ratschluss Gottes ist uns so wenig bekannt, dass die Kirche weder die Menschheit in Verlorene und Errettete einteilen noch behaupten kann, dass die Zahl der Erwählten mit der Zahl der Kirchenglieder identisch ist. Die Kirche kann nur bezeugen, dass alles, was Gott tut, gerecht ist und dass, wenn Gott sich über Menschen erbarmt, er es in Christus tut und durch den vom Heiligen Geist unwiderstehlich gewirkten Glauben an ihn. Und die an Christus Glaubenden, kennen ihn so, dass sie auch für die noch nicht Glaubenden hoffen sollen. Calvin sagt:

«Weil wir nicht wissen, wer zur Zahl der Vorherbestimmten gehört oder nicht, so gebührt uns solche Gesinnung, dass wir wünschen, es möchten *alle* selig werden. So wird es kommen, dass wir jeden, der uns begegnet, zum Mitgenossen *des* Friedens zu machen trachten», der uns in Christus erworben ist.[292]

Ist dieser Wunsch tatsächlich nur in der menschlichen Unwissenheit über Gottes Plan begründet – oder nicht doch im Glauben an die Größe des gerechten Erbarmens Gottes in Christus? Jedenfalls hat Heinrich Bullinger den gerade zitierten Satz in das Zweite Helvetische Bekenntnis aufgenommen[293] und hat von da aus die calvinische Erwählungslehre sachte so neu gefasst, dass sie vom Stachel jenes Vorbehaltes Gottes gegenüber seiner eigenen Offenbarung und Versöhnungstat befreit war.

A Lasco beseitigte in seiner Fassung der Erwählungslehre diesen Stachel in anderer Weise – und geriet dabei vom Regen in die Traufe. Man merkt seine ungebrochenere humanistische Herkunft, wenn er die Sache so sieht:

---

291 Vgl. Institutio III 24,5. Ausführlich dazu Kap. 4.

292 Institutio III 23,14. So gut und schön dieser Satz ist, aber die Frage ist, ob hinter dem Satz nicht eine Unterscheidung zwischen einem trinitarischen Gott in der Christus-Offenbarung und einem nicht-trinitarischen Gott steht, der die vorzeitliche Wahl vollzieht.

293 Müller, Bekenntnisschriften (Anm. 267), 181 f., bes. 181, Z. 40–43.

«Gott erbarmt sich unser aller in unseren Sünden ebenso gewiss, wie er uns alle unter die Sünde beschlossen hat, d. h. so, dass er von seiner Erbarmung keinen ausschließt, soviel an ihm ist, sondern sie allen anträgt in Christus.» Gott lässt «den heilbringenden Samen seines Gotteswortes über jederlei Acker streuen. Seine Schuld ist es nicht, wenn der überall gestreute Same des ewigen Lebens hier erstickt, da zertreten wird und dort verdorrt.»

Diesen *Ungläubigen* droht das gerechte Gericht Gottes, aber «nicht als wären sie von Gott zu ewiger Qual erschaffen». Der schließt vielmehr niemanden von seiner Gnade aus. Er hat das ganze Menschengeschlecht in Adam zur Seligkeit bestimmt, «aber selbstgewollte Verachtung der Gnade Gottes in Christus wird verdammt».[294] In seinem Brief vom 11. Juli 1549 an Herzog Albrecht von Preußen schrieb a Lasco: Nos hactenus duntaxat electos esse, quatenus in fide Evangelii permanemus, neque electionem Dei mutari, etiamsi nos per nostram impietatem ab illa excidamus.

«Wir sind allenfalls insoweit erwählt, wie wir im Glauben des Evangeliums bleiben, es wird jedoch nicht die Erwählung Gottes verändert, wenn wir durch unseren Unglauben aus ihr herausfallen.»[295]

Hier sind auch die Begriffe von Erwählung und Verdammung da, aber in einen anderen Zusammenhang gebracht. Gott will zum Heil der Menschen sich *nur* erbarmen. Doch dieser Wille ist ein *Angebot* an den Menschen. Es ist so wirksam, dass der Mensch sein Heil nicht sich selbst verdankt, aber nicht so wirksam, dass es der Mensch nicht abweisen kann. Und wenn er es abweist, so ergeht als gerechte Reaktion darauf Gottes Gericht über ihn. Ob er dem entkommt oder nicht, das liegt also zuletzt in der Hand des Menschen. In der Tat spricht hier ein Freund des Erasmus, der eben so gegenüber Luther sprach.

Auf diesem Hintergrund wird der gegenüber Calvin stärkere Zug a Lascos zur Konzeption einer Volkskirche verständlich. Zu ihr sind alle berufen, damit ihnen hier der Heilswille Gottes bekannt gegeben wird, durch die Dienste in der

---

294 Bartels, Johannes a Lasco (Anm. 250), 42–44. Der erste Teil der Zitate ist der Forma ac ratio entnommen (K II, 211 f.): «Deum ita nostri in nostris peccatis misereri, ut neminem omnino, quod in se est, a sua misericordia excludat, sed omnibus plane illam in Christo deferat. Deum sane est, […] qui salutare verbi sui Divini semper terram omnis generis spargat. Neque culpa illius fieri, ut sparsam hoc ubique vitae aeternae semen alibi praefocetur, alibi item conculcetur, alibi vero arescat.» Der zweite Teil ist a Lascos Brief vom 2.11.1543 an Melanchthon entnommen (K II, 565): «neque tamen conditam esse a Deo ad aeternas miserias, qui neminem a sua excludit gratia, et universum in Adamo mortalium genus ad salutem condidit nominique sui gloriam immortalem, sed voluntarium in ea multitudine contemptum damnari.»
295 K II, 626.

Gemeinde. Est igitur Ecclesia coetus eorum qui voce Dei ex universa toto orbe hominum multitudinem in populum illi peculiarem evocantur.

«Daher ist die Kirche die Versammlung derer, die durch die Stimme Gottes [vermittelst seiner in der Nachfolge der Apostel stehenden Glieder seiner Gemeinde] aus der Menge der Menschen auf der ganzen Erde zu dem besonderen Volk gerufen sind.»[296]

Und in der Volkskirche ist *dann* darauf zu achten, dass alle das ihnen bekannt Gegebene auch gläubig-gehorsam annehmen und sich nicht durch Missachtung davon selbst ausschließen. Ob jemand das *wirklich* annimmt, das lässt sich indes von außen nie klar feststellen.

Wie Kuyper möchte auch Ulrich Falkenroth[297] a Lasco so verstehen, dass bei ihm die Kirche nur als sichtbare Kirche gelte. Darum sei bei ihm die Kirche nicht als «ecclesia permixta», d. h. als Mischung von wahrhaft und nur scheinbar Gläubigen verstanden, und darum fielen bei ihm Zugehörigkeit zur Kirche und Erwählung durch Gott in eins. Selbst wenn das a Lascos Meinung *wäre*, so wird sie von ihm durch eine zweifache Erkenntnis gesprengt: zum einen dadurch, dass auch nach ihm das erste und entscheidende Subjekt der Kirche der nur eben zu glaubende «Sohn Gottes, der Herr Christus» ist, zum anderen dadurch, dass nach ihm «*in ihr viele*» sind, die aus dem Glauben und folglich aus der Erwählung fallen.[298] Nicht alle diese «Ungläubigen» sind aber festzustellen – die Kirche ist also tatsächlich doch eine solche «Mischung» von wahrhaft und nur scheinbar Gläubigen. Letztere sind die in ihrem Unglauben verborgen bleibenden «Heuchler».[299] Auf sie richtet sich wohl auch der Zuspruch der Vergebung, aber vor allem der Aufruf zur Bekehrung, während den offenkundigen (publica) Sündern die Exkommunikation und die eventuelle Wiederaufnahme gilt.[300]

Die wirkliche Erlangung des Heils kann nach a Lasco auch nicht unter dem Vorbehalt des göttlichen Ratschlusses stehen. Wenn im Katechismus von 1554 die Kirche die «Gemeinde der Auserwählten» genannt wird, so ist das keine Konzession nach dieser Seite. Er versteht das eben im Sinn seiner Deutung von «Kirche», ecclesia, als der Schar der aus der übrigen Menschheit zu Gottes Volk *Gerufenen*[301]. Aber eine solche Zuteilung des Heils, dass es ihnen wirklich *gilt*, ist durch die Kirchengliedschaft noch nicht gewährleistet. Die Versicherung, ein

---

296 Vgl. a Lasco, Compendium doctrinae de vera unicaque Dei & Christi ecclesia, K II, 294.
297 Zu Kuyper, Anm. 258. U. Falkenroth, Gestalt und Wesen der Kirche bei Johannes a Lasco, masch.schr. Diss., Göttingen 1957, 124–130.
298 K II, 625.
299 Emder Katechismus, Fr. 75, bei Müller, Bekenntnisschriften (Anm. 267), 697, Z.14.
300 K II, 49.
301 A Lasco, Compendium (Anm. 296), 295 f.

Glied am Leibe Christi zu sein, gibt es nach a Lasco nur in der inwendigen Bezeugung des Heiligen Geistes an meinem Geist, «dass ich ein Kind Gottes bin».[302] Insofern rechnet auch er mit einer unsichtbaren Kirche der wahrhaft Gläubigen, als deren Glied ein Christ allein seines Heils gewiss sein kann. Weerda bringt den Unterschied zu Calvin auf die Formel: «Auf die Frage: Wer gehört zur Kirche? wird geantwortet: Die ihres Heils Gewissen, und nicht: Die Erwählten.»[303]

Calvin würde sich auf diese Unterscheidung nicht eingelassen haben. Man kann gleichwohl fragen, ob ihre unterschiedliche Auffassung von der Heilserlangung nicht den Beginn zwei verschiedener Traditionen im Reformiertentum markieren: eine, die alles Kirchentum unter den Vorbehalt stellt: «So liegt es nicht an jemandes Laufen und Wollen», sondern so an Gottes Erbarmen, dass es in keine Verfügung gestellt werden kann (Röm. 9,16), und eine andere, die das Kirchentum ausrichtet auf die tröstliche inwendige Erfahrung des eigenen Erlöstseins, die indes nur bei einer bewussten Entscheidung des Menschen zu haben ist. Man kann auch fragen, ob die Härte, in der Calvin alles Heil unter den Vorbehalt eines uns entzogenen göttlichen Ratschlusses stellt, nicht umschlagen musste in den Versuch, dann seine Erlösung in den subjektiven Erfahrungen des Menschen zu suchen, worauf a Lascos These hinauszulaufen scheint. Man kann auch fragen, ob das Nebeneinander der beiden Antworten nicht auf das auf beiden Seiten vorliegende Problem hinweist, dass sie der von beiden wohl betonten Barmherzigkeit Gottes in Christus zu wenig Gottes Gerechtigkeit gedanklich zu integrieren wussten, sondern seine Gerechtigkeit nur als deren unheimliche Grenze verstanden, sei es als eine uns fremde, weil anscheinend gnadenlose Seite in Gottes Ratschluss, sei es als Strafe für die selbstverschuldete Nichtannahme der Gnade. Man kann schließlich fragen, ob beide Antworten nicht auch als gegenseitige Ergänzungen verstanden werden dürfen, um so die theologischen Härten auf beiden Seiten der Konzeption auszuschließen – nämlich angesichts dessen, dass die Erwählung sachlich zum Ziel kommt in dem seines Heils gewissen, weil in Christus begründeten Glauben und dass die Heilsgewissheit auf göttlicher Berufung und Erwählung zum Glauben und nicht auf Selbsterwählung beruht.

So oder so, beide rechnen mit zwei Aspekten der Kirche: Sie ist äußere, sichtbare Kirche, die durch bloße Mitgliedschaft noch nicht das Heil gewährleistet, in der neben Gläubigen auch Glauben nur vortäuschende Heuchler sind. Und sie ist wahre, unsichtbare Kirche der von Gott Erwählten bzw. der persönlich ihres Heils gewissen Gläubigen. Das machte sie für den Einwand des Täufertums empfindlich: ob dann die bloße Kirchengliedschaft nicht nutzlos sei oder ob nicht gar un-

---

302 Emder Katechismus, Fr. 3, bei Müller, Bekenntnisschriften (Anm. 267), 666 f., bes. Z. 2.
303 Weerda, Der Emder Kirchenrat (Anm. 258), Bd. 2, 199.

ter Trennung des Spreus vom Weizen die Kirche der Erwählten bzw. wahrhaftig Gläubigen sichtbar herzustellen sei. Beide haben auf diesen Einwand geantwortet, dass als Kennzeichen der Kirche die Verkündigung in Wort und Sakrament genüge.[304] Denn sowohl von der unsichtbaren Kirche der Erwählten wie von der verborgenen Schar der Heilsgewissen gebe es keine unzweideutigen *äußeren* Kennzeichen. Oder positiv: Jene Kennzeichen der Kirche genügen darum, weil sie das von Gott eingesetzte Mittel sind, durch das uns unsere Erwählung in Christus zugesprochen und der heilsgewisse Glaube erweckt wird.

Wie ist aber dann a Lascos These in der Londoner «Confessio» zu verstehen, laut der uns der Heilige Geist (!) – sonst anscheinend verborgene – «drei Merkmale der Kirche», Ecclesiae tres notas, zeige?[305] Nämlich: das Alter der Kirche von Anfang bis Ende der Welt, ihr Glaube und ihr Bekenntnis! Falkenroth[306] fasst diese «drei Merkmale» so auf, als ersetzten sie bei a Lasco jene zuerst genannten «Kennzeichen». Das leuchtet kaum ein, da die von a Lasco genannten «drei Merkmale» doch nicht einfach sichtbar sind. In diesem Fall redet «Merkmale» wohl eher allgemein von der *Art* der Kirche, wie sie uns durch den Heiligen Geist eröffnet wird.

Dass das *Wirksamwerden* jener von Gott eingesetzten äußeren Mittel – Wort und Sakrament – hingegen unsichtbar ist, dafür beruft Calvin sich auf 2. Tim. 2,19: «Der Herr kennt die Seinen». Calvin nennt das das «Vorrecht», «das sich Gott selbst vorbehalten hat, zu erkennen, wer die Seinigen sind»; denn das Fundament dieser Erkenntnis ist «seine verborgene Erwählung»[307]. Aber das schließt bei Calvin nicht das aus, worauf sich a Lasco in Anspielung auf Röm. 8,16 beruft, dass – nur für den einzelnen Gläubigen selbst! – der Geist diese uns verborgene Erkenntnis dem inwendigen Menschen des Glaubens mitteilt.[308]

3. Die Funktion der Kirchendisziplin

Calvin und a Lasco waren davon überzeugt, dass zum Leben der Christengemeinde in ihrer Sichtbarkeit die ecclesia disciplina gehört, ungut übersetzt mit: Kirchenzucht.[309] Obwohl das Wort «Zucht» hier beibehalten bleibt, ist es

---

304 Institutio IV 1,9; zu den äußeren Kennzeichen der Kirche vgl. seinen Genfer Katechismus, Fr. 100, in: CStA Bd. 2, 47, Z. 8–14. Ebenso redet a Lasco in dem genannten präzisen Sinn von den «externae coetus Ecclesiastici notae» (K II, 132).

305 K II, 296.

306 Falkenroth, Gestalt und Wesen (Anm. 297), 132.

307 Institutio IV 1,8.2.

308 Emder Katechismus, Fr. 3, bei Müller, Bekenntnisschriften (Anm. 267), 667, Z. 3 f.

309 A Lasco formuliert gewöhnlich: disciplina Ecclesiastica.

wegen seiner negativen Konnotation, die es heute bekommen hat, zur Übersetzung von «disciplina» untauglich. Die Bedeutungen, die das Wort hat und die bei den Reformatoren selbstverständlich mitschwangen, sind dabei ausgeblendet: Verfassung, Einrichtung, Schule, Lebensart und eben «Disziplin», mit ihnen gewiss auch kritischen Aspekten. Die hugenottische «Discipline Ecclésiastique» von 1559 meint Kirchenordnung oder -verfassung und nicht «Zucht» in der heutigen Bedeutung des Worts. In dem hier anvisierten Zusammenhang ist die «Disziplin» allerdings fokussiert auf den Problemkreis der Grenzen der Kirchengemeinschaft und der Zugehörigkeit zu ihr. Die Behandlung dieses «Grenz»-Falls ist ein in sich differenziert geregelter Teil der *Ordnung* der Kirche. Aber der Sinn der Kirchenordnung liegt nicht in der strafenden «Zucht».[310]

Calvin sagt von der politischen Welt, dass die *Gesetze* «die Sehnen» des Gemeinwesens sind, die es zusammenhalten. Dasselbe sagt er auch über die Bedeutung der «*Zucht*» in der Kirchgemeinde.[311] Beide Reformatoren sind sich in dieser Sache in vielem einig. Das mag damit zusammenhängen, dass eine Beschäftigung a Lascos mit der Ausgabe der Institutio Calvins von 1543 anzunehmen ist.[312] Es ist die Ausgabe, in die Calvin in einem förmlichen Traktat – wohl unter Verarbeitung seiner in Straßburg gewonnenen Einsichten – seinen langen Passus über die «Kirchenzucht» einfügte, der in den weiteren Ausgaben seines Werks im Ganzen unverändert beibehalten blieb.[313] Für beide ist der biblische Beleg für die «Zucht» Mt. 18,15–17.[314]

«Wenn aber dein Bruder sündigt, so geh hin und weise ihn zurecht unter vier Augen! Hört er auf dich, so hast du einen Bruder gewonnen. Hört er dagegen nicht, so nimm noch einen oder zwei mit dir, damit ‹jede Sache auf Aussage von zwei oder drei Zeugen beruhe›. Wenn er jedoch nicht auf sie hört, so sage es der Gemeinde! Wenn er aber auch auf die Gemeinde nicht hört, so sei er dir wie der Heide und der Zöllner.»

Von daher legen sich für beide – auch für a Lasco[315] – Stufen der «Zucht»-Ausübung nahe, zwischen einer privaten bis zu ihrer öffentlichen Gestalt. Wenn man zuweilen einen Unterschied Calvins zu a Lasco darin sieht, dass ersterer auch

---

310 Von diesem Vorgehen handelt Calvin in Institutio IV 12 und a Lasco in: Forma ac ratio, KII, 170–222.
311 Institutio IV 20,14; 12,1: nervi = Sehnen.
312 Vgl. K II, 576. Zu dieser Ausgabe vgl. Calvin, OS 3, XVIII–XXII.
313 In der Ausgabe von 1543: Caput VIII. CO 1, 658–672 = Institutio IV 12.
314 Institutio IV 12,2; a Lasco Emder Katechismus, bei: Müller, Bekenntnisschriften (Anm.267), 678,Z.24–31.
315 Forma ac ratio, K II, 41.

Grade zwischen leichten und schweren Sündern kennt,[316] so scheint mir der Unterschied nicht tiefgehend zu sein. Es geht ja hier nicht um ein Mehr oder Weniger an göttlicher Vergebung, auf die der Mensch gewiss so oder so ganz angewiesen ist. Es geht hier um eine Störung im Zusammenleben der Gemeinde. Und hier bedeutet nicht jeder zwar ermahnungsbedürftige Verstoß, dass die Betreffenden darum schon jene Wölfe, d. h. Irrlehrer sind, denen auch nach a Lasco mit Ausschluss vom Abendmahl und damit von der Gemeinde zu begegnen ist.[317] Zudem schließt jene Unterscheidung auch die von beiden anerkannte Unterscheidung zwischen kirchlich und politisch zu ahndenden Vergehen in sich.

Für die Handhabung der Kirchenzucht als einer Aufgabe der Gemeindeleitung ist der Rat der Ältesten verantwortlich. Das bedeutet aber nicht, dass sie der Anwendung der «Zucht» auf sie selbst entzogen sind. Diese Maßnahme kann nicht jene Heuchler von den wahrhaft Gläubigen scheiden und hat darum nicht die Aufgabe, eine Gemeinde der Sündlosen herzustellen, die vermeintlich der Vergebung nicht mehr bedürftig wären. Eine Christengemeinde wird stets eine Schar von *Sündern* sein, die sich dessen getrösten dürfen, dass sie *begnadigte* Sünder sind. Die Kirchenzucht tritt nur da in Aktion, wo Gemeindeglieder *öffentlich* Anstoß erregen. Beide Theologen betonen, dass dabei zu ergreifende Maßnahmen mit Milde durchzuführen sind, in der *Regel* in privaten Ermahnungen. In *diesem* Zusammenhang ist die Institution des Hausbesuchs entdeckt worden.[318] Man sollte nicht übersehen, dass das seelsorgerliche Gespräch in den Häusern der Normalfall der so genannten «Zucht» ist. Wenn es im Extremfall hartnäckiger Verweigerung zum Ausschluss von Abendmahl und damit aus der Gemeinde kommt, ist das Ziel die Wiedereingliederung, nicht der Ausschluss. Wiederum wird bei beiden eine gleiche Tendenz sichtbar: Zwar tragen sie bei der mit der «Zucht» befassten Einrichtung des Consistoire in Genf oder des Kirchenrats in Emden der rechtlichen Kompetenz des Rats in Fragen der öffentlichen Sittlichkeit und der obrigkeitlichen Polizeiordnung Rechnung. Aber zugleich insistieren sie darauf, dass diese kirchlichen Einrichtungen nicht als verlängerter Arm der Obrigkeit,

---

316 Institutio IV 12,4.
317 K II, 328–330.
318 Vgl. CStA Bd. 2, 266 f.: einmal pro Jahr sind in Genf die Gemeindeglieder in ihren Häusern aufzusuchen, um sie über ihren Glauben und ihr Glaubensleben zu befragen. Vgl. K. Barth, Kirchliche Dogmatik IV/3, 1015: «Seelsorge heißt: einem anderen Menschen damit helfen, dass ihm deutlich gemacht wird, dass auch er zum Zeugen Jesu Christi bestimmt und brauchbar ist. Sie ist insofern der Versuch, eine in der Person eines Anderen entstandene oder drohende Lücke im Leben und Zeugnis der Gemeinde auszufüllen. Sie setzt also das legitim ins Werk, was unter dem Namen ‹Kirchenzucht› in der Vergangenheit eine mehr peinliche als heilsame Unternehmung der christlichen Kirche gewesen ist.»

sondern als Dienst im Auftrag und nach dem Gebot des Herrn der Kirche zu verstehen sind. Mit diesen Einrichtungen zur Aufsicht über das Gemeindeleben legten sie faktisch und wohl auch beabsichtigt den Grund zur Ausbildung einer eigenverantwortlichen Kirchenleitung.

Doch bekommt man den Eindruck, dass diese Angelegenheit für a Lasco von größerer Wichtigkeit ist als für Calvin. Nicht nur verwendet der Emder Katechismus fünf Artikel auf dieses Thema (während er z. B. keinen Artikel über die Auferstehung Christi bringt!).[319] Er versteht sie dort als eine Einsetzung Jesu und zählt sie an *dieser* Stelle neben Predigt und Sakramentsgebrauch zu den unveräußerlichen Kennzeichen der Kirche. Calvin redet davon gedämpfter. Im Genfer Katechismus kommt er erst im letzten Satz auf das Thema zu reden, fokussiert auf die Frage der Zulassung zum Abendmahl, die in bestimmten Härtefällen von den Ältesten zu verhindern sei.[320] In den «Ordonnances ecclésiastiques» behandelt er die Kirchenzucht in der angegebenen Weise. Dabei aber ist das größere Problem, wie man Hartnäckige mit Abendmahlsentzug strafen kann, weil diese in der Regel ohnehin gar nicht zum Abendmahl kommen.[321] Und in der Institutio nennt er nur Predigt und Sakrament «Kennzeichen der Kirche» (notae ecclesiae).[322] Für die Übung der Kirchendisziplin beruft er sich vornehmlich auf das Vorbild der Alten Kirche, nicht ohne mit Augustin einzuschärfen, dass da, wo diese Übung die «Einigkeit im Geist durch das Band des Friedens» verletzt, «die Arznei der Strafe nicht nur überflüssig, sondern verderblich» wird und aufhört, Arznei zu sein.[323] Aber das mögen eher äußerliche Unterschiede sein, in denen beide Reformatoren nur die Akzente etwas anders setzen, weil sie sich ja in den genannten Punkten einig sind. Doch zeigt sich bei ihnen hier noch ein tiefergehender Unterschied, kein Gegensatz, wohl aber eine andere Blickrichtung bei der Frage nach dem Zweck der Kirchenzucht. Darin wirkt sich ihre unterschiedliche Verknüpfung der Lehre von der Erwählung (Prädestination) und von der Kirche (Ekklesiologie) aus, so dass hier noch einmal das Verständnis der Kirche im Ganzen in den Blick kommt.

Was Calvin betrifft, so ist Emil Doumergues These einleuchtend: «Die Kirche ist nach Calvin weder eine Auserwähltenkirche, noch eine Jedermannskirche. Sie ist Bekenntniskirche.»[324] Der Begriff des Bekenntnisses oder Zeugnisses be-

---

319 Fr. 70–74; bei Müller, Bekenntnisschriften (Anm. 267), 678, Z. 23–679, Z. 10; die drei Kennzeichen: 675, Z. 17–24.

320 Genfer Katechismus, CStA Bd. 2, 134, Z. 18–22.

321 Die Kirchenordnung von 1561, CStA Bd. 2, 270–273.

322 Institutio IV 1,9.

323 A.a.O., IV 12,11.

324 E. Doumergue, Calvins Wesen. Der Mensch – Der Gedankenaufbau – Die Kirche – Der Staat, hg. W. Boudriot, Neukirchen 1934, 104. Vgl. auch Weerda, Nach Gottes Wort

stimmt in der Tat seinen Begriff der sichtbaren Kirche. Dabei ist die Kirche zweiseitig gedacht: Das durch den Geist vermittelte Heil Gottes in Christus wird durch die Verkündigung der Kirche *dem* in ihr versammelten Volk bezeugt; *und* dasselbe Heil wird von dem in der Kirche versammelten Volk *selbst* und von allen seinen Gliedern bezeugt. Diese Definition der Kirche enthält in ihrem ersten Teil die reformatorische Lehre von den «Kennzeichen der Kirche», die die Abgrenzung gegenüber einer schwärmerischen Sichtbarmachung der *Auserwählten* einschließt. Man kann weder feststellen, ob seine Glieder wirklich erwählt sind, noch, ob sie wahren Glauben nur vorheucheln. Nach dem zweiten Teil der Definition darf man allerdings von den Kirchengliedern erwarten, dass sie sich ausdrücklich zu Gott und seinem Christus bekennen. Das ist die Abgrenzung gegen eine *Jedermannskirche*. So definiert Calvin:

«[Wir] sollen die Menschen als Glieder [der Kirche] anerkennen, die durch das Bekenntnis des Glaubens, durch das Beispiel ihres Lebens und durch die Teilnahme an den Sakramenten mit uns den gleichen Gott und Christus bekennen.»[325]

Entsprechend heißt Sakrament beides: Bezeugung der Gnade Gottes gegen uns und Handlung, mit der wir «unseren Glauben vor den Menschen bekennen und bezeugen, dass wir in Christus einen Konsens der Gottesverehrung haben».[326] Darum legt Calvin Wert darauf, dass das dreifache Amt Christi in der aktiven Teilnahme aller Christen daran seine Anerkennung findet und nicht nur durch das kirchliche Leitungsamt.[327]

Von daher versteht sich, welche Aufgabe die Kirchenzucht bei Calvin primär hat. Sie bezieht sich auf den zweiten Aspekt der Kirche als Bekenntniskirche. Es geht in ihr um die Beseitigung einer Störung des Bekenntnisses, das von der ganzen Gemeinde vor den Menschen abzulegen ist. Darum betont er auch die enge Verknüpfung der Zucht mit dem Abendmahl, das der unmittelbare Ursprung und Ausdruck solchen Bekenntnisses ist. Im zweiten Aspekt des Abendmahls geht es darum, dass wir alle – in «Herzenseintracht verbunden, so dass keine Entzweiung dazwischentritt» – «öffentlich und aus *einem* Munde vor aller Welt bekennen, dass unsere ganze Zuversicht auf Leben und Seligkeit auf dem Tod des Herrn beruht, damit wir ihn mit unserem Bekenntnis verherrlichen und andere durch un-

---

(Anm. 257), 160: Calvin ging es darum, «in der Volkskirche eine Bekenntnisgemeinde und Abendmahlsgemeinde zu schaffen.»
325 Institutio IV 1,8.
326 Calvin, Genfer Katechismus, Fr. 340–363, CStA Bd. 2, 126–133; Institutio IV 14,1.
327 Genfer Katechismus, Art. 42–44; CStA Bd. 2, 28, Z. 1–18.

ser Beispiel ermuntern, ihm die Ehre zu geben».[328] Wie soll das aber im Abendmahl geschehen, wenn durch das die Gemeinde und ihr Bekenntnis störende Verhalten eines Mitglieds eine «Entzweiung dazwischentritt» und wenn nicht Maßnahmen zur Lösung dieses Problems ergriffen werden? Daher begründet Calvin in der Institutio die Kirchenzucht mit dem Satz:

«Die Kirche ist der Leib Christi, und diesen, ja, auch dessen Haupt machen die verächtlich, die offensichtlich unchristlich leben.»[329]

Somit ist die Kirchenzucht die menschliche Bemühung in der Kirche darum, «dass die Glieder des Leibes, jedes an seinem Platz, miteinander verbunden leben»[330] und so Zeugnis von dem sie verbindenden Herrn geben.

Hinter a Lascos Auffassung von dieser Handlung steht seine gegenüber Calvin eigene Lehre von der Kirche. Sie lässt sich mit dem Begriff einer seelsorgerlich bestimmten Kirche bezeichnen.[331] Man kann sich diesen Akzent wieder am Sakramentsbegriff veranschaulichen. Den zweiten Aspekt in Calvins Definition, den des Bekenntnisses gegenüber Gott und den Menschen, sucht man im Emder Katechismus vergebens. Ebenso finden wir dort auch nicht den Gedanken des Genfer Katechismus, dass alle Christgläubigen an der Ausübung des dreifachen Amtes Christi teilhaben.[332] Wie um zu sagen, dass die Gemeinde noch nicht soweit ist, dass sie erst dahinzuleiten ist durch Wort und Sakrament – und durch Kirchenzucht! Hingegen betont der Emder Katechismus in Art. 53, die Sakramente seien von Christus «unserer Schwachheit halber» eingesetzt. Und Art. 54 sagt, *wie* durch sie unserer Schwachheit aufgeholfen wird: zuerst dadurch, dass sie unseren Glauben an die Gunst Gottes durch Bezeugung und Versiegelung der Zusage des Evangeliums von der Sündenvergebung stärken, und sodann dadurch (und das ist doch noch etwas anderes als Calvins zweiter Aspekt), dass sie zu unserer Pflicht gegenüber Gott und den Nächsten, zu Dankbarkeit und Liebe ermahnen – d. h. nicht eigentlich zum Zeugnisgeben, sondern zu einem rechten ethi-

---

328 Institutio IV 17,37 f. Auf die «ordnungsbildende» Bedeutung des Abendmahls bei Calvin weist Weerda, Nach Gottes Wort (Anm. 257), 160 hin. Denn «der Abendmahlsgang bringt es an den Tag, wer zur Gemeinde gehört».

329 Institutio IV 12,5.

330 Institutio IV 12,1.

331 Karl Barth spricht mit Gründen bei a Lasco von einer «offenkundigen Anpassung an den Melanchthonismus», in: ders., Die Theologie der reformierten Bekenntnisschriften 1923, Zürich 1998, 169.

332 Allerdings findet sich in der Londoner *Confessio* doch die Aussage, dass die Kirche an Christus den König, Propheten und Priester glaubt und dass es daher neben der «professio publica» dieses Glaubens durch die Ämter der Kirche auch eine entsprechende «professio privata» der Laien gebe, vgl. K II, 322 und oben S. 94 f.

schen Verhalten.[333] A Lasco sieht stärker als Calvin, was Weerda aber von beiden sagt, «dass die Glieder des Leibes Christi [...] als Glaubende durchaus noch in Zeit und Welt gefangen» sind. Er sieht es insofern stärker, als nach seiner Erwählungslehre wir unser Heil im Grunde nur durch «selbstgewollte Verachtung der Gnade Gottes in Christus» verlieren können. Weerda bemerkt zutreffend, dass angesichts solcher Selbstgefährdung jene drei Kennzeichen – reine Lehre, rechter Gebrauch der Sakramente und Kirchenzucht – für a Lasco «die Bildungskräfte der Kirche auf der Ebene der Zeitlichkeit und Wirklichkeit» sind.[334]

Die Kirchenzucht bekommt dadurch vor allem die Aufgabe der seelsorgerlichen Bemühung um verirrte Gemeindeglieder, die sich der ihnen schon angebotenen Gnade verschließen und so ihrer verlustig zu gehen drohen. Darum nennt er als ersten Zweck der Zucht, zu dem Christus sie eingesetzt hat, «dass der arme Sünder dadurch bekehrt werde».[335] Während a Lasco vor Spekulationen über Kinder oder Heiden, die ohne Kenntnis des Evangeliums sterben oder leben, warnt, gilt seine Sorge in der Kirchenzucht den unbekehrten Sündern in der *Gemeinde*. Mögen jene, schreibt er an den polnischen König, «ihre Unkenntnis zur Entschuldigung haben: du nicht».[336] Der wegen seiner Kenntnis des Evangeliums unentschuldbar verlorene *Christ* ist hier *das* Problem der Kirchenzucht. In ihr wird vordringlich nicht um die Reinhaltung der Gemeinde zugunsten ihres Bekennens, sondern um eine vom Heil entfremdete Menschenseele gerungen. Der bewegendste Teil der Bestimmungen zur Kirchenzucht in der Londoner Ordnung ist die Festlichkeit, in der der Ritus der Umkehr eines solchen Menschen beschrieben wird: «Die Gemeinde fällt auf die Knie und dankt für die Bekehrung und Wiederannahme des gefallenen Bruders.»

Und nach Ermahnung der Gemeinde zur Milde gegenüber dem Reumütigen, «wie sie der verlorene Sohn vom Vater erfahren», empfängt er Händedruck und Kuss von den Predigern und Ältesten, um dann die Handlung mit dem Gesang von Ps. 103 zu schließen.[337] So kommt die seelsorgerliche Bemühung der Kirchenzucht zu ihrem Ziel.

---

333 Bei Müller, Bekenntnisschriften (Anm. 267), 657, Z. 29–39.

334 Weerda, Der Emder Kirchenrat (Anm. 258), Bd. 2, 195.

335 Emder Katechismus, Art. 73, bei Müller, Bekenntnisschriften (Anm. 267); Calvin nennt in Institutio IV 12,5 an dritter Stelle wohl auch, was a Lasco dort sagt, während dieser das, was Calvin an erster Stelle nennt, erst an dritter Stelle aufführt: «dass nicht der Name Gottes bei denen, die draußen sind, gelästert werde».

336 Bartels, Johannes a Lasco (Anm. 250), 43. Es handelt sich um den Brief vom 18.12.1556 an Sigismund August, K II, 745 f.; vgl. das in Anm. 248 Nachgewiesene.

337 Nach Naunin, Die Kirchenordnungen (Anm. 251), 213.216; im obigen sind die Ordnungen für Reumütige und Wiederaufnahme von Exkommunizierten etwas kompiliert. Diese

Bekennende Kirche – seelsorgerliche Kirche. Die beiden Formeln reden von zwei verschiedenen Blickrichtungen, in denen sich unterschiedliche Ansichten von der Kirche auswirken. Diese Ansichten *können* sich wohl gegenseitig ausschließen und treiben darum zu gegenseitiger Diskussion an. Aber diese Ansichten *müssen* sich nicht gegenseitig ausschließen, wie ja auch jeder der beiden in seiner Blickrichtung Aspekte des anderen aufgenommen hat. Der – nicht spannungsfreie – Reichtum der reformierten Tradition, der sich auch in diesen verschiedenen Blickrichtungen zeigt, bedeutet immerhin auch die Aufgabe, die verschiedenen Gesichtspunkte zu verbinden. A Lascos Wort von der «*concors varietas*», der «*einträchtigen* Verschiedenheit»[338] der evangelischen Kirchen ist dazu ein Wegweiser. Calvin hat in seiner Weise dasselbe Wort auch geltend gemacht. Diesem Wegweiser ist im Respekt vor ihrem einen Herrn und Heiland zu folgen.

Ordnungen finden sich in der Forma ac ratio K II, 208–222. Die oben zitierten Wendungen dort: 217.222.

338 So in seinem Brief 1544 an Pellikan, K II, 584.

6. Abendmahlsgemeinschaft

Aufbruch zu einem innerkirchlichen Frieden

1. Die zentrale Bedeutung des Heiligen Mahls

Was für die lutherische Reformation der Wittenberger Thesen-Anschlag war, war für die Reformation in Frankreich die Pariser Plakat-Affäre im Oktober 1534, angezettelt durch den Neuenburger Pfarrer Antoine Marcourt. Das Ereignis hat den dortigen Protestantismus tief geprägt. Prägend war es auch für Calvin, der nicht zuletzt deshalb zum Flüchtling – und zum Verfasser der Institutio von 1536 – wurde. Gegenstand des Skandals war die Messe.

«Und das Skandalöse an den Plakaten war ihre Deutung des Hebräerbriefs: Christus der Mittler, Christus der einzige Priester, Christus, der durch sein einmaliges Opfer jede Priesterwürde von Menschen illusorisch macht […]! Mehr noch als der Römerbrief bildet der Hebräerbrief den Eckstein der französischen Reformation. […] Weder die Rechtfertigung durch den Glauben noch die Stellung des Wortes […] hatten eine eindeutige Abgrenzung zwischen den beiden Lagern markiert. Aber die Messe, das ist von nun an die Trennlinie.»[339]

In Protest gegen die in Paris angeschlagenen Plakate, in denen die Messe als Götzendienst angeprangert wurde, zog König Franz I. in einer Prozession hinter einer Monstranz durch die Hauptstadt. An sechs Orten hielt er zu einer Andacht inne, während jeweils auf Scheiterhaufen «Ketzer» verbrannt wurden[340] – eine rituelle Hinrichtung, in der durch Menschenopfer das angeblich geschmähte Opfer Christi gesühnt werden sollte. Dass Menschen hier geopfert wurden, das demonstriert noch im bösen Zerrbild eine Opfervorstellung, der die Geopferten selbst in ihrem Tod widerstanden.

Calvins Kritik an der römischen Messe meinte keine Abwertung der Eucharistie. Sie zielte auf die Wiederherstellung der Reinheit ihres Sinnes und ihrer Praxis. Für ihn ist die Reformation der Kirche glaubwürdig, wenn sie den Beweis des Geistes und der Kraft für ein christusgemäß erneuertes Abendmahl vorzulegen

---

339 B. Cottret, Calvin. Eine Biographie, Stuttgart 1998, 109 f.
340 A.a.O., 114.

versteht. Der oberdeutsche spätmittelalterliche bloße Wortgottesdienst, der die Reformation Zwinglis beeinflusste, lag ihm fern. Dass der Genfer Magistrat nach dem Berner Muster die Abendmahlsfeier auf vier Sonntage im Jahr beschränkte, war für ihn eine Unordnung. In stillem Protest dagegen ging er bis in die letzte Ausgabe der Institutio und in seinem Liturgieformular stets davon aus, dass *jeder* Gottesdienst ein Abendmahls-Gottesdienst ist.[341] Schon in seinen «Artikeln zur Ordnung der Kirche und des Gottesdienstes in Genf», die er dem Rat am 16. Januar 1537 vorlegte, war der Gottesdienst vor allem als Mahlfeier verstanden, begleitet von «öffentlichen Gebeten», den Psalmengesängen, und von «reiner Lehre», der Predigt. Jedenfalls könne man eine Kirche nicht als wohlgeordnet bezeichnen, «wenn in ihr nicht das heilige Abendmahl unseres Herrn häufig gefeiert und gut besucht wird», und zwar «mindestens jeden Sonntag».

Denn «hier erhalten die Gläubigen einen großen Trost, und es erwächst daraus in jeder Beziehung viel Frucht. Dies einmal im Blick auf die Verheißungen, die unserem Glauben hier angeboten werden: dass wir wirklich des Leibes und Blutes Jesu teilhaftig gemacht sind, seines Todes, seines Lebens, seines Geistes und aller seiner Güter. Aber auch im Blick auf die Ermahnungen, die uns hier begegnen: dass wir die wunderbaren Dinge als uns verliehene Gnadengaben anerkennen und im Lobpreis rühmen und dass wir schließlich christlich leben sollen, in Friede und brüderlicher Einheit miteinander verbunden, wie Glieder eines einzigen Leibes. Es wurde nämlich von Jesus tatsächlich nicht zu dem Zweck eingesetzt, dass wir uns zwei- oder dreimal im Jahr daran erinnern sollten, sondern zu häufiger Betätigung unseres Glaubens und unserer Liebe. Daher soll die christliche Gemeinde davon Gebrauch machen, wenn sie zusammenkommt, wie wir in Apg. 2 geschrieben finden: die Jünger unseres Herrn verharrten im Brechen des Brotes, also in der Feier des Abendmahls. So hielt man es stets auch in der alten Kirche, bis der Greuel der Messe eingeführt wurde, in welcher, anstelle dieser gemeinsamen Teilnahme aller Gläubigen, der schreckliche Frevel (horrible sacrilege) aufkam, dass einer für alle opfert.»[342]

Für Calvin wurde die verschiedene Stellung zur Eucharistie zum Unterscheidungsmerkmal von evangelisch und römisch. Ja, es hängt «der ganze gegenwärtige Streitfall einzig und allein gewissermaßen an diesem einen Punkt».[343] Er gebraucht zur Verwerfung der Messe die schärfsten Ausdrücke: Sie ist gegenüber

---

341 Institutio IV 17,43. Wohl fügt die Gottesdienstordnung 1545 nachträglich eine Formel ein für den Abschluss des Gottesdienstes an Sonntagen, an denen das Abendmahl nicht gefeiert wird. Aber nach der klaren Disposition des Gottesdienstes bricht er damit mittendrin ab, vgl. La forme des chantz et prières ecclésiastiques, in: CStA Bd. 2, 173.

342 Calvin, Artikel zur Ordnung der Kirche und des Gottesdienstes in Genf (1537), CStA Bd. 1.1, 115.117. Zu den drei Elementen des Gottesdienstes – Mahl, Gebete, Predigt – vgl. Kap. 3, Abschnitt 1.

343 Calvin, Zwei Sendschreiben (1537), CStA Bd. 1.2, 291.

Christus eine «intolerabilis blasphemia ac contumelia» (unerträgliche Lästerung und Schmähung Gottes)[344], eine «diabolica missa» (eine teuflische Messe)[345]. Sie ist, wie er 1541 im Abendmahlstraktat sagt: «pure ydolatrie» (ein reiner Götzendienst)[346] und «sacrilege abominable» (ein verwünschtes Sakrileg)[347]. Die Verwerfung der Messe als «vermaledeite Abgötterei» im Heidelberger Katechismus (Fr. 80) ist ein Nachklang der Empörung, in der Calvin an diesem einen Punkt alles auf dem Spiel stehen sieht. Seine Kritik an der Messe richtet sich auf zwei konkrete Punkte, an denen er aber ein umfassendes System angreift und dem er ein umfassendes Neuverständnis von christlicher Kirche entgegensetzt. Beides lässt sich schon aus dem soeben zitierten Text vom Januar 1537 erschließen.

Es geht im Abendmahl *erstens* darum, «dass wir wirklich des Leibes und Blutes Jesu teilhaftig gemacht sind». Das ist in *dem* Sinn zu verstehen, den Calvin schon 1536 auf der Linie eben des Hebräerbriefs dartut[348]: *Er selbst* teilt sich uns im Mahl mit. Nicht *etwas* wird uns zuteil, sondern *Er* – mit seinen Gaben, aber seine Gaben nur in der Gemeinschaft mit ihm selbst: er, der das Fundament der Kirche ist, neben dem niemand in ihr einen anderen Grund legen kann außer dem, der gelegt ist. Jesus Christus hat als der Gekreuzigte nach «Hebr. 5.7.9. und 10» ein «ewiges Priestertum» versehen. Er ist «der ewige und immerwährende Priester», der «Einzige», der als solcher «keiner Mitgenossen bedarf». Er kann daher durch keinen Stellvertreter und durch keinen Priester «ersetzt» werden. Das «solus Christus crucifixus» (allein Christus, der Gekreuzigte) steht hier auf dem Spiel und ist gegen alles priesterliche Mittlertum zwischen Gott und Mensch geltend zu machen. Er *allein* ist das Heil, und er allein *gewährt* es uns. Wie Luther dafür streitet, dass neben den «Glauben allein» an Gottes Gnade keine menschlichen *Werke* treten dürfen, so ficht Calvin dafür, dass das ein für allemal erworbene Heil in Christus nicht zu ergänzen ist durch ein von der *Kirche*, d. h. von ihren Priestern beschafftes Heilsgut. Daran hängt das zu unserem Heil Wichtige, dass wir uns auf die Vollgenugsamkeit der am Kreuz erworbenen Versöhnung verlassen können. Ja, wir *können* es, ohne in Unsicherheit gelassen zu sein, ob das dort Erworbene ausreicht oder ob es immer neuer Ergänzungen bedarf. In Sachen unseres Heils sind wir nicht, statt an «Christus allein», an den Klerus gewiesen, der solche Leistungen erbringen zu können oder vorschreiben zu dürfen meint. Vielmehr ist auch der Klerus wie alle anderen ganz auf die Versöhnung Christi angewiesen.[349]

---

344 Institutio IV 18,2.
345 Calvin, Sendschreiben (Anm. 343), 298,3 f.
346 Calvin, Kleiner Abendmahlstraktat (1541), CStA Bd. 1.2, 476,31.
347 A.a.O., 484,3.
348 Institutio 1536: OS I, 153 = Institutio IV 18,2.
349 Institutio IV 18,2–7.

Calvin sieht wohl, mit welcher «Klüglingsweisheit» die römische Theologie ihre andere Auffassung bemäntelt.[350] Er sieht aber auch, dass sie es in *Wahrheit* doch so meint, dass das von Christus am Kreuz Erworbene erst durch die vom kirchlichen Priester erbrachten «neuen Opfer Gültigkeit» erlangt. Dem gegenüber kann es nur darum gehen, dass die «Frucht» des ein für allemal am Kreuz Erworbenen «durch die Predigt des Evangeliums und durch die Zudienung des heiligen Abendmahls mitgeteilt wird».[351] Gegenüber der römischen Messe pocht Calvin darauf, dass «Christus allein» uns das Heil schenkt und dass er es uns «ein für allemal» in seiner priesterlichen Versöhnungstat gewährt hat. Damit greift er an diesem einen Punkt das ganze damalige römische Kirchensystem an. Es bedeutet ein neues Verständnis nicht nur des Sakraments und des kirchlichen Amtes, sondern überhaupt dessen, was Kirche Jesu Christi heißt. Der Artikel von der *Kirche* hat Calvins Reformation von Rom getrennt. Die Kirche, d. h. ihre Geistlichkeit, kann nicht mehr die Bedeutung einer Heilsspenderin haben. Sie kann nicht das in Christus verkörperte Heil wiederholen oder gewähren. *Alle* können nur *empfangen*, was Christus *allein* ein für allemal erworben hat und im Heiligen Geist *selbst* mitteilt. Das priesterliche Amt, sofern Menschen daran teilhaben, hat bei Calvin die neue Funktion der diakonischen Aufgabe der Kirche.[352] Die Aufgabe des Pastorenamts ist es aber, in der Verkündigung der Predigt und Sakramentsfeier der Gemeinde das zu bezeugen, was der nicht abwesende, sondern im Heiligen Geist vergegenwärtigte Christus an uns tut: «dass wir wirklich seines Blutes und Leibes teilhaftig gemacht» werden.[353]

Es geht im Abendmahl *zweitens* darum, «dass wir die uns verliehenen Gnadengaben anerkennen und im Lobpreis rühmen»; und wo das recht geschieht, wird das die Folge haben, dass wir daraufhin christlich leben, «in Friede und brüderlicher Eintracht miteinander verbunden, wie Glieder eines einzigen Leibes». Es geht darum, dass wir im Mahl, auf die uns hier bezeugte und gewährte Gnade Christi hin, *ihn* dankbar loben, ihn allein, ihn selbst und in ihm Gott – *ihn*, der uns Anteil gibt an ihm selbst und damit auch an seinen Gnadengaben, teilhaftig sind. Wie kein Priester sich an die Stelle Christi stellen kann, um uns das Heil zu spenden, so darf auch kein Element des Abendmahls Gegenstand der Anbetung werden, etwa aufgrund der Annahme, dass durch die priesterliche Weihung die Elemente Brot und Wein in einen göttlichen Stoff umgewandelt seien. Da würde der Inkarnation (der Menschwerdung) Christi, vollzogen in seiner Erniedrigung

---

350 Institutio 1536: OS 1, 154 = IV 18,3.
351 Institutio IV 18,3 (1543, zur Datierung vgl. OS 5, 421).
352 A.a.O., IV 18,16 – der Text ist von 1536, teilweise überarbeitet 1539.
353 Vgl. A.a.O., IV 14,1 (= Institutio 1536, OS I, 118, bzw. 1543, vgl. OS V, 259).

zum Tod am Kreuz, eine Impanation (eine Brotwerdung) Gottes an die Seite gestellt, in der sich jene angeblich fortsetzt oder erst recht erfüllt. Das würde erneut das «ein für allemal» des Kreuzesopfers Christi bestreiten. Dass er jetzt zur Rechten Gottes ist, das bedeutet, dass er jetzt *anders* anwesend ist, als er es damals war, nicht mehr irdisch, sondern geistlich-himmlisch. Er ist uns jetzt nicht anders zugänglich als so, dass der uns im Abendmahl irdisch bezeugte Heilige Geist uns geistlich in Gemeinschaft mit dem ganzen, zur Rechten Gottes erhöhten Christus versetzt. Die Behauptung einer Umwandlung der irdischen Elemente in ein Göttliches bewirkt, dass das «Zeichen» im Mahl alle Aufmerksamkeit auf sich zieht, statt alle Aufmerksamkeit auf den dadurch «Bezeichneten» zu lenken.[354] Wir bleiben dann an den Elementen hängen und beten «statt des Gebers nur die Gabe», statt *den* Himmlischen geistlich, *etwas* Irdisches körperlich an.[355] Damit wird Gott «die Ehre geraubt und sie auf die Kreatur übertragen». Darum verurteilt Calvin die römische Messe als «execrabile idolum» (als widerlichen Abgott).[356] Darum kämpft er dafür, dass evangelische Christen ihren Glauben durch demonstrative Nicht-Beteiligung an der römischen Messe kundtun. Von früh an wendet sich gegen die, die er dann «Nikodemiten» nennt: solche, die *äußerlich* weiter an der Messe teilnehmen, während sie sich (angeblich) *innerlich* von ihr distanzieren.[357] Er ringt mit ihnen, dass sie aus ihrer gefährlichen Halbheit heraustreten. Denn sie täuschen sich, indem sie den Herzensglauben und das öffentliche Bekenntnis des Glaubens trennen. Sie verkennen dabei, dass sie dadurch, dass sie nicht bekennen, was sie glauben, sich an dem Verkehrten beteiligen, obwohl sie es anders zu glauben *meinen*.

Die Kritik setzt das Positive voraus: zum einen, dass der *Glaube* seine Echtheit nur beweist, wenn er sich äußerlich, d. h. ausgesprochen, erkennbar zu Christus *bekennt*[358] – das ist das «allgemeine Priestertum aller Gläubigen»! Zum anderen setzt die Kritik voraus: Speziell zum *Abendmahl* gehört auch dies, dass in der gemeinsamen Teilnahme an der Feier die Gemeinde sich zu *Christus* bekennt und damit Gott «rühmt», ehrt und anbetet. Das Abendmahl ist *der* zentrale Akt, in dem die Gemeinde sich sichtbar kundgibt, indem sie sich hier zu Christus als zu

---

354 A.a.O., IV 17,37 (aus dem Jahr 1543): Nur *die* Verehrung ist legitim, die sich nicht auf das Zeichen richtet, sondern auf Christus, der im Himmel seinen Sitz hat.

355 Institutio 1536: OS I, 144 = IV 17,36.

356 Ebd.

357 Calvin, Zwei Sendschreiben (Anm. 343), 299.

358 Vgl. Genfer Katechismus Fr. 363, wo im Zusammenhang des Abendmahls der Grundsatz formuliert wird: «Wer sich nicht als Christ bekennen will, kann auch nicht als Christ gerechnet werden.»

ihrem sie versammelnden und sie zu *einem* Leib zusammenfügenden Haupt bekennt.[359]

Entgegen der römischen Lehre vom Priesteropfer und von der Hostienverwandlung hat für Calvin das Abendmahl also den Doppelaspekt: In ihm wird uns Gottes Gnade, in der Christus uns im Heiligen Geist Gemeinschaft mit sich selbst gewährt, bezeugt, *und* in ihm bekennt die ganze Gemeinde «öffentlich und aus *einem* Munde» Christus, durch dessen Tod sie ihr Leben hat; und sie gibt damit Gott die Ehre.[360] Daraus ergibt sich für die Gemeinde die Mahnung, in Eintracht und nicht in Zwietracht zu leben. Beides gehört hier zusammen und bestimmt von hier aus Calvins ganzen Kirchenbegriff: Wie wir unser Heil allein Christus und seiner Gnade verdanken, so werden wir dadurch untereinander verbunden, dass wir ihm allein danken und in ihm Gott allein anbeten.

2. Wider den Zwiespalt zwischen Luther und Zwingli

Vor Calvin sah schon Zwingli in der Zürcher «Inleitung» von 1523 neben der Frage der Bilder die der *Messe* als *den* Divergenzpunkt zur römischen Kirche. Der Widerspruch ist schon bei ihm begründet mit dem Verständnis Christi als des einen, wahren Priesters, der sich am Kreuz ein für allemal geopfert hat.

Er «opfret sich selbs uff, do er an dem Crütz den tod für uns leyd, undd reyniget mit dem einigen tod undd bezalt der gantzen welt sünd in die ewigheit. Diser warhafften meinung grund findt man in der epistel zuo den Hebrer vorus im 6.7.8.9.10. capitel.»[361]

Christus hat die Sünde vollkommen beseitigt. Damit erübrigt sich alle weitere Priesterschaft. Gäbe es weitere Priester, so wäre die unbedingte Gültigkeit der Christusversöhnung bestritten. Laut Zwingli ist *das* in der römischen Lehre von dem im Sakrament opfernden Priester bestritten. Darum war sie schon für ihn ein übles «schmahen gottes», aus dem «große prästen erwachsend»,[362] oder, wie die Berner Thesen von 1528 sagen, «ein grüwel vor Gott».[363] In dieser grundsätzlichen Sicht stimmten Zwingli und Calvin überein. Was sie auch sonst lehrten, es

---

359 Vgl. ebd. Fr. 362.
360 Institutio 1536: OS I, 145 = IV 17,37.
361 Bei E. F. K. Müller, Die reformierten Bekenntnisschriften, Leipzig 1903, 26,38–41. Vgl. das in Anm. 348 für Calvin Nachgewiesene.
362 A.a.O., 27,11 f. Prästen = Gebrechen, Sünden.
363 A.a.O., 30,25.

konnte für sie kein Abrücken geben von der Erkenntnis Christi als des einzigen, ewigen Priesters, der sich ein für allemal und also unbedingt gültig für unsere Sünde geopfert hat. Es konnte für sie nur darum gehen, das Abendmahl, aber dann auch das geistliche Amt und die Kirche im Licht dieser Erkenntnis neu zu verstehen: es gehe in dem allen nur um Folgen, aber nicht um Ergänzungen des ein für allemal Vollbrachten.

Zwingli zog daraus *die* Konsequenz, dass das Abendmahl als «ein gedächtnuß» an jenes von Christus einst Vollbrachte zu verstehen sei, als ein «widergedencken, wz Christus gethon hat».[364] Deshalb war er mit Martin Luther nicht einig in der Frage, «ob der wahre Leib und das Blut Christi leiblich im Brod und Wein sei»[365] – so in der These 14 des Marburger Abendmahlsgesprächs zwischen Luther und den Schweizern (1529). Der Gegensatz in dieser Frage wurde als so trennend empfunden, dass damals beide Seiten in getrennte Lager auseinander liefen. Darauf bezieht sich Calvins Erinnerung 1556:

«Ich begann langsam, aus der Finsternis des Papsttums herauszukommen und hatte einigen Gefallen an der rechten Lehre gefunden. Da las ich bei Luther, dass Oekolampad und Zwingli von den Sakramenten nichts übrig ließen als nackte und leere Redeweisen. Ich bekenne, dass mich das abgestoßen hat, so dass ich während langer Zeit nicht mehr in ihren Büchern las. Indes, bevor ich selbst zu schreiben begann, hatten sie miteinander ein Gespräch in Marburg gehabt. Das mäßigte ihre erste Heftigkeit ein wenig.»[366]

Calvin war dieser Abendmahlsstreit also bei seinem eigenen Weg zum evangelischen Glauben ernstlich anstößig; und dabei hielt er die Zürcher Abendmahlsauffassung auf Anhieb für falsch. Liest man den Text im Zusammenhang des vorhin Gesagten, so ist ferner deutlich, dass er seine Aufgabe als Reformator auch darin sah, an einer Überwindung dieses Streits zu arbeiten und so der Gefahr des Auseinanderbrechens der evangelischen Kirche entgegen zu wirken. Deutlich ist auch, dass eine Überwindung dieses Streits für ihn sachlich nur unter einer Klärung des von Zwingli hinterlassenen Problems möglich schien. Die Frage war, wie unter der Voraussetzung des unwiederholbaren, weil ein für allemal dargebrachten priesterlichen Opfers Christi das Abendmahl dennoch zu verstehen ist als ein Geschehen in der Gegenwart Christi, der uns Anteil an sich gibt.

Indes hatte Calvin auch gegenüber Luthers Abendmahlslehre Bedenken und sah auch in ihr einen Grund dafür, dass eine «aufrichtige Konkordie in Ausrich-

---

364 A.a.O., 28,28; 29,1.
365 WA 30, III, 170.
366 CO 9, 51, in seiner 2. Schrift gegen Joachim Westphal: Secunda defensio (Anm. 465).

tung auf die reine Wahrheit Gottes» nicht zustande kam.[367] Dabei war der Ausgangspunkt Luthers ein ähnlicher wie bei Zwingli und Calvin: Nein zum Messopfer, weil es nach Hebr. 9,12.16; 10,14 keinen Priester gibt außer Christus allein, der sich zu unserer Erlösung geopfert hat. Opfern bedeutet für die *Gläubigen* immer Dankopfer in der Selbsthingabe an Gott.[368] Aber daraus zog Luther eine andere Konsequenz als Zwingli: Auch im *Empfang* der Frucht der Erlösung im Mahl handelt allein Christus an uns. Das «für euch *gegeben*» wurde damit für ihn zentral. Die Kritik am Messopfer richtete sich deshalb nicht wie bei Zwingli darauf, dass es als *Wiederholung* des Kreuzesopfers gilt, sondern darauf, dass es ein *Werk* an die Stelle der Gabe rückt. Dadurch trat die Anwesenheit von Leib und Blut Christi in den Elementen Brot und Wein für Luther so in den Vordergrund, dass daneben das zweite Moment der Mahlfeier, das des Dankopfers der Gläubigen, zurücktreten konnte. Immerhin sagte Luther somit das von Calvin bei Zwingli Vermisste. Calvin hatte schon in den zwanziger Jahren von ihm gelernt, dass das Abendmahl keine leere Zeichenhandlung sei, sondern eine in Gegenwart der in ihr bezeichneten Wirklichkeit.

Aber nun insistierte Luther, wie Calvin meint, umgekehrt derart auf die Gegenwart Christi in den *Elementen* des Mahls, dass er anscheinend von deren Umwandlung träume. Solche Umwandlung sei nach ihm möglich, wenn der Leib Christi einerseits unbegrenzt,[369] andererseits «örtlich» in die Abendmahlselemente eingebunden gedacht wird. Darum konnte er das Brot mit dem Leib Christi sogar in eins setzen.[370] Calvin erblickt darin ein Steckenbleiben im römischen Irrtum, und so wittert er auch bei Luther den Greuel der Hostienanbetung.[371] Er sieht bei ihm missverstanden, dass man um der gewiss richtigen Betonung des Geschenkcharakters des Heils willen nicht eine Wiederholung der «Fleischwerdung» in einer «Brotwerdung» behaupten muss. Und er sieht missver-

---

367 Zum Folgenden vgl. Calvins wichtigen Brief an Martin Bucer am 12.1.1538, CO 10, 139 f. = Correspondance des Réformateurs [...], hg. A.-L. Herminjard, Genève/Paris 1872, 4, 341 f. = Calvin, Briefe, 58 f.

368 So auch M. Luther, WA 8, 487, 6 f.; 492, 14–20; 493, 33–37; 599, 20 f.; WA 6, 365,27–366,4.

369 Wenn Calvin (vgl. Anm. 367) Anhänger Luthers marcionitisch vom Leib Christi reden zu hören glaubt, so bezieht sich das auf diesen Punkt: Der Leib in seiner geschöpflichen Begrenztheit muss negiert werden und Christus muss eine andere als die geschöpfliche Leiblichkeit bekommen, indem er mit dem Gottessohn vereint ist.

370 Vgl. das in Anm. 416 Nachgewiesene

371 Z. B. Calvin, Kleiner Abendmahlstraktat, CStA 1.2 (Anm. 346), 489, Z.36 f. Vgl. Brief an M. Bucer, Oktober 1549: CO 13, 431 ff. Dass das Brot der Leib Christi ist, sagt Luther in WA 11,441, 18–31. Vgl. überhaupt Luthers Schrift, Vom Anbeten des Sacraments des heiligen Leichnams Christi (1523), WA 11, 431–456.

standen, dass es im Abendmahl nicht um unsere irdisch-«leibliche» Ernährung geht, sondern um unsere *geistliche* Gemeinschaft mit dem gottmenschlichen, erhöhten Christus durch den Heiligen Geist.[372]

In seiner Sicht befinden sich also beide Seiten in dem Streit in einem je eigenen Irrtum. Was aber die Situation so schwierig mache, sei, dass jeder auf seiner Position beharre, ohne «dass ein jeder für sich seinen Irrtum anerkennt».[373] «Es kann nichts Gesundes geben, solange uns die Wut solchen Ehrgeizes treibt», wie sie Luther an den Tag lege. Würden die Zürcher wiederum nicht so stur auf ihre «vorgefasste Meinung», auf die nun einmal «bei ihnen gebräuchlichen Ausdrücke» festgelegt sein, «ich denke, Luther würde dann auch nicht so unnachgiebig sein, dass nicht eine Einigung leicht zu bewerkstelligen wäre!»[374] Aber nun sei jede Seite darauf bedacht, «ihre eigene Meinung zu verteidigen und die entgegengesetzte zu widerlegen, [...] ohne dass jemals die Einen die Anderen mit friedfertigem Herzen hätten anhören wollen».[375] Calvin geht es in der Absicht auf die Beilegung des Streits auch um die Klärung eines förderlichen *Verfahrens*: Man kann nicht aufeinander einreden, ohne aufeinander zu hören. Gewiss hilft kein Kompromiss zwischen den festgefahrenen Positionen. Es bedarf eines Neuansatzes für eine evangelische Erkenntnis des Abendmahls. Calvin schreibt an Bucer: «Also muss auf beiden Seiten die Erinnerung an das Vergangene begraben werden, wenn wir einen dauernden Frieden wollen. Der Kampf war zu scharf und zu bitter, als dass man daran erinnern dürfte, ohne wenigstens einen Funken wieder aufzustören.»[376]

Doch ist für Calvin die Hoffnung auf die Beilegung des Streits nicht zuerst im Vertrauen auf solch ein Verfahren begründet, sondern im Vertrauen darauf, dass das Abendmahl *selbst* sich auf Frieden und nicht auf Streit reimt. Wenn man nur klar davon ausgeht und immer weiter im Blick behält, dass das Abendmahl das Mahl der *Eintracht* ist, so müsste es doch möglich sein, ein Verständnis dessen zu finden, in dem das berechtigte Anliegen sowohl Zwinglis wie Luthers aufgegriffen und in dem darum zugleich ihr unterschiedlicher Fehler vermieden ist. Ja, Calvin glaubt in seinem Verständnis des Mahls unter jenem Doppelaspekt schon den Ansatz für eine Realisierung einer solchen Möglichkeit entdeckt zu haben. Demnach ist einerseits mit Luther gegen Zwingli zu sagen, dass das Abendmahl keine leere Zeichenhandlung ist. Denn darin wird uns die Gemeinschaft mit dem Leib und

---

372 Vgl. Anm. 367.
373 Die Zitate in diesem Abschnitt, sofern nicht anders angegeben, nach dem in Anm. 367 angegebenen Brief.
374 Calvin an Veit Dietrich, 17.3.1546, Calvin, Briefe, 336 = CO 12, 316.
375 Calvin, Kleiner Abendmahlstraktat (Anm. 346), 489, Z.25–27;30–32.
376 Calvin an Bucer (vgl. Anm. 367).

Blut Christi, d. h. mit Christus *selbst* und so mit seinen Gaben zuteil. Das geschieht durch den uns mit Christus verbindenden Geist, der tut, was er uns durch die Handlung verheißt und bestätigt. Und andererseits ist mit Zwingli gegen Luther zu sagen, dass die Gemeinde im Abendmahl auch ihre Gemeinschaft bekundet. Sie tut es, indem sie gemeinsam Gott allein die Ehre gibt und also nicht die Zeichen, sondern den in ihnen Bezeichneten anbetet. Aber sie tut das nicht in seiner Abwesenheit, sondern in Antwort auf die durch den Heiligen Geist vermittelte Gegenwart Jesu Christi. Das umschreibt Calvins Konzept, mit dessen Entfaltung er im Abendmahlsstreit zum Abendmahlsfrieden verhelfen wollte.

3. Calvins Kleiner Abendmahlstraktat (1541)

Der Anlass für die Abfassung des Traktats wird am Anfang und Ende der Schrift genannt: Das Werk der Reformation ist bedroht durch den Abendmahlsstreit Luthers und Zwinglis und Zwinglis Nachfolgern. Angesichts dessen will der Traktat der Verständigung der beiden Lager in dieser Frage und damit der Einheit der reformatorischen Kirche dienen. Er will die Bereitschaft fördern, sich gegenseitig anzuhören.[377] Und er hat die Absicht, «diesem unseligen Streit ein Ziel zu setzen oder ihn doch wenigstens zu beruhigen, bis er völlig entschieden sein wird».[378] Das schriftgemäß gefeierte Abendmahl selbst macht den Gedanken unerträglich, dass darüber unter den Evangelischen Zwietracht besteht. Ist es doch vom Haupt der Kirche dazu eingesetzt, «dass wir untereinander eine solche Liebe und Eintracht (concorde) üben sollen, wie sie die Glieder desselben Leibs haben müssen».[379] Was nach Calvin die Evangelischen an der römischen Messe *ablehnen* – die Behauptung einer Wiederholung des Opfers Christi und einer Umwandlung von Brot und Wein in Leib und Blut Christi –, das kann sie unter *sich* doch eigentlich nicht trennen.[380] Aber weil die evangelischen Kirchen nur in der Negation einig zu sein scheinen, leidet ihre Glaubwürdigkeit Schaden, wenn sie im positiven Verständnis des «heiligen Mahls» uneins sind. Calvin hält die Spaltungen für vom «Teufel angestiftet», um den Lauf des Evangeliums zu hindern «oder gar gänzlich zu stoppen».[381] Darum muss es in dem Streit um *Verständigung* gehen.

In dem Traktat redet er zu evangelischen Gemeinden, die wie er an dem Streit Anstoß nehmen. Er beschwört sie «im Namen Gottes», dennoch «kein Ärgernis

---

377 Kleiner Abendmahlstraktat (Anm. 346), 489.
378 A.a.O., 491.
379 A.a.O., 457.
380 A.a.O., 491.
381 A.a.O., 487,6–8.

daran zu nehmen, weil eine so große Meinungsverschiedenheit unter denen entbrannt ist, die doch als Anführer ausersehen waren, die Wahrheit wieder ins Licht zu stellen».[382] Ihnen, den evangelischen Gemeinden, die durch den Zwist verunsichert sind, will er eine Orientierung geben. Er weist damit darauf hin, dass eine Lehre wie die vom Abendmahl nicht ein Gegenstand von bloßen Fachdiskussionen unter Ausschluss der «Laien» sein darf und dass eine ökumenische Verständigung, wie sie durch den Dissens im Abendmahl geboten ist, unter Beteiligung der Gemeinden anzustreben ist.[383] Eine solche Beteiligung stand Calvin namentlich in den Schweizer Orten vor Augen. Am 19. Januar 1537 gaben Capito und Bucer Luther die Erklärung dafür, warum sich die Abendmahlsverhandlungen zwischen ihm und den Schweizern so in die Länge zogen: «Diese Brüder dürfen nämlich in kirchlichen Angelegenheiten in ihren Städten ohne den Großen Rat, wie sie ihn nennen (dieser besteht aus zweihundert), in den Landgemeinden ohne das ganze Volk nichts festsetzen.»[384] Indem Calvins Schrift der innerevangelischen Verständigung dienen will, will sie der *mündigen Gemeinde* verständlich sein. «Die einfache, populäre, für ungelehrte Leute berechnete Schreibart zeigt, was anfänglich meine Absicht war.»[385] Mit der Absicht auf Verständigung hängt der konstruktive Charakter dieser Schrift zusammen. Sie ist nicht ohne Kritik. Aber die Kritik ist eingebunden in die positive Unterrichtung über den guten Sinn des Mahls Jesu im Zusammenhang der gütigen Absicht Gottes zur Erhaltung seiner Kinder.[386] Die Gemeinde soll aus der in jenem Streit stagnierenden Situation, in der die «Gewissen verwirrt» werden,[387] heraus geführt werden. Sie soll erbaut werden, dem gemäß, dass das Abendmahl in besonderem Maße das die Gemeinde erbauende Geschehen ist.

Die Schrift erschien 1541 in Genf. Da Calvin erst am 13. September 1541 dorthin zurückkehrte, ist vermutet worden, dass er sie noch in Straßburg verfasst hat.[388] Dort hielt er sich auf, seit er im April 1538 nicht zuletzt deshalb von Genf vertrieben worden war, weil sich der Rat seinem Ansinnen widersetzte, diejenigen vom Abendmahl auszuschließen, «die den Eid auf das Glaubensbekenntnis nicht

---

382 A.a.O., 487.
383 Vgl. A.a.O., 443,13–20 – in der Darlegung der Absicht dieser Schrift.
384 E. Bizer, Studien zur Geschichte des Abendmahlsstreites im 16. Jahrhundert, Gütersloh 1940, 3. Aufl. Darmstadt, 1972, 183.
385 Brief Calvins an V. Dietrich am 17.3.1546, vgl. Anm. 374.
386 Kleiner Abendmahlstraktat (Anm. 346), 444–447.
387 A.a.O., 487.
388 So etwa P. Barth, in: OS I,500; J. Cadier, Calvin. Der Mann, den Gott bezwungen hat, Zollikon 1959, 131.

abgelegt hätten».[389] Ob dabei unter den Genfern auch das Argument eine Rolle spielte, dass das Abendmahl nicht mit solchen Verbindlichkeiten verknüpft werden könne, da sich die Protestanten über seine Bedeutung nicht einig seien? In dem Fall würde sich Calvin mit seiner Schrift, in der er für eine Einigung in der Abendmahlslehre wirbt, wohlüberlegt bei den Genfern zurückzumelden. Doch auch wenn das ihre Nebenabsicht ist, sie schaut über den Genfer Horizont hinaus. Calvin nahm von Straßburg aus an vier «Religionsgesprächen» mit römischen Vertretern teil. Er schloss dabei Freundschaft mit Melanchthon[390] und konnte darum als dem lutherischen Lager zugehörig erscheinen, weil er damals das Augsburger Bekenntnis von 1530 unterschrieb – anscheinend dieses Bekenntnis sogar in seiner ursprünglichen Fassung, die so genannte «Invariata», mitsamt ihrem gegenüber den Schweizern ablehnenden Abendmahlsartikel.[391] Das hinderte ihn nicht zu sagen: Beim Regensburger Religionsgespräch im April/Mai 1541 «verurteilte ich doch frei heraus, ohne Furcht, damit Anstoß zu geben, die leibliche Gegenwart [Christi in der Hostie] und fügte bei, die Anbetung [darum auch der Hostie] sei für mich etwas Unerträgliches».[392] Die Auseinandersetzung mit römischen Theologen machte ihm aber wohl auch das Problem der protestantischen Uneinigkeit in diesem Artikel verschärft bewusst. Obwohl seine Nähe zu den Lutheranern bei den Schweizern Misstrauen hervorrief,[393] gab er auch Luther an der Uneinigkeit Schuld, wegen seines Pochens auf eine «räumliche Gegenwart» des Leibes Christi im Abendmahlsbrot.[394]

In der zweiten Fassung der Institutio, die im August 1539 erschien, hatte er bereits diese Kritik ausgesprochen.[395] Als Luther in seinem Brief vom 14. Oktober 1539 an Bucer auch Calvin freundlich grüßen ließ und schrieb, eine Schrift von ihm «mit großem Vergnügen» (singulari voluptate) gelesen zu haben,[396] ver-

---

389 Cadier, 97.

390 Brief an Farel, März 1539, Calvin, Briefe, 110 (= CO 10, 330 f.): Schon beim Religionsgespräch in Frankfurt im April 1539 einigten sich beide im Verständnis des Abendmahls, nachdem Calvin ihm einige Artikel darüber vorgelegt habe.

391 Vgl. E. Stähelin, Johannes Calvin. Leben und ausgewählte Schriften, Bd. 1, Elberfeld 1863, 234

392 Brief an Farel vom 11.5.1541, Calvin, Briefe, 191 (= CO 11, 215 f.). Im Brief an Farel vom 12.5.1541, a. a. O., 192 f. (= CO 11, 217 f.) klagt Calvin über die lutherische Nachgiebigkeit an diesem Punkt.

393 P. Henry, Das Leben Calvins des großen Reformators, Erster Band, Hamburg 1835, 266.

394 Davon war in der lateinischen Version von Art. 10 der Confessio Augustana von 1530 nicht die Rede. Vgl. auch oben bei Anm. 370–372.

395 Institutio, OS V, 385, Anm. e.

396 Martin Luthers Briefe, Sendschreiben und Bedenken, 5. Theil, hg. von W. M. L. de Wette, Berlin 1828, 211.

stand Calvin das als eine Zustimmung zu seiner Abendmahlslehre einschließlich ihrer Kritik an jener Auffassung Luthers, und er schrieb an Farel: Melanchthon habe durch Boten erzählen lassen, man habe Luther, um ihn gegen Calvin aufzuhetzen, gezeigt, wie scharf er von diesem getadelt werde.

«Er [Luther] habe also die Stelle näher angesehen und gemerkt, dass sie ohne Zweifel auf ihn gehe. Schließlich habe er gesagt: Ich hoffe, er wird einmal besser von uns denken; es ist nur billig, dass wir von einem so tüchtigen Geist einmal etwas hinnehmen. Wenn uns nun solche Mäßigung nicht überwände, wir müssten wahrlich von Stein sein. Ich bin überwunden.»[397]

Umso mehr lag es Calvin daran, nun auch die Zürcher zu bitten, wie er es am 12. März 1540 an Zwinglis Nachfolger, Bullinger, schrieb, sie möchten dem doch nicht im Wege stehen, «dass alle Kirchen, in denen wir dem Wort Gottes zu dienen haben, getreulich unter sich übereinstimmen».[398] In *dieser* Situation lässt sich die Abfassung von Calvins Traktat denken. In ihr wird sein Einigungsversuch verständlich, der seine Größe darin hat, dass er nicht nur benennt, worin beide Seiten fehlen, sondern auch hervorhebt, worin er die verliehenen Gaben Gottes auf beiden Seiten sieht.[399] In ihr wird seine eigene These von der Gegenwart Christi im Abendmahl begreiflich, die sowohl die (Wittenberger) Auffassung von einer *räumlichen* Gegenwart von Leib und Blut Christi in Brot und Wein ausschließt wie auch die (Zürcher) Gegenthese von den «leeren Zeichen» ohne Teilhabe der Gläubigen an dem beim Abendmahl gegenwärtigen Christus.

Doch nun bemerkte er am 17. März 1546, als er auf den Dank des Nürnberger Lutherschülers Veit Dietrich für seinen Traktat antwortete, er habe diesen «vor 10 Jahren» abgefasst.[400] Das weist ins Jahr 1536. Ob ihm da ein Irrtum unterlaufen ist?[401] Gegen das frühe Datum scheint zu sprechen, dass Calvins Schrift von dem «etwa fünfzehn Jahre» während protestantischen Abendmahlsstreit redet,[402] was auf die Debatte zwischen Luther und Zwingli 1526 anspielt und also an das Jahr 1540/41 als Datum der Niederschrift denken lässt. Auch bleibt bei einer Frühdatierung dunkel, weshalb Calvin mit der Publikation dann nahezu vier Jahre wartete. Jedoch könnten sich die Einwände auch ausräumen lassen, und

---

397 Brief an Farel am 20.11.1539 (nach CO: 12.12.1539), in: Calvin, Briefe, 136 f. (= CO 10/2, 432). Vgl. OS V, 352, Anm. k.
398 Brief an Bullinger, in CO 11,28.
399 Kleiner Abendmahlstraktat (Anm. 346), 491.
400 Calvin, Briefe, 335, = CO 12, 316.
401 P. Barth, in: OS 1,500: Praef. zu Petit traicté de la Saincte cene de notre Seigneur Iesus Christ.
402 Kleiner Abendmahlstraktat (Anm. 346), 489.

dann könnte Calvins Zeitangabe als zutreffend angesehen werden. Die Entstehung der Schrift wäre somit in einer etwas anderen Situation zu suchen.

Um eine Verständigung über die abweichenden Abendmahlslehren der Wittenberger und der Schweizer bemühten sich vor Calvin schon die Straßburger, namentlich Martin Bucer. Nachdem dieser in den lateinischen Text der Abendmahlsartikel des ersten Helvetischen Bekenntnisses vom Februar/März 1536 lutherische Wendungen zu bringen verstand,[403] war er Ende Mai die treibende Kraft bei den Wittenberger Verhandlungen über eine Abendmahls-«Konkordie» zwischen beiden Seiten.[404] Der für Luther entscheidende Satz darin lautet: «das mit dem brot und wein warhafftig und wesentlich zu gegen sey, vnd dargereicht und empfangen werde, der leib und das blut Christi». Ein Entgegenkommen gegenüber den Schweizern zeigt sich allenfalls darin, dass die Konkordie die Gegenwart Christi im Mahl nicht als «räumliche» bezeichnet; und in Rücksichtnahme auf das Schweizer Interesse am Verständnis des Mahls als geistlichen Glaubensakt sagt sie – nicht wie bisher, dass auch die *Gottlosen*, sondern, dass auch die *Unwürdigen* wahrhaft Leib und Blut Christi empfangen, «so man des Herrn Christi einsetzung [...] hellt». Ob «Luther seinen Gegnern» damit «weit» entgegengekommen war?[405] Jedenfalls verlangte er von den Schweizern mit der Annahme der Konkordie einen Widerruf ihrer bisherigen Anschauungen.[406] Um die Konkordie den Schweizern zu vermitteln, verheimlichte Bucer ihnen freilich diese Bedingung Luthers und suggerierte ihnen die Übereinstimmung der Konkordie mit dem Ersten Helvetischen Bekenntnis.[407] Unter dieser falschen Voraussetzung einigten sie sich nach langen Verhandlungen am 14. November 1536 auf ein Antwortschreiben an Luther, worin sie die «Annahme der Konkordie nach Maßgabe der Schweizer Konfession und der bisherigen Lehre» bekundeten.[408] Dabei lehnten sie zwar die «Entleerung des Sakraments zum bloßen Zeichen» ab. Aber vor allem wandten sie sich gegen die «Verwechslung des Zeichens mit der Sache selbst». Sie bejahten die in den Zeichen verkündete, sich schenkende Gegenwart Christi im Mahl «zur Spis der Seelen», verneinten aber, dass «man ihn esse substanzlich (das ist liblich und fleischlich)».[409] Die Zürcher kämpften beharrlich gegen den – nach Luther wie nach Calvin notwendigen – Begriff der Teilnahme an der «Substanz» Christi im Abendmahl. Wie der Zusatz in der Klammer zeigt, meinten die

---

403 Vgl. E. F. K. Müller, Art. Helvetische Confessionen, in RE 3. Aufl., 7, 641 f.
404 Bizer, Studien (Anm. 384), bringt 117 f. den Text der Konkordie.
405 A.a.O., 128.
406 A.a.O., 99. 145.
407 A.a.O., 149. 172.
408 A.a.O., 172.
409 71 A.a.O., 176.

Zürcher indes etwas anderes als zumindest Calvin. Sie verstanden darunter so etwas wie einen physisch-materiellen Verzehr Christi.[410] Doch empfange der, wer «mit wahrem rechtem Glauben» isst und trinkt, die verheißene Gabe, während die Unwürdigen, die «ohn gerechten Glauben» teilnehmen, sie sich zum Gericht essen und trinken.[411]

Die Straßburger fügten dem Schweizer Schreiben am 19. Januar 1537 einen Brief bei, in dem sie Luther erklärten: Dass sie die Schweizer im Glauben gelassen hätten, mit der Annahme der Konkordie in Kontinuität mit ihrem bisherigen Bekenntnis zu stehen, sei aus taktischen Gründen geschehen.[412] Als der Brief bekannt wurde, war Bucer unter den Schweizern als «ehrlicher Makler»[413] nicht mehr anerkannt.[414] Und als Ende 1537 in Bern der Zwinglianer Megander entlassen wurde, vermutete Calvin dahinter ein neues Ränkespiel Bucers: Seine «fälschlich fromm genannte Schlauheit», mit der er sein Einigungswerk betrieben habe, lasse dieses nicht zum Ziel kommen.[415] Verschärft wurde die gespannte Situation, als Luther im Februar 1537 in seinen Schmalkaldischen Artikeln einen schroffen Abendmahlsartikel vorlegte, der demonstrierte, dass er die Konkordie nur als eine Stufe zum Übertritt zu seiner Lehre auffasste – und er sagte nun geradezu das Unerhörte: «Brot und Wein im Mahl *ist* wahrer Leib und Blut Christi» (Panem et vinum in coena esse verum corpus et sanguinem Christi).[416] Die weiteren Abendmahlsverhandlungen der Schweizer 1537/1538 waren von dieser Erschwerung einer Konkordie provoziert und geprägt.

Calvins Verständnisbemühung in der Abendmahlsfrage greift die der Straßburger so auf, dass er den bestehenden Dissens nüchterner anvisiert und sich hier erst recht als «ehrlicher Makler» betätigen will. Dabei war er über die Schweizer Verhandlungen im Blick auf eine Konkordie mit den Lutheranern auf dem Laufenden. Vier Mal taucht in diesem Zusammenhang der Name des ja erst 27-jährigen Reformators auf. Am 17.10.1536 war er in Bern bei Vorbereitungen für je-

---

410 Auch Bucer und Capito klagten in ihrem Brief vom 19.1.1537 an Luther über dieses Missverständnis der Zürcher, vgl. Bizer, Studien (Anm. 384), 182.

411 Bizer, a. a. O., 176–178.

412 A.a.O., 180–185.

413 So würdigt Bizer, a. a. O., 185 unzutreffend Bucers Verdienst.

414 A.a.O., 201.

415 Calvins Brief vom 12.1.1538 an Bucer, Calvin, Briefe (Anm. 368), 58–64; die latein. Fassung des Briefes bei Herminjard, Correspondance (ebd.), 2,338–349, = CO 10, 139 f.

416 BSLK 450 f. Die These, dass Luther mit der Konkordie den Abschied der Schweizer von ihrer bisherigen Lehre verlangte, vertritt H. Grass, Abendmahlslehre (Anm. 461). So auch G. W. Locher, Die Zwinglische Reformation im Rahmen der europäischen Kirchengeschichte, Göttingen/Zürich 1979, 343, gegen Bizers Deutung, der in: Studien (Anm. 384), 228 und 233 das Scheitern der Konkordie allein den Zwinglianern anlastet.

nes Antwortschreiben an Luther anwesend.[417] Im Mai und im September 1537 nahm er an zwei Berner Synoden teil.[418] An der ersten wurde – vergeblich – der Versuch gemacht, die jetzt in der Konkordienfrage gespaltene Berner Theologenschaft zu einigen. Bei der letzteren legte Calvin eine «Confessio fidei de Eucharistia» (Glaubensbekenntnis über das Abendmahl) vor, die die Zustimmung der Straßburger[419] wie der Zürcher[420] fand. Darin findet sich Calvins Kernsatz, dass uns «unter den Zeichen von Brot und Wein» im Mahl «die Substanz des Fleisches und Blutes des Herrn wahrhaftig zur Unsterblichkeit nährt und durch die Teilhabe daran lebendig macht». Die Formulierung zeigt, dass Calvin im Unterschied zu den Zwinglianern den Begriff «Substanz» nicht fallen lässt, aber ihn anders fasst. Nicht darum geht es, ob Fleisch und Blut Christi physisch («substantialiter») Brot und Wein sind oder nicht, sondern darum, dass im Abendmahl uns die «Substanz» des Fleisches und Blutes *Christi* nährt. «Substanz» heißt hier wie bei den Straßburgern: Christus selbst – substantiam voco Christum, wie Calvin 1543 in der Institutio IV 17,11 einfügt. Dabei bezeichnet bei ihm «vere», «wahrhaft» nun auch nicht eine physisch-substanzhafte Verbindung von Fleisch und Blut Christi mit Brot und Wein. Aber es bezeichnet auch nicht eine «durch das gläubige Gemüt» hergestellte Wirklichkeit der Gabe. Es bezeichnet die durch die *Substanz* von Fleisch und Blut Christi, also durch ihn *selbst* bewirkte Realität der Heilsgabe.[421] Kurz, «Substanz» heißt: Christus ist das Subjekt, der sich selbst gibt zur Teilnahme an ihm selbst. So ist es ein «geistliches» Mahl, in dem es um die geistliche Gemeinschaft mit Christus geht, in seiner Gegenwart, in der *er* seine Gemeinschaft «allen anbietet und gewährt (offert et exhibet), die es recht (rite) feiern gemäß seiner wirklichen Einsetzung».[422] Calvin vermeidet somit die Gefahr, die die Wittenberger bei den Schweizern befürchteten: dass die Gabe im Abendmahl vom «gläubigen» Umgang mit ihr abhängig gemacht wird. Wiederum vermeidet Calvin einen Sakramentalismus, wie ihn die Schweizer bei den Wittenbergern vermuteten – so, dass die Gabe darum als wirklich und wirksam gilt, weil ihr eine physisch-leibliche Realität zugesprochen wird. Calvin betont

---

417 Bizer, Studien (Anm. 384), 161 f. Capito und Bucer ließen hier die Aufstellungen passieren: 1) Leib und Blut Christi sind im Mahl nur «geistlicher Weise» «substantialiter» gegenwärtig; 2) in dem nach «Christi Ordnung» ausgeteilten Mahl wird Christus «allein durch dz gläubig gemüt warlich [...] empfangen.»

418 Bizer, Studien (Anm. 384), 204–207.

419 Texte der von Calvin verfassten Confessio und der Zustimmung von Capito und Bucer in OS 1,433 f. K. Barth, Theologie der reformierten Bekenntnisschriften 1923, Zürich 1998, 264–270 lobt die Confessio als ein Meisterwerk.

420 Henry, Das Leben Calvins (Anm. 393), 183.

421 So verstehen auch die Straßburger Substanz, vgl. Bizer, Studien (Anm. 384), 122.

422 Calvin, Kleiner Abendmahlstraktat (Anm. 346), 437.

demgegenüber: Ja, Christus ist im Mahl *anwesend*, aber *geistlich* anwesend. Nach ihm ist der Geist das «Band», das das räumlich Getrennte vereint, nämlich uns mit dem in den Himmel erhöhten Leib Christ.

Ein viertes Mal war der eben in Genf vertriebene Calvin zusammen mit Bucer bei den Zürcher Abendmahls-Verhandlungen vom 28. April bis zum 3. Mai 1538.[423] Das Resultat war ein neuer Brief an Luther, in dem das Zweifache zugunsten einer Konkordie erklärt wurde: zum einen die Freude über Luthers Zustimmung zur Abendmahlslehre im ersten Helvetischen Bekenntnis, zum anderen die Erklärung der Schweizer darüber, dass im Abendmahl nicht «leere Zeichen», sondern Leib und Blut Christi empfangen werden, jedoch recht «allein durch das gläubige Gemüt».

Wurde Calvins Traktat 1537 verfasst, so wäre das im Umfeld der Berner September-Synode vorstellbar. In dieser Situation lässt sich seine Bemerkung begreifen, dass in Sachen des Abendmahls zwischen Wittenberg und den Schweizern «noch kein Formular veröffentlicht worden» sei, «worin eine Übereinstimmung (concorde) endgültig festgehalten ist, was sehr notwendig wäre».[424] In ihr lässt sich auch sein Plädoyer für eine Zusammenkunft «aller» in dieser Sache Engagierten zum Zweck einer Übereinkunft nun auch gut vorstellen, wie auch sein Vorschlag für eine solche gemeinsame Formel:

«Wir bekennen mit einem Munde, dass wir, wenn wir gemäß der Einsetzung des Herrn im Glauben das Sakrament empfangen, wahrhaft der wirklichen Substanz (la propre substance) des Leibes und Blutes Christi teilhaftig werden.»[425]

Hier findet sich Calvins Fassung der umstrittenen Begriffe «Substanz» und «wahrhaft». Klar ist, dass die Feier in der Gegenwart Christi geschieht und somit Teilhabe an seinem Leib und Blut, vielmehr an deren «Substanz», also an Christus selbst, gewährt. Bei der Frage, wie sich Leib und Blut Christi zu Brot und Wein verhalten, ist alles auf die Aussage reduziert, dass solche Teilhabe geschenkt wird, wenn das Mahl «nach der Einrichtung des Herrn» gefeiert wird. In der Frage des wirksamen Empfangs der verheißenen Gaben kombiniert die Formel das Anliegen der Wittenberger und Schweizer. Sie tut das, indem Calvin den Text der Wittenberger Konkordie, nach der Leib und Blut wirklich und wirksam im Mahl empfangen werden, durch das Stichwort der Schweizer (beides werde empfangen «durch das gläubige Gemüt») ergänzt: Das geschieht, wenn «das Sakrament nach

---

423 Bizer, Studien (Anm. 384), 219–222.
424 Calvin, Kleiner Abendmahlstraktat (Anm. 346), 493,Z. 1 f.
425 Ebd., Z. 7–10.

der Einsetzung des Herrn im Glauben»[426] empfangen wird. – Wann auch immer die Schrift verfasst ist, ihr theologiegeschichtlicher Hintergrund sind die Schweizer Konkordieverhandlungen, an denen Calvin beteiligt war.

Am 1. Januar 1545 erschien die lateinische Übersetzung des Traktats, hergestellt von Calvins Sekretär Nicolas des Gallars.[427] Dadurch wurde die Schrift auch der nicht Französisch sprechenden Theologenschaft zugänglich.[428] Luther hat sie noch im Erscheinungsjahr «zu Gesicht bekommen und durchaus gebilligt», wie Calvin Anfang 1546, noch zu Lebzeiten Luthers, in einem vom Zürcher Kirchenhistoriker Hospinian überlieferten Brief berichtet:

Als das Büchlein «in das Lateinische übersetzt worden war, brachte es [der Buchhändler] Moritz Goltsch im Jahre 1545 von der Frankfurter Frühlingsmesse nach Wittenberg und händigte es dort Luthern ein, als dieser ihn nach den buchhändlerischen Neuigkeiten fragte. Da wird mir nun von den zuverlässigsten Zeugen gemeldet, dass er beim Lesen in die Worte ausgebrochen sei: ‹Wahrhaftig! dieser Mann urtheilt nicht übel. Ich für meinen Theil wenigstens nehme an, was er von mir sagt. Wollten die Schweizer dasselbe thun, so dass eine jede Partei mit Ernst ihr Unrecht anerkennte und wieder zurücknähme, so hätten wir jetzt den Frieden in diesem Streite.›»[429]

Nach dem Bremer Philippisten Christoph Pezel[430], wohl aufgrund einer anderen Quelle[431], empfahl Goltsch Luther die Schrift mit den Worten,

sie zeige, «worinnen ewer Ehrwürden/worinnen aber Zwinglius vnnd Oecolampadius im Streit vom heiligen Abendmahl sollen zu weit gangen seyn». Nach Lektüre des ersten und

426 Vgl. Bizer, Studien (Anm. 384), 117 f.

427 E. Doumergue, Jean Calvin, les hommes et les choses de son temps, Neuilly 1926, Bd. 2,436. In seinem Brief an V. Dietrich vom 17.3.1546 in: Calvin, Briefe, 335 (= CO 12, 315) spricht er von zwei lateinischen Übersetzungen, die «ohne meine Wissen» veranstaltet wurden.

428 Henry, Leben Calvins (Anm. 420), 285 zitiert je eine zustimmende und kritische Stellungnahme von deutschen Zeitgenossen.

429 R. Hospinian, Historiae Sacramentariae, pars posterior, Zürich 1598–1602, hier zitiert nach der Ausgabe Genf 1681, p. 312. Die oben zitierte deutsche Version bei Stähelin, Johannes Calvin (Anm. 391), 226 f.

430 Res accurate, vere et cum fide a Christophoro Pezelio narratae anno 1590; deutsch: Außführliche/warhaffte/vnd bestendige Erzehlung […], durch Chr. Pezelium, Newstadt 1600, 5. 138.

431 Stähelin, Johannes Calvin (Anm. 391), 227, der die deutsche Übersetzung des fraglichen Passus bietet, hält ihn für eine legendäre Ausschmückung des Berichtes von Hospinian (Anm. 429). P. Barth, der OS 1, 500 f. die lateinische Fassung abdruckt, hält sie für glaubwürdig. Er beruft sich dafür auf J. Köstlin, Martin Luther. Sein Leben und seine Schriften, Bd. 2, Elberfeld 1875, 590. Pezel nennt Luthers «Tischgenoß» M. Stoius als seinen Gewährsmann.

letzten Teils habe Luther über Calvin bemerkt: «Er ist gewiss ein gelehrter vnnd frommer Mann/dem hette ich anfänglich wol dörffen die gantze Sache von diesem Streit heimstellen/Ich bekenne meinen theil/wenn das Gegentheil [sc. Zwingli, Oecolampad] dergleichen gethan hette/weren wir bald anfangs vertragen worden.»

Man darf annehmen, dass diese Reaktion des alten Luther Calvin einen Anstoß gab, die Einigung mit den Zürchern in der Abendmahlslehre zu suchen, die dann 1549 im Consensus Tigurinus (Zürcher Übereinkunft) erfolgte.[432]

4. Die Übereinkunft mit den Zürchern in der Abendmahlslehre (1549)

Es ist verwunderlich, dass es zur Aufspaltung der reformatorischen Kirche in die lutherische und reformierte Konfession nicht an den Punkten kam, an denen man es von späteren Zeiten her vermuten würde: nicht in der Frage der Stellung zur ewigen Erwählung, zu «Gesetz und Evangelium», zu «Rechtfertigung und Heiligung», zum Verhältnis der biblischen Testamente oder von «Kirche und Staat», nicht einmal in der Tauflehre.[433] Zum Bruch kam es allein durch die Abweichungen in der *Abendmahlslehre*. Diese wurde wohl im Zusammenhang mit der Christologie als deren innerer Voraussetzung diskutiert. Doch nicht die Christologie als solche war Gegenstand des Streites, sondern diese in ihrer Tragweite für das Abendmahlsverständnis. Die «Gschicht/von dem Vrsprung vnd Fürgang der grossen zwyspaltung/[…] von wägen deß Herren Nachtmals» des Zürchers Ludwig Lavater von 1564[434] macht einem das in seiner Härte bewusst. Kaum war die Abgrenzung gegenüber Rom auch nur einigermaßen vollzogen, so war nun dies *das* Thema, das innerhalb der evangelischen Kirche das erbittert umstrittene Kampffeld wurde. Dadurch zerfiel die protestantische Kirche in zwei Konfessionen, und die orthodoxe Ära begann. Und nicht zu vergessen: Dabei geriet auch die lutherische Kirche in *sich* in eine Zerreißprobe. Indem Melanchthon und

---

432 Der in Anm. 374 genannte Brief an Veit Dietrich legt das nahe. Vgl. Stähelin, Johannes Calvin (Anm. 391), Bd. 2, 112–124.

433 Vgl. Barth, Theologie der reformierten Bekenntnisschriften (Anm. 419), 238–257. Dass es in der Tauflehre nicht zum Streit kam, ist verwunderlich, da die Reformierten hier ja dieselbe Sakramentslehre vertraten. Vielleicht wollten die Lutheraner nicht daran rühren, weil beide in der Ablehnung der Täufer übereinstimmten.

434 Der volle Titel des Werkes von L. Lavater: Historia/Oder gschicht/Von dem vrsprung vnd fürgang der grossen zwyspaltung/so zwüschend D. Martin Luthern an eim/vnd Huldrychen Zwinglio am anderen teil/auch zwüschend anderen Gelerten/von wägen deß Herren Nachtmals gehalten hat/vnd noch haltet/Von dem jar des Herren/1524 an/biß vff das 1563, Zürich 1564.

seine Schüler zur reformierten und speziell calvinischen Auffassung in dieser Frage neigten, wurden Melanchthons Nachfolger, teils mit brachialer Gewalt, aus der lutherischen Kirche vertrieben; und sie fanden bei Reformierten Zuflucht. Die Abgrenzung war so schroff, dass manche Lutheraner, wenn, dann lieber mit den Römischen als mit *diesen* Evangelischen zusammenspannen wollten. Andererseits bot Zürich Melanchthon Asyl an. Und Calvin, der von Zürich her lange Zeit für einen Lutheraner gehalten wurde, war nun auf einmal eines der Häupter der sich jetzt erst recht formierenden reformierten Kirche.

Mitten während des altprotestantischen Abendmahlsstreits erfolgte in Zürich «die gegenseitige Übereinkunft» zwischen den Zürcher und Genfer Geistlichen «in der Abendmahlslehre» – die *Consensio mutua in re sacramentaria*, seit Georg Benedict Winter (1824) Consensus Tigurinus (Zürcher Übereinkunft) genannt.[435] Die Forschung schwankt in der Einschätzung dieser bekenntnismäßigen Vereinbarung: Ist dieser Konsens nichts als der vielleicht sogar auch von Calvin bewusst in Kauf genommene Auslöser für den zweiten Abendmahlsstreit, nach dem ersten zwischen Luther und Zwingli, nunmehr mit endgültig verhärteten Fronten der zwei großen evangelischen Konfessionen?[436] *Oder* ist er eine leider verpasste Chance, in der die Verheißung für einen Frieden zwischen den beiden Zweigen der Reformation lag, die vorderhand aber zum Schaden der protestantischen Kirchen nicht ergriffen wurde?[437] So oder so, der Streit fand in einer für diese Kirchen höchst gefährlichen Situation statt: Im Augsburger Interim 1548 nach der Niederlage im Schmalkaldischen Krieg standen die Lutheraner vor der Existenzfrage. Mit dem Herrschaftsantritt Heinrichs II. in Frankreich setzte 1547 die Hugenottenverfolgung ein. Und Rom rüstete sich im Trienter Konzil zur Gegenreformation und nahm dort 1547 in der Abendmahlslehre dogmatische Festlegungen vor.

Doch hatte sich schon zuvor ein anscheinend nicht mehr heilbarer Bruch zwischen Wittenberg und Zürich gezeigt. Am 31. August 1543 bedankte sich Luther bei dem Buchdrucker Froschauer für die Zusendung einer neuen lateinischen Bibelübersetzung mit seinem Aufruf an die Zürcher, ihre «falschen, verführerischen Prediger» loszuwerden.[438] 1545 veröffentlichte er seine Schrift «Kurzes Bekenntniß vom heiligen Sacrament», in dessen grober Polemik immerhin das als sein sachliches Anliegen erkennbar ist: Im Sakrament des Abendmahls sei Christi

---

435 U. Gäbler, Art. Consensus Tigurinus, TRE 8, 189.

436 So die Deutung etwa von Bizer, Studien (Anm. 384) oder in anderer Weise von Barth, Reformierte Bekenntnisschriften (Anm. 419).

437 Vgl. z. B. W. Nijenhuis, Calvinus oecumenicus, 112–131.

438 M. Luthers Briefe, Sendschreiben und Bedenken, hg. von W. M. L. de Wette, 5. Th., Berlin 1828, 587.

Leib «leiblich und wahrhaftig da»,[439] so wahr Gott tut, was er (d. h. Christus in den Einsetzungsworten) sagt, so wahr Gottheit und Menschheit in Christus untrennbar sind.[440] Im selben Jahr stellte Bullinger dem das «Zürcher Bekenntnis» entgegen. Darin heißt es wohl, dass Leib und Blut Christi Speise und Trank für unsere Seelen zum ewigen Leben sind, dass Christus im Abendmahl, wenn auch in himmlischer, nicht irdischer Weise, gegenwärtig ist und dass uns die Zeichen des Sakraments auch seine Gnade bezeugen.[441] Aber der Ton liegt hier darauf, dass «die glöubige seel deß menschen», ja, «die glöubige ynbildung [...] dem glöubigen Gmüt gegenwürtig [macht] die einist beschächnen sachen unnseres heils».[442] Der zum Abendmahl schon mitgebrachte *Glaube* «machet die glöubigen teilhafftig» aller in Christi Tod erworbenen Güter.[443] *Er* «spyßt unnd erhalt die glöubigen zuo dem ewigen läben».[444] *Er* bezeugt in den Zeichen des Sakraments dankbar sich selbst und «vereiniget sich in ein lyb und gmeind».[445]

Der Gegensatz in der Abendmahlslehre betraf, worauf gerade Luther insistierte,[446] nicht bloß *einen* Punkt bei ansonsten bestehender Einigkeit. In dieser Lehre sah vor allem die lutherische Seite eine tiefreichende Uneinigkeit zum Vorschein kommen.[447] Konnte es einen Ausweg geben aus der verfahrenen Situation? Für die nötige Schlichtungsaufgabe fiel nunmehr Bucer aus, der zuvor der Vermittler zwischen Wittenberg und den Schweizern war, den aber die letzteren jetzt als solchen ablehnten.[448] Zudem war er seit 1548 in Straßburg so unter Druck geraten, dass er Anfang 1549 die Stadt verlassen musste. Es war *Calvin*, der die treibende Kraft beim Zustandekommen des Zürcher Konsenses war. Er ging dabei an Bern vorbei. Denn damals hatte eine lutherische Partei dort zwinglianische Pfarrer vertrieben; und das dortige Regiment empfand Calvin als Hindernis für eine vollständige politische Vereinnahmung der Waadt und möglichst auch Genfs und widerstand ihm darum. Aber Zürich! Von dort, speziell von Bullinger, erging ja der Hauptwiderstand gegen die Wittenberger Abendmahlslehre, wie das Zür-

---

439 M. Luther, Kurzes Bekenntniß vom heiligen Sacrament, WA 54, 153,26–28.
440 A.a.O., 157 f.
441 Müller, Die reformierten Bekenntnisschriften (Anm. 361), 154 Z. 10 f.; Z. 19–21; 158 Z. 29 f.
442 A.a.O., 159 Z. 9; 156 Z. 29–31.
443 A.a.O., 156 Z. 35 f.
444 A.a.O., Z. 40 f.
445 A.a.O., 158 Z. 31–34.
446 Luther, Kurzes Bekenntniß (Anm. 439), WA 54, 161, 31 ff.
447 Sie ging so tief, dass wie Calvin (vgl. Lavater, Historia – Anm. 434 –, 119 f.) erschrocken vermerkte, 1557 lutherische und römische Theologen beim Wormser Religionsgespräch gemeinsam Front gegen die «Zwinglianer» machten.
448 Bizer, Studien (Anm. 384), 201.

cher Bekenntnis von 1545 demonstrierte. Dort war man indes abgeneigt gegen neue Abendmahlsgespräche, in Verärgerung über die schroffen Angriffe Luthers wie über die zweideutige Vermittlerrolle Bucers. Man misstraute dort auch Calvin, dem Freund Bucers. Bullinger rechnete ihn noch während der Verhandlungen den «Lutherani» zu[449] und warf auch ihm Spitzfindigkeit und Doppelzüngigkeit vor. Calvin antwortete ihm sanft:

«Was nützt es, wenn wir miteinander streiten? [...] Obwohl mir nun eine innigere Gemeinschaft mit Christus im Sakrament, als du sie in deinen Worten ausdrückst, feste Überzeugung ist, so wollen wir deswegen nicht aufhören, denselben Christus zu haben und in ihm eins zu sein. Vielleicht wird es uns doch einmal gegeben, uns zu vollständigerer Übereinstimmung zusammenzufinden.»[450]

Anfang 1547 hatte Bullinger mit Calvin eine Diskussion über das Abendmahl eröffnet[451], indem er ihm dazu ein Manuskript übergab. Calvin nahm dazu kritisch Stellung: «Du behauptest, das Brot sei ein Symbol. Das meinen wir auch. Du leugnest aber, dass uns damit auch wirklich der Leib Christi dargereicht werde.» Dagegen meine er, Calvin: Es reicht dar, was es darstellt. Wohl bewirke das Gott allein, «aber durch Vermittlung der Sakramente».[452] Erst über ein halbes Jahr später antwortete Bullinger, abweisend schroff. Nach einem weiteren, enttäuschend verlaufenden Besuch Calvins in Zürich[453], legte dieser am 26. Juni 1548 sein Abendmahlsverständnis Bullinger näher dar. Er tat es so, dass er den Zürchern versicherte, dass damit das von ihnen Verneinte auch von ihm abgelehnt sei: eine Übertragung des Wirkens Gottes auf die Elemente und eine Leugnung der Existenz der Menschheit Christi im Himmel. Mit dem einst Mensch Gewordenen, jetzt in der Welt Gottes Verborgenen verbinde uns allein der Heilige Geist. Erst im November sandte Bullinger den Text zurück, aufgeteilt in 24 Thesen (Propositiones)[454], mit kritischen Anmerkungen versehen. Darin lehnte er das Verständnis der Sakramente als «Werkzeuge» der Gnade ab. Denn das heiße, dass die Gnade an sie gebunden und «zugleich» (simul) mit ihnen geschenkt ist. Calvin stellte Anfang 1549 in seiner «Antwort auf die Anmerkungen Bullingers» (Responsio ad annota-

---

449 Lateinisch in: CO 7, 713.
450 Calvin, Briefe, 412 f. (4.3.1548), Lateinisch in: CO 12, 666.
451 Eine genauere Darstellung der folgenden Verhandlungen bei Bizer, Studien (Anm. 384), 251–270.
452 Lateinisch in: CO 12, 488.
453 CO 12, 725.
454 Ioannis Calvini Propositiones de sacramentis. Annotationes breves adscripsit Henricus Bullingerus, CO 7, 693–700.

tiones Bullingeri)[455] klar: Gewiss bewirkt allein der Geist, dass das sakramentliche Werkzeug keine leere Zeichenhandlung ist; und das «simul» des Wirkens des Geistes und seiner Benutzung der Werkzeuge meine das *Sachliche*, dass wir an dem durch das Zeichen Bezeichneten so wahrhaft Anteil bekommen, «ebenso wie» (similiter) wir das Zeichen empfangen.[456] Darauf antwortete Bullinger: «Wir haben Frieden!»[457] – und akzeptierte nunmehr Calvins Verständnis der Sakramente als Werkzeuge des Geistes: In der Tat, Gott handle – gemäß 1. Kor. 3,5–9 – geradezu in «Kooperation» mit Instrumenten, sodass sie nicht vergeblich tun, wozu sie Gott eingesetzt hat, nämlich zur Besiegelung des göttlichen Tuns.[458]

Zur selben Zeit richtete Calvin auch ein Schreiben an die Berner Gesamtsynode, adressiert an Johannes Haller, mit dessen Amtsantritt im Mai 1548 dort ein Calvin hoffnungsvoll erscheinender Umschwung eingesetzt hatte. Er sandte ihm namens der Genfer Geistlichen ein «Bekenntnis von den Sakramenten» (Confessio de sacramentis)[459]. Zwar unterschrieben die Berner später den Zürcher Konsens nicht. Doch nahm Haller zu jener Confessio derart Stellung,[460] dass Calvin glauben konnte, die Berner Reserve bedeute keine sachliche Ablehnung. Auch der von Zürich geprägte Haller stockte bei der These, die Sakramente seien Werkzeuge des Geistes, konnte sie aber in dem in der Confessio umschriebenen Sinn bejahen: Sie seien solche Werkzeuge durch die mit ihnen verbundene Verheißung, die uns zum Glauben an Christus leitet.

Dieses Bekenntnis ist aber nun die direkte Vorform der Zürcher Übereinkunft, des Consensus Tigurinus: 17 von deren 20 Artikeln stimmen mit diesem überein.[461] Als Bullinger Ende Mai 1549 Calvin bat, sich die Mühe einer erneuten Reise nach Zürich zu ersparen, war dieser bereits mit Farel unterwegs. Sie wollten dort vor allem über eine gemeinsame eidgenössische Politik gegenüber Frankreich verhandeln, aber, wie Calvin an Mykonius berichtete: «Unsere erste Zusammenkunft segnete Gott, wie [...] niemand es nach den ersten Anfängen hoffen durfte, so dass innerhalb zweier Stunden unter uns festgesetzt war, was Ihr jetzt lest»: die gegenseitige Übereinkunft in der Sakramentsfrage.[462] Wenn man diesen Text mit dem Genfer Bekenntnis für die *Berner* vergleicht, so fällt auf, dass

455 J. Calvin, Responsio ad annotationes Bullingeri, CO 7, 701–708.
456 A.a.O., 704.
457 Lateinisch in: CO 13, 222.
458 Henrici Bullingeri Annotata ad Calvini animadversus, CO 7, 712 f.
459 Confessio de sacramentis, CO 7, 717–722.
460 CO 7, 723–726.
461 Vgl. dazu H. Graß, Die Abendmahlslehre bei Luther und Calvin. Eine kritische Untersuchung, 2. neubearb. Aufl. Gütersloh, 1954, 210 f.
462 Lateinisch in: CO 13, 457.

in der «*Zürcher* Übereinkunft» drei Artikel jenes Bekenntnisses keine Aufnahme fanden. Calvin bedauerte im Oktober 1549 in einem Brief an Bucer, «dass die Wirkung der Sakramente und, was Gott durch sie uns gibt», in der Übereinkunft nicht «reicher und ausführlicher» erklärt wurde, «als es viele zuließen».[463] Es lässt sich annehmen, dass das die Aussagen in den ausgelassenen Artikeln jenes Genfer Bekenntnisses betrifft. Deren 2. Artikel sagt das den Zürchern Problematische: Christus sei «die Substanz und die Grundlage» (substantia et fundamentum) der Sakramente.[464] Ferner sagt Art. 4, im Mahl stehe an erster Stelle der für uns gekreuzigte Leib und das für uns vergossene Blut. Und Art. 5 erklärt, dass diejenigen, welche die Sakramente recht und gottesfürchtig gebrauchen, Christus, so wie er uns dort dargeboten wird, mit seinen geistlichen Gaben empfangen.

Ist Calvin hier also, wie ihm schon bald vorgeworfen wurde, «um der Zürcher willen von der rechten Ansicht abgewichen», die er sonst vertreten habe? Dazu bemerkt er selbst, er habe bei den Zürchern doch «drei Hauptpunkte» zur Anerkennung gebracht: 1.) die Sakramente sind nicht bloß äußere Zeichen unseres Glaubens und Bekenntnisses, sondern Zeugnisse und Pfänder der Gnade Gottes gegen uns. 2.) In ihnen wird die Gnade uns nicht bloß angeboten; sie sind Werkzeuge, durch die Gott die Kraft seines Geistes an seinen Erwählten wirksam macht. 3.) Die, die sie im Glauben annehmen, sind zur Teilnahme an Christus angenommen.[465] Ferner, liest man das Zürcher Protokoll der Übereinkunft,[466] so zeigt sich, dass hier noch zwei Artikel fehlen, die zum späteren Textbestand gehören. Tatsächlich bat Calvin am 6. Juli 1549 die Zürcher um den Nachtrag der jetzigen Artikel 5 und 23.[467] Mit Erfolg. Es handelt sich dabei um Anliegen, die Calvin auf keinen Fall unterdrückt sehen wollte. Art. 5 redet von dem für ihn Entscheidenden, dass die Heilswirkung Christi auf der Basis der Einung mit ihm und der Einwurzelung in seinen Leib geschieht. Das sagt genau das, was er sonst von der Einung im Mahl mit der «Substanz» Christi sagte.[468] Art. 23 spricht, zugespitzt

---

463 Lateinisch in: CO 13, 439.

464 Confessio de sacramentis, CO 7, 717.

465 CO 13, 535. In seiner «Secunda defensio piae et orthodoxae fidei de sacramentis, contra Joachimi Westphali calumnias» (1556) fragt Calvin seinen Kritiker: Nachdem er früher wegen seiner Kritik an der Sakramentslehre der Zürcher von Lutheranern geschätzt wurde, warum er nun auf den Consensus Tigurinus hin von ihnen so attackiert werde? Denn dass er dabei von seiner Überzeugung abgefallen sei, behaupte nicht einmal Westphal (CO 9, 45 f.).

466 Im Zürcher Staatsarchiv, E II, 215r–225r.

467 CO 13, 305 f.

468 Vgl. Anm. 421. Ähnlich schon die 1. Helvetische Konfession von 1536: «das der Her jm helgen abendmal sin Lyb und Bluot, das jst sich selbs, den sinen warlich anbütet und zuo solcher frucht zuo nießen gipt, das er je mer und mer jn jnen, und sy jn jm lebennd.» Brot und Wein sind die Wahrzeichen, «durch die von dem Herren selbs, durch den dienst der

auf eine bestimmte Abgrenzung, das für Calvin ebenso Wichtige aus, dass «Christus unsere Seelen mittels des – bildlich dargestellten – Essens seines Fleisches und Trinkens seines Blutes durch den Glauben in der Kraft seines Geistes ernährt».[469]

Art. 1–5 beschreiben die christologische Voraussetzung, innerhalb derer die Sakramente ihren Sinn und Nutzen haben: Christus als der Sohn Gottes macht uns durch die Mitteilung dessen, was ihm von Natur eigen ist, mittels Adoption zu Kindern Gottes. Als der Priester hat er durch sein einmaliges Opfer unsere Sünde gesühnt und uns völlige Gerechtigkeit verschafft. Als der König regiert und schützt er uns durch das Zepter seines Mundes und erhebt uns zu sich und seinem Vater. Um uns unsere Teilhabe an Christus durch Einwohnung des Geistes in uns zu bezeugen, sind Predigt und Sakrament eingesetzt (Art. 6). Was aber sind Sakramente? Art. 7 definiert das in Anlehnung an das Augsburger Bekenntnis:

Confessio Augustana Art. 13	*Consensus Tigurinus 7*
die Sakramente sind eingesetzt, dass sie nicht nur Kennzeichen des Bekenntnisses unter den Menschen sind,	die Zwecke der Sakramente sind, dass sie Kennzeichen des Bekenntnisses sind,
sondern mehr noch, dass sie Zeichen und Zeugnisse des Willens Gottes gegen uns sind,	doch der vornehmliche Zweck ist, dass Gott uns durch sie seine Gnade bezeugt, vergegenwärtigt und besiegelt,
um den Glauben anzustacheln und zu bekräftigen in denen, die das Vorgelegte gebrauchen.	[…] damit der Glaube mehr gestärkt wird und dass das aus Gottes Mund Verkündigte gleichsam durch Siegel bekräftigt wird.[470]

---

kilchen, die ware gemeinschafft des lyps unnd Bluots Christi den gläubigen fürgetragen und dargebotten werden, […] zuo einer spis und narung des geystlichen und Ewigen lebens», bei: Müller, Die reformierten Bekenntnisschriften (Anm. 361), 107,12–23.

469 In Defensio sanae et orthodoxae doctrinae de sacramentis (1554) umschreibt Calvin seine Sicht so: «Das Fleisch Christi macht lebendig, nicht nur weil uns darin einmal das Heil zuteil wurde, sondern weil unter unserem Zusammenwachsen mit Christus jenes selbe Fleisch in uns lebt, oder kürzer gesagt, weil wir, durch die geheime Kraft des Geistes in den Leib Christi eingepflanzt, zusammen mit ihm das Leben haben» (lateinisch in: CO 9, 30 f.).

470 Der Text von Confessio Augustana 13 (1530) wie der aus dem Consensus Tigurinus ist hier aus dem Lateinischen übersetzt. In CO 9,19 weist Calvin sogar ausdrücklich darauf hin: In consensu nostro reperient lectores quidquid continet edita Ratisbonae confessio, quam Augustanam vocant (In unserer Übereinkunft finden die Leser das Augustana genannte Bekenntnis nach der Regensburger Ausgabe). Zu dieser offenbar wenig präzisen Ausgabe des Augsburger Bekenntnisses im «Codex latinus Ratisbonensis» vgl. P. Tschackert, Die unveränderte Augsburgische Konfession, Leipzig 1901, 39.

Art. 8–20 geben dazu nähere Erläuterungen. Die Sakramente stellen Gottes Gnade in Christus dar, die uns der Heilige Geist verbürgt (8). So sind Zeichen und Sache zu unterscheiden, ohne sie zu trennen (9). Es sind nicht an sich die Elemente, die uns zum Glauben führen, sondern die mit ihnen verbundene Verheißung führt uns zu solchem Glauben, der uns Christi teilhaftig macht (10 f.). Die Sakramente sind Werkzeuge (gemäß 1. Kor. 3,7!), durch die Gott *allein*, aber Gott *wirksam* handelt (12–14). Er gibt den von ihm durch den Geist zum Glauben Erwählten, was die Sakramente verheißen (16). Der Unglaube empfängt das Verheißene nicht,[471] schwächt aber weder die Wahrheit Gottes noch die Kraft der Sakramente (18). Indes genießt der Glaube die in den Sakramenten dargestellte Heilswirklichkeit auch außerhalb von deren Gebrauch (19). Art. 20–26 sprechen die Abgrenzungen aus, an denen besonders den Zürchern lag: gegen die Lehre eines leiblichen Enthaltenseins Christi in den Elementen (21), gegen eine buchstäbliche Deutung von «dies ist mein Leib»[472] (22), gegen eine Vermischung von Christus und uns (23), gegen die Transsubstantiation (die Umwandlung der Substanz von Brot und Wein in Leib und Blut Christi) (24), gegen eine Ubiquität (Allgegenwart) des Leibes Christi (25) und gegen eine Anbetung der Elemente[473] (26).

Der Text wurde zunächst an verschiedene Theologen zur Vernehmlassung gesandt. Bullinger schreibt von «vielen ausgezeichneten Männern Englands, Deutschlands, Frankreichs, Italiens, Ungarns, die die Schrift vor dem Druck sahen und billigten».[474] Erst 1551 wurde der Text zugleich in Genf und Zürich publiziert, versehen mit einem Grußwort Calvins an die Zürcher Geistlichen und einem Nachwort, in dem die Zürcher ihm danken, durch sorgfältige Gespräche für Frieden in dieser die Kirche erschütternden Frage gesorgt zu haben; sie erklären sich zudem bereit, auch künftig auf einleuchtende Kritik zu diesem Thema hören zu wollen. Das Echo war geteilt. Von Melanchthon ist überliefert, dass er daraufhin vielen geraten habe, «gen Zürych oder gen Genff zuo ziehen/damit sy den verstand der leer/von den Sacramenten klärlich erkanntind».[475] Durch Melanchthons wohl am Zürcher Konsens orientierten Ratschlag an die Pfälzer im Streit um das Herrenmahl bewegte er diese zur «reformierten» Fassung der

---

471 Gegen den hier fast wörtlich zitierten Kanon 6 der Sakramentslehre des Trienter Konzils (Sessio VII am 3.3.1547 – DS 1606).

472 In Institutio IV 17,20.22 bemerkt Calvin, dass das lutherische «der Leib ist *mit* dem Brot» so wenig «buchstäblich» ist wie die Deutung nach 1. Kor. 10,16: «das Brot ist *die Gemeinschaft* des Leibes Christi».

473 Das geht auch gegen Luther, vgl. das in Anm. 371 Nachgewiesene.

474 E. Stähelin, Johannes Calvin (Anm. 391), Bd. 2, 122.

475 L. Lavater, Historia (Anm. 434), 128r. – Vgl. zu Melanchthon: Iudicium de controversia de coeno Domini, 1560, Melanchthons Werke VI, Gütersloh 1955, 483–486.

Abendmahlslehre im Heidelberger Katechismus. Er erklärte darin, dass gemäß 1. Kor. 10,16 im Mahl weder die Natur des Brotes gewandelt werde (gegen Rom), noch eine substanzhafte Identität von Brot und Leib Christi hergestellt werde (gegen den Gnesiolutheraner Heshusius), sondern dass im Gebrauch (in usu) des Brotes eine Gemeinschaft (consociatio) mit dem Leib Christi geschieht.

Umgekehrt schleuderte der Hamburger Lutheraner Joachim Westphal 1552 gegen den Konsens seine Schrift: «Farrago confusanearum et inter se dissidentium opinionum de coena Domini ex sacramentariorum libris congesta» (Ein Mischmasch von konfusen und unter sich widersprüchlichen Meinungen über das Herrenmahl, zusammengetragen aus den Büchern der Sakraments-Schwärmer). Er eröffnete mit dieser Schrift den zweiten Abendmahlsstreit, den den ersten an Heftigkeit noch überbot. In einem Brief vom 13. Dezember 1554 an die Diener Christi der Kirchen in Zürich, Bern, Basel, Schaffhausen, Chur und Rätien, St. Gallen, Biel, Mülhausen und Neuenburg[476] zerpflückte Calvin jene lutherische Kritik an der Zürcher Übereinkunft und legte einen zuvor mit Bullinger abgesprochenen[477] Kommentar zu dieser bei: «Defensio sanae et orthodoxae doctrinae de sacramentis eorumque natura, vi, fine, usu et fructu» (Verteidigung der gesunden und rechtgläubigen Lehre von den Sakramenten, von ihrem Wesen, ihrer Kraft, ihrem Zweck, ihrem Gebrauch und ihrer Frucht).[478] Calvin erklärt darin: Die Übereinkunft habe ihr theologisches Rückgrat in der Formulierung einer Erkenntnis jenseits der Alternative von abergläubisch-illusionärer Vergötzung der sakramentalen Zeichen oder Entleerung der Sakramente zu einer von ihrem Gabecharakter entblößten Zeichenhandlung. Die Erkenntnis lautet: Die Sakramente sind die Mittel, durch die Christus – in dem uns mit dem Erhöhten verbindenden Geist – uns in die Gemeinschaft mit sich selbst versetzt, die uns lebendig macht Und zwar tut er es so, dass die Zeichen uns bezeugen, was Christus selbst und allein in seiner Gnade an uns wirkt. So sind die Sakramente weder bloß Zeichen des Bekenntnisses der Glaubenden zu Christus, noch sind sie in sich heilswirksame Geschehnisse, abgesehen von dem unseren Glauben weckenden und stärkenden Verheißungswort. Im Licht dieser grundsätzlichen Aussage interpretiert Calvin dann die einzelnen Aussagen des Zürcher Konsenses.

Faktisch führte die durch die Übereinkunft ausgelöste *Auseinandersetzung* dann allerdings zum *Auseinanderbrechen* der evangelischen Kirche in eine reformierte und lutherische Konfession. Obwohl Basel und Bern der Übereinkunft damals zunächst misstrauisch gegenüber standen, führte die Übereinkunft aber auch

---

476 CO 9, 5–14.
477 OS II, 259 f.
478 CO 9, 15–36.

zu einer Überwindung des Nebeneinanders des Zürcher und Genfer Zweigs der Reformation und so zur Voraussetzung für die Ausbildung einer, in all ihrer Mannigfaltigkeit, reformierten Kirche.[479] Dass die Übereinkunft nur das und nicht mehr als das bewirkte, muss noch nicht ihre Untauglichkeit beweisen. Auch wenn sie Zeichen eines mühsam erkämpften «Kompromissprodukts»[480] an sich trägt, barg sie auch eine Saat der Hoffnung auf eine größere evangelische Kirchengemeinschaft in sich. Erst eine spätere Zeit vermochte sie ans Licht zu bringen: nicht durch Nivellierung der unterschiedlichen Erkenntnisse, sondern indem diese noch ernster genommen wurden.

Immerhin gab es zu Lebzeiten Calvins noch in anderer Gestalt einen Abendmahlfrieden: zwischen den protestantischen Lagern. In Ostfriesland verstand es a Lasco, lutherische und reformierte Pfarrer in *einer* Kirche zusammenzuhalten, und zwar auf Grund der Marburger Artikel von 1529 über das Abendmahlsverständnis. Diese Artikel werden heute zumeist als Dokument der Trennung von Luther und Zwingli zitiert. A Lasco verstand sie umgekehrt als die Grundlage für ein Zusammenleben der beiden Seiten. Denn in 13 Artikeln hätten beide ihre Übereinstimmung erklärt und nur in Artikel 14 ihre Differenz. Da die Übereinstimmung viel größer sei als die Differenz, könne man beisammen bleiben und habe in der Differenz die Aufgabe, gemeinsam an deren Überwindung zu arbeiten.[481] Faktisch war doch auch das erst eine Saat der Hoffnung.

Aber wie man sich schon damals trotz unterschiedlicher Erkenntnisse friedlich verstehen konnte, zeigen die Worte Calvins in einer Abendmahlsschrift von 1561, in der er seines jüngst verstorbenen lutherischen Bruders gedachte: «O Philipp Melanchthon! Zu dir, der du [jetzt] bei Gott lebst, rufe ich, bis ich mit dir in der seligen Ruhe versammelt sein werde. Hundertmal hast du gesagt, wenn du, von Arbeiten ermüdet und von Verdrießlichkeiten bedrückt, den Kopf freundschaftlich an meine Brust gelegt hast: ‹O wenn, o wenn ich doch sterben dürfte an dieser Brust!› Nachher habe aber ich tausendmal gewünscht, es möge doch geschehen, dass wir beisammen wären. Gewiss wärst du mutiger zu kämpfen und beherzter, […] falsche Anschuldigungen für nichts zu halten …»[482]

479 Petro D. R. de Porta, Historia Reformationis Ecclesiarum Raeticarum, Chur 1771, T. 2, 184 bemerkt, dass seither die Reformierten nicht mehr Zwinglianer, sondern Calvinisten genannt wurden.

480 So Barth, Theologie der Reformierten Bekenntnisschriften (Anm. 419), 270.

481 J. Weerda, Das ostfriesische Experiment, in: ders., Nach Gottes Wort reformierte Kirche, TB 23, München 1964, 115 f.

482 J. Calvin, Dilucida explicatio sanae doctrinae de vera participatione carnis & sanguinis Christi in sacra coena (1561), in: J. Calvin, Tractatus Theologici omnes […], Amsterdam 1667, 724: «O Philippe Melanchthon! Te enim appello, qui apud Deum vivis, donec te-

7. Gemeinschaft in Freiheit

Impulse für die demokratische Lebensform

1. Offenheit für eine verantwortliche Gestaltung des Zusammenlebens

Als in der ersten Hälfte des 20. Jahrhunderts deutsche Theologen gegen eine demokratische Lebensform argumentierten, war es ein Vorwurf auch gegen den so genannten Calvinismus, dass er diese Lebensform begünstige. Es ist richtig, die moderne Demokratie hat sich in Ländern entwickelt, in denen die reformierte Konfession verbreitet war. In der Forschung ist mannigfach gezeigt worden, dass es in der Tat eine positive Beziehung zwischen beiden Größen gibt.[483] Das Thema ist *theologisch* von Interesse, weil wir, wenn hier eine solche Beziehung besteht, dabei ja wohl den Argumenten begegnen dürften, aus denen die Demokratie – in Kirche und Staat – christlich zu bejahen ist. Das theologische Argument, das in der nationalsozialistischen Zeit in Deutschland *gegen* sie geltend gemacht wurde, war das Faktum der menschlichen Sünde. Deren Tragweite liege darin, dass der Mensch zügellos seine Sünden ausleben und ein anarchisches Chaos heraufführen würde, wenn er nicht straff an den Zügel einer autoritären Obrigkeit genommen werde.

Es seien dafür zwei Belege angeführt. *Hanns Lilje*: «Die große Aufgabe, die heute der Kirche anbefohlen ist: sie soll dem Staate sagen, was Staat und Obrigkeit ist. Nur sie kann es tun, denn nur sie weiß von dem eigentlichen Wesen des Menschen, und die alte verfehlte Überzeugung, dass der Mensch gut sei, die dem überlieferten [sic] Staatsgedanken zu-

---

cum in beatam quietem colligamur. Dixisti centies, cum fessus laboribus, & molestis appressus, caput familiariter in sinum meum deponeres. Utinam utinam moriar in hoc sinu. Ego vero millies postea optavi contingere ut simul essemus. Certe animosior fuisses ad obeunda certamina, [...] falsaque crimonitationes pro nihilo ducendas fortior.»

483 Eine Übersicht dazu bei J. Staedtke, Demokratische Traditionen im westlichen Protestantismus, in: ders., Reformation und Zeugnis der Kirche. Ges. Studien, hg. von D. Blaufuß, Zürich 1978, 281–304. Einen Überblick über die Forschung geben: R. M. Kingdon/R. D. Linder (ed.), Calvin and Calvinism; source of democracy?, Lexington, Mass., 1970; und: H. Vahle, Calvinismus und Demokratie im Spiegel der Forschung, in: Archiv für Reformationsgeschichte 66 (1975), 182–212.

grunde lag» – Lilje denkt 1933 an die Weimarer Demokratie –, «kann nur durch die echte Erkenntnis vom Wesen des Menschen, wie sie in den Bekenntnissen der Kirche enthalten ist, überwunden werden»: Ist der Mensch *Sünder*, dann muss der Staat «*Obrigkeit*» sein, «Gottes Ordnung einer sündigen Wirklichkeit, ‹zu Zucht und Buße gegeben›».[484]

Dietrich Bonhoeffer: Es ist nicht zufällig «auf dem europäischen Kontinent niemals gelungen, eine Demokratie christlich zu begründen», im Unterschied zu den angelsächsischen Ländern, mit seinen «dem Calvinismus entstammenden Gedanken».[485] Denn auch nach Bonhoeffer ist christlich zu sagen: «Wo es nicht mehr gewagt wird, oben zu sein, und wo man es nicht mehr ‹nötig zu haben glaubt›, unten zu sein, wo das Obensein seine Begründung nur von unten her sucht – also wo der Vater seine Autorität aus dem Vertrauen der Kinder oder die Obrigkeit die ihre aus ihrer Popularität herleitet –, und wo dementsprechend im Untensein [...] der Sprengstoff für alles Obensein gesehen wird, [...] dort bricht schon das ethische Chaos herein» (213). «Die echte Ordnung des Oben und Unten lebt aus dem Glauben an den Auftrag von ‹Oben›. [...] Dieser Glaube allein bannt die dämonischen Gewalten, die von unten her aufsteigen» (225). Darum ist das Hitlerreich kritisch zu verstehen als der Aufstand eines menschlichen Unten gegen das menschliche Oben. Darum ist es vornehmlich Sache der Vertreter solches Oben, sich gegen diesen Aufstand zu wehren. Und darum ist «ein recht verstandenes Gottesgnadentum der Obrigkeit» die «relativ beste» Staatsform, weil in ihr «am deutlichsten wird, dass die Obrigkeit von oben, von Gott her ist». Sie wird «ihre Verbundenheit mit den Untertanen nicht durch eine Einschränkung der ihr verliehenen Macht zum Ausdruck» bringen (275).

Wohl mit aufgrund der Prägung durch solche theologischen Argumente wurde dann im Nachkriegsdeutschland die Demokratie zunächst eher nur als eine von außen auferlegte Verordnung gehorsam entgegengenommen als selbst erstrebt.[486]

Kurz, eben wegen der menschlichen Sünde könne es die Kirche noch unbedingter als solche Obrigkeit sagen, dass deshalb die Menschen dieser gehorsam untertan sein müssen. Und das sei selbst dann zu sagen, wenn die Inhaber dieser Autorität für ihre Person ihrerseits zügellos leben, solange nur ihr Amt das Volk an die Zügel nehme. Hingegen lebe die Demokratie vom Wahn des Glaubens an das Gute im Menschen. Und weil sie solches Amt bestreite, drohe sie jenes Chaos zu beschwören. Aus dieser Perspektive schienen die «Calvinisten», die die Demokratie begünstigten, es mit der Sünde der Leute nicht ernst zu nehmen und auf die Organisation der Obrigkeit «zersetzende» Wirkungen auszuüben. Oder hatten diese

---

484 H. Lilje, Theologische Existenz und kirchliches Handeln, in: Junge Kirche 1 (1933), 145 f.

485 D. Bonhoeffer, Ethik, 4. Aufl., München 1958 (seit 1940 geschrieben), 43. Die Zahlen im folgenden Text verweisen auf Seiten in diesem Buch.

486 Vgl. A. und M. Mitscherlich, Die Unfähigkeit zu trauern. Grundlagen kollektiven Verhaltens, München 1967.

«Calvinisten» bessere, auch theologische Gründe, aus denen sie hier Ja sagten, wo jene Nein sagten?

Indes ist unser Thema komplizierter, als es der erste Eindruck vermuten lässt. Oft pflegt man bei unserem Thema eine Zäsur zwischen Calvin und dem Calvinismus zu setzen. Gewiss wird man überhaupt zwischen beiden zu unterscheiden haben, und zwar deshalb, weil Calvin bei weitem nicht die Autorität für die nach ihm benannte, in Wahrheit sehr pluriforme Bewegung des so genannten Calvinismus[487] war, wie sie Luther für das Luthertum ist. Das hat, wohl verstanden, auch etwas mit unserem Thema zu tun hat. Und es sei hier ferner notiert, dass die Reformierten Kirchen «Calvinismus» als Selbstbezeichnung ablehnen. Doch nun nehmen manche Forscher, die mit diesem Begriff gleichwohl arbeiten, aus einem etwas anderen Grund eine tiefere Abweichung dieser Größe von Calvin an. Während der «Calvinismus» für die Demokratie offen gewesen sei oder sie «vorbereitet» habe,[488] könne bei Calvin *selbst* von einer positiven Beziehung zu ihr keine Rede sein. Er, der noch verächtlicher als Luther über den «Pöbel» gedacht habe, habe vielmehr ein «aristokratisches Regiment» in Kirche und Staat bejaht und erstrebt.[489]

Dieses negative Urteil lässt sich indes auch etwas lockern: Während *eine* Gruppe von Untersuchungen Calvin als einen dezidierten Nicht- oder sogar Antidemokraten einschätzt, wird in einer *anderen* Gruppe einiges dagegen gehalten,[490] mit dem Resultat, dass Calvin doch so etwas wie eine «konservative Demokratie»[491] akzeptiert habe, was heißen kann: eine «aristocracy tempered by democracy»[492], oder umgekehrt: eine durch die Aristokratie «gemäßigte Demokratie»[493], was aber auf dasselbe hinausläuft. Das für unser Thema dunkle Bild,

---

487 Vgl. O. Weber, Art. Calvinismus, in EKL I (1. Aufl.), Sp. 658 f.

488 So E. Troeltsch, Gesammelte Schriften, Bd. 1, Tübingen 1912, 702; vgl. ebd., 703: «So ist der Calvinismus diejenige Form des Christentums geworden, die heute mit der modernen Demokratisierung innerlich verwachsen ist und ohne jeden Schaden an seiner religiösen Idee auf sie eingehen kann.»

489 Z. B. Troeltsch, Ges. Schriften (Anm. 488), 683; J. N. Figgis, Studies of Political Thought from Gerson to Grotius 1414–1625, 1907, 106; C. Mercier, L'esprit de Calvin et la Démocratie, in: Revue d'histoire ecclésiastique 30 (1934), 5–53.

490 Z. B. P. Mesnard, L'Essor de la Philosophie Politique au XVIe Siècle, 3. Ed., Paris 1969, 309 ff. Besonders stark erkennt W. S. Hudson, Democratic Freedom and Religious Faith in the Reformed Tradition, in: Church History 15 (1946), 177–194, in Calvins Denken »the potential basis of democratic ideas» (179).

491 Troeltsch, Ges. Schriften 1 (Anm. 488), 671.

492 J. T. McNeill, The Democratic Element in Calvin's Thought, in: Church History 18 (1949), 169.

493 So J. Bohatec, Calvins Lehre von Staat und Kirche mit besonderer Berücksichtigung des Organismusgedankens, Breslau 1937, 129. Dem Sinn nach ähnlich schon E. Stähelin. Leben und ausgewählte Schriften, Bd. 1, Elberfeld 1863, 346. Nach J. W. Allen, A History of

wie es die Forschung zeigt, kann wohl nach der einen oder anderen Seite, aber doch nur in einem kleinen Spielraum variiert werden. Solange wir uns darauf beschränken, hier nur Calvins unmittelbare Äußerungen zur Politik und sein praktisches Verhalten in dem damaligen Verhältnis von Christen- und Bürgergemeinde auszuwerten, solange werden wir schwerlich verstehen, inwiefern der sich demokratisch öffnende «Calvinismus» etwas mit Calvin zu tun hatte.

Oder kann doch noch etwas darüber Hinausweisendes gesagt werden? Immerhin fällt auf, dass manche Forscher ihr negatives Urteil auch wieder einschränken können: Zwar habe Calvin «undemokratisch» gedacht, faktisch jedoch «stark auf demokratische Gedanken» hingewirkt und der Parole: Durch das Volk und für das Volk! Anerkennung verschafft.[494] Zwar, «Calvin war kein Demokrat, kein Anwalt der Volkssouveränität [...] Und doch fürchteten schon die Zeitgenossen die [...] demokratisierende Wirkung des Genfer Calvinismus», und das zu Recht, da er in Wahrheit «einen nicht zu unterschätzenden Beitrag zur künftigen Entwicklung freiheitlich-demokratischer Ideen geleistet hat».[495] Zwar habe er Demokratie kaum gewollt, aber ihr gleichwohl durch seine «seeds of liberty»[496] den Boden bereitet. Ob es wohl hinreicht, die da gesehene Spannung derart zu erklären, dass – ironischerweise – ein System Resultate zeitigen könne, die den Absichten seines Erfinders entgegengesetzt sind?[497] Man muss das wohl noch anders sagen. Denn man sollte selbst bei dieser Deutung noch die Punkte angeben, die solche Wirkung hervorriefen – will man sie nicht als einen bloßen Gegenschlag ausgeben, was unangemessen wäre. Sprechen wir also lieber die Vermutung aus, dass im *Denken* Calvins Türen zur demokratischen Lebensform geöffnet wurden, durch die er vielleicht selbst noch nicht voll hindurchschritt, die aber bei ihm geöffnet waren und durch die darum einmal geschritten werden konnte. Dabei mag es auch so sein, dass die, die dann durch sie hindurchschritten, zwar auch eine

---

Political Thought in the Sixteenth Century, London 1928, 66 besteht das Demokratische in Calvins Aristokratie sogar nur in einem bloßen Inkaufnehmen von demokratischen Zügen der vorgefundenen Genfer Verfassung.

494 Troeltsch, Ges. Schriften 1 (Anm. 488), 683 f., 687.

495 Vahle, Calvinismus (Anm. 483), 197. G. L. Pinette, Freedom in Huguenot Doctrine, in: Archiv f. Ref.gesch. 50 (1959), 202 f. meint hingegen, dass die Furcht vor der demokratisierenden Wirkung der Reformation Calvins unbegründet gewesen sei – mit dem phantastischen Argument, dass damals kein König in Europa soviel politische Macht besessen habe wie Calvin in seinem Staat, wogegen einiges zu bemerken wäre, vgl. E. W. Monter, Calvin's Geneva, u. a. New York 1967, 144.

496 W. S. Stankiewicz, Politics and Religion in Seventeenth-Century France. A Study of Political Ideas from the Monarchomachs to Bayle, as Reflected in the Controversy, Berkeley-Los Angeles 1960, 11.

497 So J. W. Allen, History (Anm. 493), 56.

Konsequenz zogen, die er noch nicht gezogen hatte und die sie doch von ihm her ziehen konnten, aber dass sie dabei faktisch auch etwas preisgaben von seiner Einsicht in die Nachordnung alles Politischen hinter die Wirklichkeit der Souveränität des gnädigen Gottes.

2. Theologische Weichenstellung

Wir haben uns zuerst klar zu machen, was in einiger Literatur zu unserem Thema nicht klar ist: Calvin war in erster und entscheidender Linie *Theologe* und nicht Politiker. Seine Stellung zur Politik ist ein Anhang in seiner Theologie. Aber in welchem Sinn? «Anhang» heißt hier nicht, dass in seiner Theologie die Stellung zur Politik gleichgültig war. Er war in ihr sehr wohl an ihr interessiert, aber das nicht im Sinn einer Vermischung von Theologie und Politik – dagegen hat er sich fast überdeutlich abgegrenzt (IV 20,1)![498] Und darum auch nicht in dem Sinn, dass er seine politischen Ansichten dadurch sakrosankt machen wollte, dass er sie als Theologe äußerte! Aber das bedeutete auch nicht, dass er bei seinen politischen Äußerungen das Gewand des Theologen ablegte, um es gegen das eines Politikers einzutauschen. Er war wohl in Personalunion beides, Glied der Kirche Jesu Christi und Mitbürger eines Staats. Aber er war beides so, dass er *zuerst* das Eine und *dann auch* das Zweite war. Theologie und Politik war für ihn in dem *präzisen* Sinn zweierlei, dass er zuerst christlicher Theologe war und das so, dass er dann auch in seiner Stellung zur Politik nicht aufhörte, zuerst Theologe zu sein. Darum ist die erste Frage im Blick auf den Staat für ihn nicht: Was ist der Staat? Was ist seine wünschbare Gestalt und Aufgabe? Und wie kann «ich» mich dabei einbringen? Seine erste Frage lautet: Was heißt Gehorsam gegen *Gott* angesichts dessen, dass es außer der Kirche auch den Staat gibt und dass die Kirchenglieder auch Mitbürger eines Staates sind? «Es geht ihm nicht um den Staat, er denkt nicht vom Staat aus, sondern bei Anlass des Staates und über ihn von *Gott* aus.»[499]

---

498 Die im obigen Text im folgenden in Klammern gesetzten Zahlen verweisen jeweils auf die Abschnitte in Calvins Institutio christianae religionis. Eben in IV 20,1 erklärt er: «Vor allem» (principio) dürften wir beides nicht «vermischen», da es sich dabei um «höchst unterschiedliche» Dinge (plurimum seposita) handle. Das Überdeutliche dieser an sich sachlich unaufgebbaren gemeinreformatorischen Unterscheidung von beidem, das sich bei allen Reformatoren findet, ergab sich wohl auch aus der Apologetik gegen den antireformatorischen Einwand, die Reformation bedeute Aufruhr, gegen den die «Obrigkeit» einzuschreiten habe.

499 So K. Barth, Die Theologie Calvins 1922, hg. von H. Scholl, Zürich 1993, 293. Vgl. auch H. H. Eßer, Demokratie und Kirche (am Beispiel Calvins), in: Zs. f. Religionspädagogik 26 (1971), bes. 333.

Das unterstreicht der Titel, unter dem er in der Institutio davon redet: De politica administratione. Während über 90 Prozent des Buches IV von der *Kirche* handeln: unter dem Leitbegriff ihres Zeugnis gebenden «Dienstes» (*ministerium*) am Wort Gottes, steht seine knappe Behandlung des Staates unter dem Leitwort: *ad-ministratio*, was Regierung heißt, was aber auch an die wörtliche Bedeutung des Begriffs anspielt: Zu-Dienung, Hilfeleistung. Gemeint ist nicht das Plumpe, der Staat habe der *Kirche* zuzudienen – obwohl es richtig ist, dass die Existenz des rechten Staates auch der Kirche einen Dienst erweist, den sie als solche nicht leisten kann und für den sie dankbar sein darf. Gemeint ist dies, dass der Staat in *zudienlicher* Weise zu den «äußeren Mitteln und Beihilfen» gehört, «mit denen Gott [!] uns zur Gemeinde (*societas*) Christi einlädt und in ihr erhält» – so der Titel des ganzen Buches IV. Calvin interessiert am Staat vor allem dies, inwiefern er solche «ad-ministratio» ist und also eine Hilfe, um am Gottesdienst der christlichen Gemeinde ungestört teilzunehmen.

Aber was heißt das? «Pour Calvin, Dieu est le seul souverain», «für Calvin ist Gott der einzige Souverän», und *dadurch* sei bei ihm schon im Ansatz der demokratische Gedanke ausgeschlossen, «que le peuple puisse être considéré comme le Souverain dont émane tout pouvoir».[500] Dieser Gedanke ist in der Forschung so sehr Allgemeingut, dass H. Vahle folgende Alternative formulieren konnte:

«Wer […] demokratische Elemente bei den Calvinisten zu entdecken glaubte, der neigte dazu, die Souveränität Gottes dahingehend zu relativieren, dass die Regierungen [zwar] ‹von Gott› seien […], dass aber letztlich immer die souveränen Völker die Herrscher einsetzen. Wer jedoch demokratische Elemente verneinte, der setzte stets das Theorem von der göttlichen Souveränität absolut.»[501]

Diese Sätze decken eine Gesetzmäßigkeit in *Interpretationen* des Verhältnisses zwischen Calvin und Calvinismus in deren beider Beziehung zur Demokratie auf. Demnach kommt umso Demokratie-freundlicher die *Volks*souveränität zum Zuge, je mehr Calvins Hervorhebung der Souveränität *Gottes* eingeschränkt wird – und umgekehrt. Diese Alternative ist die Anwendung der These, dass sich die menschliche Freiheit umso mehr entfalten kann, je mehr Gott schwach gedacht wird, während ein Ernstnehmen der unbedingten Souveränität Gottes zu Lasten der menschlichen Freiheit geht. Es fragt sich indes, ob die behauptete Alternative nicht einem Verstehen des anstehenden Sachverhalts im Wege steht. Diese Frage sei näher bedacht.

---

500 M.-E. Chenevière, La Pensée Politique de Calvin, Genève/Paris 1937, 10.
501 Vahle, Calvinismus (Anm.483), 205.

Calvins theologische Zentralerkenntnis lässt sich mit der Formel der «Souveränität Gottes» bezeichnen.[502] Sie steht ja schon hinter seiner inneren Nötigung, auch im Verhältnis zum Staat zuerst Christ und Theologe zu sein. Es bedarf zum Verständnis der Formel indes einiger Erläuterungen, um zu sehen, dass die Souveränität Gottes und die Freiheit des Volks nicht notwendig einen Gegensatz bilden.

Vor allem: Es geht um die Souveränität des Gottes des *Evangeliums* und darum nicht um seine abstrakte Mächtigkeit. Calvins Theologie hat darum nicht einen, sondern zwei Brennpunkte: «Ehre Gottes» (seine gerechte Souveränität) *und* «Heil des Menschen» (seine Erlösung durch Gottes Barmherzigkeit).[503] Beide sind bleibend unterschieden.[504] Aber beide beziehen sich so aufeinander, dass sich sagen lässt: «Gott hat nach seiner unendlichen Güte alles so eingerichtet, dass nichts zu seiner Verherrlichung dient, was nicht auch zugleich uns heilsam ist.»[505] In Calvins Sicht der inhaltlichen Aufgabe des staatlichen Regiments spiegelt sich beides wider: Sorge für die Gottesverehrung oder doch: Sorge für den äußeren Rechtsschutz des kirchlichen Gottesdienstes[506] – *und* Sorge für gesellschaftliche Humanität, für das Gemeinwohl aller und für den Frieden (communis omnium salus et pax) (IV 20,9; 20,3). Indem Calvins Theologie mit dem erstem auch jenen zweiten Brennpunkt hat, ist mit der Souveränität Gottes keine schrankenlose, absolute Herrschaft gemeint. Sie ist wohl seine ihm rechtmäßig zukommende, ge-

---

502 In der Literatur wird oft Calvins Prädestinationslehre als seine Zentralerkenntnis hervorgehoben. Gewiss wurde er, der im humanistischen Umfeld lebte, aufgrund des dort erhobenen Einwands der Willensfreiheit des Menschen in einige erbitterte Auseinandersetzungen um diese Lehre verwickelt. Aber angesichts dessen, dass er in seiner Institutio diese Lehre als einen unter vielen Aspekten der «Heilszueignung» behandelt, darf man sie nicht als seine Zentrallehre ausgeben. Sie ist für ihn insofern charakteristisch, als er an ihr durchdekliniert, was man – die «Souveränität Gottes» nennen könnte. Vgl. Kap. 4.

503 Vgl. z. B. sein «Mahnschreiben» an Karl V., bei: M. Simon (hg.), Um Gottes Ehre! Vier kleinere Schriften Calvins, München 1924, 170 = CO 6, 435 ff.

504 Das Anliegen dabei ist, Gottes Freiheit und Gottes Liebe nicht so zu identifizieren, dass dabei eines von beiden auf der Strecke bleibt. Dadurch entsteht indes die Gefahr anzunehmen, Gott sei in seiner Freiheit zu anderem fähig als in seiner Liebe. Der Annahme, dass Gottes Freiheit dann Willkür (potentia absoluta) sei, hält Calvin entgegen: Gott sei auch in seiner Freiheit (sonst stünde sie ja nicht nur in Spannung, sondern im Gegensatz zu seiner Liebe) nicht bindungslos: Er steht nicht außerhalb des Gesetzes, weil er «sich selbst Gesetz» und so «das Gesetz aller Gesetze» ist (Institutio III 23,2). Als der so vom Menschen Unterschiedene, doch ganz Gerechte ist es *Gott,* der den Menschen *liebt.*

505 So in Calvins Genfer Katechismus, CStA Bd. 2, 94 f.

506 Calvin fasst diesen Aspekt nicht immer in dieser Präzisheit. Doch sagt er in Institutio IV 20,3, es gehe hier um constituendae religionis cura, d. h. um den Rechtsschutz für die äußere Gestalt des kirchlichen Gottesdienstes.

rechte und gebieterische Macht. In ihr kann er nicht aufhören, sondern hat er sich *daran* gebunden, in allem, was er ist und tut, *Gott* zu sein. Sie ist wohl seine Freiheit, in der er uns an sich bindet, ohne dass wir ihn an uns binden können. Aber sie ist auch seine Macht, die nicht im Widerspruch steht zu dem, was er faktisch in der biblisch bezeugten Geschichte tut, sondern die im Zusammenhang mit seinem guten Willen zu Gunsten und zur Befreiung des Menschen aktiv ist. Aufgrund dieser Beziehung ist die Bedeutung der Souveränität Gottes konkret in Beziehung zum ersten Gebot zu suchen. Ohne dies würde nach Calvin uns auch Gottes Wohltat zum Heil der Menschen missverständlich: so, als bestehe seine Wohltat in der Befriedigung menschlicher Selbstliebe. In seiner Souveränität behauptet sich der Gott des ersten Gebots als der, dessen Geschöpf der Mensch und der nicht Geschöpf des Menschen ist. In ihr stellt Gott klar, dass wir das Heil nicht uns selbst, sondern allein Ihm verdanken.

Den zwei Brennpunkten im Zentrum von Calvins Theologie entspricht ein ebenfalls polares menschliches Gottesverhältnis: Dem Heil aus Gottes reiner Barmherzigkeit entspricht der *Glaube* an den Freispruch des Menschen aus Gnade ohne Rücksicht auf Verdienst und Würdigkeit. Der freien, souveränen Ehre Gottes entspricht der *Gehorsam* des Menschen aufgrund dessen, dass wir ihm und nicht uns selbst gehören (nostri non sumus, sed Domini); denn wir sind nicht Schöpfer Gottes, sondern Geschöpfe Gottes. Darum haben die Menschen nicht «sich selbst zu gehorchen», sondern dem «vorangehenden Gott» (Dominum praeeuntem) (III 7,1; vgl. II 8,14; IV 10,7). Aber indem das letztere auf das erste Gebot bezogen ist, liegt der Ton nicht darauf, dass wir zu *gehorchen*, sondern darauf, dass wir *Gott* zu gehorchen haben. Die Aussage steht im Zusammenhang der «modernen» Frage, wem wir *legitimerweise* gehorchen? Die christliche Antwort lautet: legitimerweise allein Gott! Das schließt die Erkenntnis in sich, dass aller Gehorsam gegen Menschen, der im Widerspruch zu Gott steht, illegitim ist. Es ist für reformiertes Denken von Anfang an typisch, dass zwar im Blick auf das Heil der Menschen der Satz gilt: erlöst nur aus Gottes Gnade und nicht aus Verdienst der Werke, aber im Blick auf das menschliche Handeln der andere Satz: Gottes Gebot und nicht menschliche Satzung.[507] Das begründet keine prinzipielle Respektlosigkeit gegenüber menschlichen Autoritäten. Indem wir sie respektieren, anerkennen wir, dass Gott an uns nicht handelt, ohne sich ihres Dienstes (ministerium) zu bedienen. Aber er bedient sich ihrer, ohne ihnen «sein Recht und seine Ehre zu übertragen» (IV 3,1).

---

507 Vgl. schon H. Zwingli, Eine kurtze und christenliche Inleitung, in: Zwingli Hauptschriften (= ZH), Bd. 1, Zürich 1940, 274: Es gebe zwei Erlösungen vom Gesetz – von seiner Anklage und von Menschensatzungen; ferner: Heidelberger Katechismus, Fr. 91.

«Als ob Gott auf sein Recht verzichtet hätte zugunsten von Sterblichen, wenn er diesen die Leitung des menschlichen Geschlechts übertrug!» (IV 20,32) «Nur so weit also haben wir Rücksicht auf die Vorgesetzten zu nehmen, als Gottes Oberherrschaft dadurch nicht verletzt wird [...] Sobald Vorgesetzte uns vom Gehorsam gegen Gott abbringen, beginnen sie [...] Krieg mit Gott; so muss man sie in Schranken halten, damit Gott mit seiner Autorität allein groß sei.»[508]

Gott gegenüber sind auch die irdischen Herrscher nicht mehr als bloße Untertanen, wie nach Calvin «vor allem anderen» zu beachten ist. So wenig also das Gebot, *Gott* zu gehorchen, ein Freibrief zur Verwerfung irdischer Autoritäten ist, so wenig bedeutet deren *Dienst,* zu dem sie Gott beizieht, deren Aufwertung zu einer göttlichen Autorität und eine Erlaubnis zur Vergewaltigung der Rechte des Volks. Calvin spricht von der «Freiheit des Volks» (populi libertas – IV 20,31). Damit, dass *alle,* Regierende und Regierte, der Autorität Gottes untertan sind, werden irdische Autoritäten weder beseitigt noch glorifiziert. Aber sie werden dadurch derart *relativiert,* dass eine Identifizierung irdischer Autoritäten mit der Autorität Gottes ausgeschlossen ist. Darum darf der Gehorsam gegen Gott nicht als Einübung allgemein in eine Untertanenmentalität, in eine blinde Folgsamkeit gegen «wen auch immer» verstanden werden. Der Gehorsam gegen Gott drängt zu einer grundsätzlichen *Unterscheidung* seines Anspruchs von allen anderen Ansprüchen und so im Kern zu einem kritisch-prüfenden Umgang mit allen irdisch-menschlichen «Befehlen».[509] Dem entspricht, dass die Teilhabe *aller* Christen am königlichen Amt Christi zentral in der «Gewissenfreiheit» (liberté de conscience)[510] besteht.

Wenn Gottes heilsamer Wille zur befreienden Erlösung der Menschen und sein Anspruch auf ihren Gehorsam einander nicht widersprechen, dann ist dieser Gehorsam nicht nur so zu verstehen, dass er in Freiheit gegenüber *anderen* Gehor-

---

508 Vgl. Calvins Auslegung der Apostelgeschichte, zu Apg. 5,29 = CO 48, 109.

509 Nach K. Barth, Die Theologie Calvins (Anm. 499), 276, relativiert Calvin darum auch alle theologischen Programme einer richtigen und sei es aus dem Evangelium geschöpften «Lebens- und Weltgestaltung» – in der Erkenntnis, «dass jenes letzte Wort: Tu dies und lass jenes! freilich gesprochen werden muss (dieses ‹muss› ist spezifisch reformiert!), dass es aber nur von Gott selber als sein eigenes Wort gesprochen werden kann (wenn die reformierte Theologie mit ihrer Richtung auf die Ethik daran etwas ändern wollte, dann wäre sie der Abfall von der Reformation!). Wer von einem Unterricht in der christlichen Religion ein Programm oder auch nur ein System von Weisungen erwartet, [...] der darf sich nicht an Calvin wenden.» Auch der strikteste *Gehorsam* gegenüber Gottes Anspruch darf also nicht zu einer Ineinssetzung von Gottes Willen und unserem Wollen führen. Mein Wollen kann dem ihm immer vorangehenden Willen Gottes nur *folgen.*

510 Genfer Katechismus, in: hg. von W. Niesel, Bekenntnisschriften und Kirchenordnung der nach Gottes Wort reformierten Kirche, Zürich 1938, 7, Z.21 (= CStA Bd. 2, 29 Z.3); vgl. Heidelberger Katechismus, Frage 32.

samsansprüchen stellt. Dann kann er solche Freiheit nicht sein, wenn nicht der Gehorsam gegen *Gott* auch *als solcher* ein Akt christlicher Freiheit ist. In der Tat hebt nach Calvin Gottes bestimmendes Wirken an uns nicht unser verantwortliches Eigenwirken auf. Sondern beides passt zusammen (I 17,3;5; 18,2: optime conveniant haec duo inter se). Darum legt er Wert darauf, dass Gottes Gebieten und die Aufgabe, ihm nachzukommen, normalerweise keinen Zwang bedeutet (II 8,14). Mit Zwang verwechselbarer, erzwungener Gehorsam ist noch nicht der von Gott gewollte Gehorsam.[511] Rechter Gehorsam gegen Gott ist nur in einem durch Liebe geschaffenen Vertrauensverhältnis möglich.

«Niemand wird sich frei und willig dem Gehorsam gegen Gott unterziehen, der nicht seine väterliche Liebe gekostet und dadurch bewegt wurde, ihn zu lieben und zu ehren» (I 5,3).

Es geht dabei nicht um eine raffinierte Methode zur Herstellung des Gehorsams. Dieser ist so sehr Gestalt der Liebe zu Gott, dass es erst dann bei uns zu rechtem Gehorsam gegen Gott gekommen ist, wenn wir ihm *freiwillig* gehorchen: in «freiwilligem Gehorsam» (voluntarium obsequium – III 20,42 f.), in der Lust und Freude zum Folgen (obsequendi alacritas – III 3,15). Unser Gewissen gehorcht dann Gott und seinem Willen, wenn es das tut: «nicht gleichsam durch eine gesetzliche Nötigung erzwungen, sondern freiwillig, befreit vom Joch des Gesetzes» (III 19,4). Es entspricht hier dem souveränen Gott zwar kein ebenso souveräner Mensch. Denn es besteht zwischen Gott und Mensch ein unumkehrbares Verhältnis, in dem Gott vorangeht und der Mensch folgt. Aber das bedeutet anderes als die Nötigung der Zustimmung eines Geketteten zu seinen ohnehin nicht zu beseitigenden Ketten. Sondern darum geht es: Gott ist und bleibt die Quelle der eigenen Verantwortung. Die Souveränität Gottes ist hier in einer Weise gefasst, dass sie nicht als Verfügung zu blinder Unterwürfigkeit über den Menschen kommt, sondern als der von unterdrückenden Ansprüchen befreiende Anspruch zu *«freiem Gehorsam»*. Wo blinde Unterwerfung herrscht, da ist unverantwortliche Menschenmasse. Ist aber der rechte Gehorsam *freier* Gehorsam, so ist er der Gehorsam eines verantwortlichen Subjekts. Ohne dessen Existenz wäre ja auch jene für den Gehorsam gegen *Gott* erforderliche Unterscheidung zwischen *seinem* Anspruch und *anderen* Ansprüchen nicht nachvollziehbar.

Durch die so verstandene Souveränität Gottes wird auch ein tief greifender Unterschied gesetzt zwischen dem «geistlichen Reich» (regnum spirituale) und der «bürgerlichen Einrichtung» (civilis ordinatio), dem «politischen Reich» (regnum politicum) (IV 20,1; III 19,15). Jenes, sagt Calvin im Anschluss an paulini-

---

511 Wenn es freilich im Staatsleben solchen erzwungenen Gehorsam gibt, so ist das nicht die Normalgestalt, sondern eine Fremdgestalt von Gehorsam, vgl. Institutio II 7,10.

sche Terminologie, betreffe den «inneren», dieses den «äußeren Menschen». Aber zugleich sagt er, diese Terminologie zutreffend deutend: Jenes beziehe sich auf das *«zukünftige ewige Leben»* (futuram aeternamque vitam) und dieses auf das *«gegenwärtige vergehende Leben»* (praesentem fluxamque vitam) (IV 20,1). Ja, er sagt, dass wir es dabei mit «zwei Welten» zu tun haben, «in denen verschiedene Herrscher und verschiedene Gesetze regieren können» (III 19,15). Aber was bedeutet diese Unterscheidung? Macht sie Christen zu Bürgern zweier Reiche, die sich innerlich-seelisch und äußerlich-leiblich je nach ganz anderen Herrschern und Gesetzen zu richten haben?

Die Sache ist komplexer. Indem die Christen von jenem kommenden Reich wissen, bricht es bei ihnen schon in einem «gewissen geringen Anfang» an (IV 20,2). Aber der besteht darin, dass sie damit zu *Hoffenden* und in der Hoffnung auf dieses Reich zu aufbrechenden, mobilen *Pilgern* auf der Erde werden (ebd.). Das bedeutet nicht, dass sie damit der Erde entfliehen können oder müssen. Indem *Gott selbst* zwischen beiden «Reichen» den Unterschied setzt, *qualifiziert* er beide in bestimmter Weise. Aber er zieht damit nicht sich selbst zurück von dem einen, um nur in dem anderen zu regieren. Er qualifiziert damit das «politische Reich» als ein zeitliches, vergehendes. Aber so lässt er es gelten und «löscht» nicht etwa «das gegenwärtige Leben aus» (ebd.). Nur als Provisorium will er es anerkennen. Aber so erkennt er es an. Er will es so auch von den Christen anerkannt wissen und will, dass es darin so menschlich zugehe, dass, wer es auslöschen wollte, die Menschlichkeit auslöschen würde. Gott will also, dass, solange noch unsere irdische Pilgerschaft währt, in diesem politischen Reich – neben dem Schutz der äußeren Gestalt des Gottesdienstes – «unser Leben zur menschlichen Gesellschaft gestaltet, unsere Sitte zur bürgerlichen Gerechtigkeit geformt wird, wir verträglich miteinander umgehen und ein allgemeiner Friede und öffentliche Ruhe herrsche» (ebd.). Indem Gott den Unterschied zwischen den beiden Reichen setzt und indem er in diesem Unterschied beide anerkennt, sind wir Menschen auch im politischen Reich nicht diesem seinem Gebot entzogen. Christen bejahen darum die staatliche Aufgabe. Aber sie wissen dabei auch, dass alle staatliche Bemühung einen grundsätzlich provisorischen Charakter hat. Daher kann die Frage immer wieder neu und nie abschließend erwogen werden, in welcher Weise und Form der Staat seiner Aufgabe am besten nachkommt. Dieselbe Erkenntnis hält aber auch für Christen die Frage offen, ob oder wie sie die faktische Handhabung der Aufgaben im bürgerlichen Reich durch seine verantwortlichen Leiter anerkennen und unterstützen, an Verbesserungen im öffentlichen Leben mitarbeiten oder Fehlwege kritisieren oder notfalls sich bestimmten Vorschriften verweigern. Sie haben die Frage je neu zu beantworten. Dieselbe Erkenntnis hindert Christen auch an dem Wahn, «das Reich Christi unter den Elementen dieser Welt zu suchen oder einzuschließen» (IV 20,1),

d. h. an dem Wahn, als hätten ihre eigenen Beiträge zur Handhabung der politischen Aufgabe mehr als auch nur einen provisorischen Charakter.

Calvin folgert aus der «Souveränität Gottes» darum auch nicht die Notwendigkeit einer bestimmten Staatsform. Jedenfalls entspricht der «Souveränität Gottes» keine religiöse Sanktionierung autoritärer politischer Herrschaft. Der «freie Gehorsam» gegenüber dem Anspruch Gottes bewährt sich gerade in der Nicht-Identifizierung irgendwelcher irdischer Ansprüche mit diesem. Diese Nicht-Identifizierung bedeutet deren *Relativierung*, aber nicht deren Aufhebung. Man darf die irdischen Ansprüche nicht beiseite schieben, während wir noch im Pilgrimstand sind, um an ihre Stelle jenes «geistliche Reich» zu rücken. Denn das würde bedeuten, dass dann entweder dieses geistliche Reich zu etwas Zeitlich-Relativem gemacht oder ein Relatives verabsolutiert würde. Im Rahmen des Vorläufigen und Provisorischen hat der Staat eine legitime Aufgabe und haben seine Organe eine legitime Autorität, die christlich anzuerkennen ist – auch wenn deren Handhabung grundsätzlich korrigierbar und überprüfbar ist. Ohne selbst diesen Rahmen zu verlassen, haben Christen einen freien Spielraum, sich an der politischen Aufgabe zu beteiligen. Entscheidend ist dabei die Unterstützung der politischen Aufgabe und der Autorität des Staatsleitung unter der Voraussetzung ihrer Relativierung durch den souveränen Gott. Im Einschärfen dieser Erkenntnis hat Calvin eine Atmosphäre geschaffen, die einem sich an Gottes Stelle setzenden Obrigkeitsstaat abträglich und der Vorbereitung eines demokratischen Denkens zuträglich war.

3. Die Gestalt der Kirche

Dass Calvin zuerst Theologe und Christ und erst dann auch Bürger sein wollte, dem entspricht, dass wir nicht von seinem Verhältnis zur Politik sprechen können, ohne zuvor von seiner Bemühung um die *Kirche* und ihre rechte Gestalt zu reden.[512] In der Vorordnung der Frage nach der Kirche vor der Frage nach dem Staat geht es nicht um *ihre* Vormachtstellung. Es geht um die Einsicht: Die Kirche treibt Politik am besten in ihrer Bemühung darum, dass sie – in ihrer Verkündigung und Gestalt – *Kirche* und als Kirche in *Ordnung* ist. Die Reformatoren waren sich darin einig, dass die sichtbare Kirche nicht ohne bestimmte Ordnung und Rechtsgestalt existieren kann. Im Protest gegen eine römische Rechtskirche, in der einerseits die Bischöfe als weltliche Herrscher auftreten konnten, in der an-

---

512 So M. Geiger, Kirche, Staat, Widerstand. Historische Durchgänge und aktuelle Standortbestimmung, ThSt 124, Zürich 1978, 18 f.

dererseits das Kirchenrecht als «göttliches Recht» ausgegeben wurde, waren sich die lutherische und zwinglische Reformation überdies einig, dass die Kirche sich ihre Ordnung von der staatlichen *Obrigkeit* geben lassen soll und kann. Denn es gehe dabei ja nur um die äußerliche, weltlich-sichtbare Erscheinung der Kirche bzw. man meinte, faktisch mit einer christlichen Obrigkeit rechnen zu dürfen. Calvin begann gegenüber dieser Lösung kritisch zu werden. Erschrocken sah er die Gefahren eines Staatskirchentums, bei dem die Staatsleiter in die Kirche hineinregieren.[513] Ebenso hatte er die Notwendigkeit der hugenottischen Kirche vor Augen, sich ohne oder gegen staatliche Einsprüche zu organisieren. Demgegenüber lag ihm daran, dass die Kirche *ihre* Ordnung *sich selbst* gibt.

Die Konsequenz dessen konnte er kaum ahnen, weil das letztlich zur Trennung der Kirche von einem weltanschaulich neutralen Staat führte. Diese Konsequenz wollte er wohl auch nicht. Er sah ja für den Staat auch die Aufgabe der Sorge für das Einhalten der ersten Tafel des Dekalogs vor. Das konnte freilich einfach heißen: für den Schutz des Gottesdienstes. Faktisch hat er jedoch für jene Konsequenz die Tür geöffnet. Ausschlaggebend dafür war ein theologischer Grund: Die Kirche kann die Autorität Gottes *kennen* und sich nach ihr richten. Darum hat sie dafür einzustehen, dass ihre eigenen «Satzungen» (constitutiones) in ihrer sichtbaren Gestalt zuerst nicht auf die sonst im sichtbaren, weltlichen (staatlichen) Raum geltenden Gesetze, sondern «auf die Autorität Gottes begründet und aus der Schrift genommen» sind. Eben so stellen ihre Satzungen klar, dass sie *Kirche* ist und in ihrer äußeren Gestalt weder ein Anhängsel an den Staat noch ein Staat neben dem weltlichen Staat. Freilich, die Kirche ist die noch auf Erden wandernde Pilgerschar. Darum sind ihre Ordnungen nicht «göttliches Recht» (ius divinum), sondern «*menschliche* Satzungen», nicht unveränderlich, sondern zeitlich, variabel und korrigibel, aber doch auch nicht zufällig und beliebig. Sie sind nicht heilsnotwendig, aber sie sollen dem Heilsnotwendigen angemessen und dem göttlichen Recht entsprechend sein (IV 10,30). Sie haben die «Autorität Gottes» zu respektieren und zu bezeugen; *und* sie haben zugleich beides in Einklang zu bringen: das *Zusammenleben* in Liebe und die *Freiheit* der Gewissen.

Eine kirchliche Ordnung ist nach Calvin um der *Gemeinschaft* und der gegenseitigen *Liebe* willen nötig (ad communem usum – ut communi officio alatur inter nos charitas, IV 10,28). Es geht dabei auch um das, was Calvin nüchtern nennt: eine gewisse Einschränkung der persönlichen Freiheit zugunsten eines erträglichen Auskommens miteinander. Es geht dabei vor allem um das Berücksichtigen der

---

513 Vgl. Calvin, Briefe, 231: Calvins Kritik (11.9.1542 an Pierre Viret) am Berner Staatskirchentum, in dem man werde «reden oder schweigen müssen, je nachdem sie [die Magistraten] mit dem Finger winken».

Liebe (charitatis ratio, IV 10,32). Die Gestalt der Kirche hat der gegenseitigen Liebe, der sozialen Kommunikation im Leben der Kirche Raum zu geben.

«Nach *der* Ordnung werden die Heiligen zur Gesellschaft (societas) Christi versammelt, dass sie die Wohltaten, die Gott ihnen gewährt, *gegenseitig* sich einander mitteilen [...] Es kann nämlich nicht anders zugehen, wenn sie überzeugt sind, dass Gott für sie alle der gemeinsame Vater und Christus das gemeinsame Haupt ist, dass sie als solche, die in geschwisterlicher Liebe einander verbunden sind, einander gegenseitig das Ihre mitteilen» (IV 1,3).

Speziell die Abendmahlsfeier ist bedeutsam für das Zusammenleben der Gemeinde und ist so ein Schlüssel für Calvins Fassung der Kirchenordnung:

«Wir können nicht mit unseren Brüdern in Zwietracht leben, ohne zugleich mit Christus in Zwietracht zu sein. Wir können Christus nicht lieben, ohne dass wir ihn in unseren Brüdern lieben. Die Sorge, die wir um unseren Leib tragen, müssen wir auch an unsere Brüder wenden, die doch Glieder an unserem Leibe sind; und wie kein Stück unseres Leibes von irgendeinem Schmerzempfinden berührt wird, das sich nicht zugleich auf alle anderen übertragen wird, so können wir es auch nicht ertragen, dass ein Bruder von irgendeinem Übel befallen wird, das wir nicht auch selbst durchlitten» (IV 17,38).

Von hier aus hat Erik Wolf die These vertreten: «Eine bruderschaftliche Verfassung [...] muss jeder calvinistischen Sozialordnung als eine Grundforderung christlicher Lebensgemeinschaft erscheinen.»[514] Die Ordnung der *Kirche* muss demnach durch die Dimension solidarischer Gemeinschaft und der Verantwortung füreinander ausgezeichnet sein. Wolf setzt hinzu, dass diese «bruderschaftliche Verfassung» bei Calvin «auf selbstverantwortliche Mitregierung jedes einzelnen Gemeindemitglieds [...] gegründet ist». Calvin hat auch hier mehr nur eine Tür entdeckt, als dass er durch sie hindurchgeschritten wäre.[515] Aber immerhin hat er sich in diese Richtung bewegt. Für ihn ist weder die Freiheit der Glieder der Kirche auf Kosten ihrer sozialen Dimension zu haben noch umgekehrt. Ist der «Befreier» (liberator) Christus ihr König, dann gilt:

«Von dem Gesetz der Freiheit (libertatis lege), nämlich vom heiligen Wort des Evangeliums, müssen sie regiert werden [...]: keine Knechtschaft darf sie mehr festhalten, keine Fesseln dürfen sie mehr binden» (IV 10,1).

---

514 E. Wolf, Theologie und Sozialordnung bei Calvin, in: Archiv f. Reformationsgeschichte 42 (1951), 20.

515 Man verweist hier etwa darauf, dass nach der Genfer Kirchenordnung von 1561 (CStA Bd. 2, 240, 29 f.) die Gemeinde an der Pfarrerwahl nicht durch eine förmliche *Wahl*, sondern nur «par consentement commun» beteiligt war.

Doch ist die christliche Freiheit kein Gegensatz zu einer Kirchenordnung. Gemäß der Zusammenschau von Gehorsam und Freiheit muss die christliche Freiheit in der Ordnung der Kirche selbst ein bestimmender Faktor sein. Dann ergänzen und bedingen der Aspekt der Gemeinschaft und der Aspekt der Freiheit einander. Tatsächlich hat Calvin den Weg dafür geebnet, indem für ihn jeder Christ kraft seines *Glaubens* – also nicht als Handlanger des Pfarrers – am dreifachen Amt Christi als König, Priester und Prophet aktiv teilhat.[516] Grundsätzlich steht kein Christ über oder unter dem anderen, sondern stehen alle in eigener Freiheit nebeneinander. «Die Kirche hat Christus zu ihrem *einzigen* Haupte, unter dessen Herrschaft wir alle miteinander verbunden sind» (IV 6,9). So kann man auf Calvin zurückverfolgen, was Karl Barth über die synodale Tradition der Reformierten sagte: «Ihre formelle Aristokratie ist doch nur repräsentative Demokratie, Korrelat der Autokratie Christi. Kein Amt, kein Klerus darf sich hineinschieben zwischen den Imperator Christus im Himmel und die auf Erden souveräne christliche Landsgemeinde.»[517] Wie Christsein *mündiges* Christsein heißt, zeigt Calvins Brief an Frauen in Paris, die wegen ihres Glaubenszeugnisses inhaftiert waren:

«Und wenn sie aus dem Geschlecht oder äußeren Stand Anlass nehmen, ganz besonders über uns herzufallen (wir sehen ja, wie sie über Frauen und einfache Handwerker spotten, als käme es denen nicht zu, von Gott zu reden und ihr Seelenheil zu kennen!), so müssen wir sehen, wie Gott täglich wirkt durch das Zeugnis von Frauen und seine Feinde bestürzt macht. [...] Da es [...] Gott gefallen hat, Euch zu berufen so gut wie die Männer (denn vor ihm gilt nicht Mann noch Weib), so müsst Ihr auch Eure Pflicht tun [und dürft] nicht feige sein. [...] Da wir alle zusammen unser Heil haben in ihm, müssen wir einmütig, Männer wie Frauen, seine Sache führen.»[518]

Gewiss befürwortet Calvin auch eine *Leitung* der Gemeinde, doch strikt *in* der Klammer, dass Christus und sein Wort hier allein die «Regierung» (imperium) hat: «Er allein soll in der Kirche bestimmen und leiten» (regere et regnare) (IV 3,1). Darum sind die Kirchenleiter nicht als «Kirchenobere» oder «Amtsträger», sondern als *Diener* (ministri) Christi zu verstehen. Konkretes Zeichen dafür ist, dass nach Calvin die Gemeindeleitung einem *Kollegium* obliegt, und zwar einem, in dem sich das dreifache Amt Christi in einer *Auffächerung* von drei verschiedenen Funktionen widerspiegelt. Dem prophetischen Amt Christi entspricht die Verkündigungs- und Unterrichtsaufgabe, dem königlichen der kirchenlei-

---

516 Calvin, Genfer Katechismus, CStA Bd. 2, 28 f.; ders., Institutio II 15,2.4.6. Vgl. Heidelberger Katechismus Fr. 32.
517 K. Barth, Die Theologie und die Kirche. Ges. Vortr. Bd. 2, München 1928, 82.
518 Calvin, Briefe, 916: Brief an Nicolas des Gallars in Paris, 16.9.1557.

tende Dienst des Presbyteriums und dem priesterlichen Amt Christi die diakonische Armenfürsorge. Was die Gemeindeleitung in diesen drei Funktionen tut, kann den Gemeindegliedern darum keine fremde Herrschaft sein, weil zugleich jeder Christ in der Teilhabe an Christus an *allen* drei Funktionen teilhat und sie in sich vereint. Wiederum, in der *Leitung* der Gemeinde kommt es auf eine Gewaltenteilung an, also darauf, dass diese drei Aufgaben gerade nicht in *einer* Hand vereinigt sind. Die «Regierung» der Gemeinde durch *Christus* hängt damit zusammen, dass die drei Ämter nur in seiner Hand vereint sind. Und dass die von *Menschen* wahrgenommenen gemeindeleitenden Ämter nicht in *eine* Hand gelegt sind, das bezeugt, dass sie *Dienst* im Gehorsam gegen den einen Regenten der Gemeinde sind. Die «formelle Aristokratie» der Gemeindeleitung ist somit in der Tat als «Korrelat der Autokratie Christi» eine «repräsentative Demokratie». Es lässt sich fragen, ob die zur modernen Demokratie gehörende Gewaltenteilung – Legislative, Exekutive, Judikative – in dem dreifachen Amt der Gemeindeleitung in der auf Calvin zurückgehenden reformierten Tradition ihren Vorläufer hat.

Calvin vollzog in seiner Ämterlehre eine tief greifende Korrektur am römischen System. Dort ist das Dasein des Papstes grundlegend, weil er als der sichtbare Stellvertreter Christi gilt. Deshalb sind in ihm *diese* drei Funktionen in *einer* Hand vereint: das oberste Priesteramt (summum sacerdotium, IV 6,2), die Autorität zur Aufstellung von Glaubenssätzen (authoritas dogmatum tradendorum, IV 8,1) und die gesetzgebende Gewalt (potestas in legibus ferendis, Titel zu IV 10). Es war folgenschwer, dass Calvin dagegen lehrte: Diese dreifache Gewalt habe *ausschließlich* Christus und kein irdischer Stellvertreter inne, doch so, dass *alle* im Glauben an Christus gleichermaßen an diesem dreifachen Amt Christi teilhaben. Hingegen bestritt er kategorisch, dass in der öffentlichen Darstellung der Kirche in ihrer Leitung «ein einziger Mensch der ganzen Kirche vorstehe» (hominum *unum* praeesse). Eine solche «Monarchie» sei schon in der bürgerlichen Welt «vollkommen absurd», aber in der Kirche ein «Riesenunrecht» (insignis iniuria) gegen Christus (IV 6,9). Zum Zeichen dafür, dass die Kirchenleitung Christus als das *alleinige* Haupt der Kirche nicht ersetzen kann und dass Kirchenleitung nicht Repräsentation Christi gegenüber der Gemeinde, sondern *Dienst* gegenüber Christus ist, und so auch zum Zeichen dafür, dass die Gemeindeleitung die Freiheit *aller* Christen zu und in der Teilhabe am dreifachen Amt Christi nicht verdrängen darf, müssen die drei Funktionen in *mehrere* Hände gelegt werden.

Dadurch wandelt sich aber jenes System tief greifend. Denn erstens ist die Ausübung jener drei Funktionen nun nicht mehr als Ausübung von *Gewalt* zu verstehen. «Die Kirche hat nicht Macht, einen Zwang auszuüben (cogendi potestas), und soll sie auch nicht begehren» (IV 11,16). Zweitens wandelt sich damit auch der *inhaltliche* Sinn der drei Funktionen: Das Lehramt kann dem biblischen

Zeugnis nicht neue Lehren hinzufügen. Es hat sich an dieses eine Zeugnis zu halten und damit der Verkündigung des Wortes Gottes und der Unterweisung in ihm zu dienen. Die Jurisdiktionsgewalt wird zur Aufgabe der vor allem seelsorgerlichen Gemeindeaufsicht, damit «die Glieder des Leibes, jedes an seinem Platz, miteinander verbunden leben» (IV 12,1). Und das priesterliche Amt kann nicht zwischen Gott und Mensch vermitteln, was Christus allein vollbracht hat, sondern es dient der in der Abendmahlsfeier begründeten Bereitschaft zum «lebendigen Dankopfer», konkret: der diakonischen Fürsorge für die Bedürftigen.[519] So repräsentiert die Gemeindeleitung die Vielfalt des von Christus regierten Lebens seiner Gemeinde.

Dass die Kirche sich ihre Ordnung selbst gibt, dass diese Ordnung nach den jeweiligen Umständen variabel ist, und das erst recht, wenn sie sich als wandernde Pilgerschaft versteht, dass ihre Gestalt jedoch bestimmt sein muss durch die Gemeinschaft gegenseitig verbundener Glieder *und* durch die Freiheit der Glieder in Betätigung ihrer Teilhabe am dreifachen Amt Christi, dass schließlich die Gemeindeleitung durch eine Aufteilung in verschiedenen Funktionen charakterisiert sein soll – alle diese Erkenntnisse fließen in einer weiteren Entscheidung zusammen. Die prägt das Reformiertentum bis heute in seiner absichtlich gewollten Mannigfaltigkeit. Denn wie aus all dem Genannten folgt, ist die christliche Kirche zuerst in einer konkret bei ihrer Verantwortung behaftbaren und darum lokal oder regional überblickbaren Schar erkennbar. Wie Calvin betont, ist jede einzelne Gemeinde nicht eine Filiale der Kirche; dann läge *die* Kirche oberhalb der Einzelkirche oder würde erst durch den Zusammenschluss mit anderen Einzelgemeinden zur Kirche. Sondern «eine jede Gemeinde hat mit vollem Recht den Namen und die Autorität der Kirche inne» (IV 1,9). Aus der reformatorischen Erkenntnis, dass die Kirche da sichtbar ist, «wo Gottes Wort rein verkündigt und [!] gehört wird, wo wir die Sakramente nach der Einrichtung Christi ausgeteilt sehen» (ebd.), schließt Calvin, dass die konkret an einem Ort versammelte Kirche im Vollsinn Kirche ist. Gewiss kennt er auch «die universale Kirche»: die Gesamtheit der Kirchen, die, räumlich getrennt, in der Wahrheit der göttlichen Lehre und durch die gleiche Gottesverehrung verbunden sind (ebd.). Diese Kirchen sollen in freiem, geschwisterlichem Kontakt stehen. Sie können auch gemeinsame Beschlüsse fassen, aber das nur durch das Zusammentreten von Delegierten aus Pfarramt und Presbyterium der Einzelgemeinden. Nur so ist im Blick auf Be-

---

519 Calvin hat das als eine eigene Funktion kirchlicher Verantwortung wahrgenommen und hat gerade das als die einzig der Kirche noch übrigbleibende Entsprechung zu dem unwiederholbar einmaligen Priestertum Christi verstanden. Dieser Fürsorge-Aufgabe hat er zugleich die Verwaltung der kirchlichen Gelder zugeordnet.

schlüsse, die für alle Einzelgemeinden verbindlich sind, der Grundsatz durchführbar, der an der Spitze der Kirchenordnung (Discipline écclesiastique) der Hugenottenkirche steht und der die rechtliche Anwendung der Erkenntnis ist, dass jede Einzelkirche im Vollsinn Kirche ist: «Erstens gilt, dass keine Kirche sich Vorherrschaft und Beherrschung gegenüber einer anderen anmaßen darf.»[520] Das ist im Kern das synodale Prinzip. In ihm kommt es zu überörtlichen Verbindlichkeiten auf dem Weg von Zusammenkünften, die von der Basis der einzelnen Ortsgemeinden beschickt sind. Darin prägt sich das typisch reformierte Misstrauen gegen alles irdische Oben aus: gegen oberhalb der Gemeinden und außer ihrer Kontrolle sich bildende Machtzentren, die über sie befinden. Hier ist auch die Wurzel für die spezifisch reformierte ökumenische Offenheit, weil man dabei mit Anderen verkehren kann, ohne Furcht, sich ihnen unterwerfen zu müssen, aber auch ohne die Bedingung, dass die anderen unter das eigene Dach kommen sollen.[521] Hierher gehört auch das eigentümliche Faktum, dass die reformierte Kirchen-Familie zwar in verschiedenen Regionen mannigfache Bekenntnisse hervorgebracht hat, doch bis heute auf ein sie im Ganzen umfassendes reformiertes Bekenntnis verzichtet. Das alte Reformiertentum hat ein demokratisches Denken und Verfahren durch diese Konzeption von der synodalen Gestaltung der Kirche und durch die dadurch geprägte Mentalität befruchtet.

---

520 Niesel, Bekenntnisschriften (Anm. 510), 75: «Premierement, que nulle Eglise ne pourra pretendre principauté ou domination sur l'autre.» Den Satz übernahm in zugespitzter Form die niederländische Kirche noch während des niederländischen Freiheitskampfs gegen die autoritäre spanische Macht in ihrer 1571 in Emden beschlossenen Kirchenordnung: «Nulla Ecclesia in alias, nullus Minister in Ministros, Senior in Seniores, Diaconus in Diaconos primatum seu dominatum obtinebat, sed potius ab omni et suspicione et occasione sibi cauebit» (A.a.O., 279).

521 Im 16. Jahrhundert bildete sich auf dieser Linie in Ostfriesland ein ökumenisches Verfahren aus. Vgl. J. Weerda, Nach Gottes Wort reformierte Kirche, TB 23, München 1964, 76 ff., bes. 115 f.: Johann a Lasco verband dort reformierte und lutherische Pastoren im selben Prediger-Coetus auf der Basis der Marburger Artikel von 1529 (von Luther und Zwingli!), in denen Gemeinsames und Trennendes genannt war: das erstere jetzt verstanden als Grund für die Verbundenheit trotz des Trennenden und letzteres als die gemeinsam noch zu bearbeitende Aufgabe. Vgl. Kap. 5. – Für die Reformierten ergibt sich auf den obigen Linien ein Konzept bei der heutigen Diskussion um «Europa»: eine kooperative Offenheit für Europa *und über Europa hinaus* bei gleichzeitiger Ablehnung eines Zentralismus zugunsten einer Föderation eigenverantwortlicher «kleiner Einheiten».

4. Das Verhältnis zum Staat

Die Frage des Verhältnisses zur politischen Sphäre hat für Calvin, wie gesagt, die Bedeutung eines Beiläufigen. So beginnt er in der Institutio seine Ausführungen dazu (IV 20,1): Es scheine sogar, diese Frage habe gar nichts zu tun mit der «geistlichen Unterweisung im Glauben, die zu behandeln ich unternommen habe». Wenn es dennoch dazu eine «Nötigung» gebe, dann nur wegen zwei drohenden Gefahren, die allerdings den Glauben so berühren, dass ohne Abgrenzung gegen sie «die Reinheit des Glaubens (fidei sinceritas) zugrunde gehen würde». Die eine geht von Christen aus, die unter Berufung auf Gott den Staat verwerfen; sie wenden sich damit vielmehr gegen Gott. Die andere geht von staatlichen Herrschern aus, die ihre Macht so maßlos ausüben, dass sie damit ebenfalls «dem Regiment Gottes selbst widerstehen» (Dei ipsius imperio opponere). Weil so oder so die «Reinheit des Glaubens» auf dem Spiel steht, darum ist die «geistliche Unterweisung im Glauben» herausgefordert, sich zu dieser Frage zu äußern. Calvin tut das, indem er zwei Grundsätze formuliert und sie erläutert. Er will damit das geltend machen, was jene den Glauben antastenden zwei Gefahren gründlich ausräumen soll.

Erstens: Der Staat muss nicht anders sein, als er ist, damit Christen im Glauben *Gott* gehorsam sein können. Denn kein Staat, er mag sein und handeln, wie er will, kann sie an solchem Gehorsam hindern. Es geht Calvin hierbei nicht um die Legitimierung jedweden Staats, sondern darum, dass Christen bei aller Beschäftigung mit dem Staat nicht ihre Christlichkeit verleugnen. Daher sollen sie selbst dann, wenn Staatslenker sich derart gegen Gott stellen, dass sie auch ihren Glaubensgehorsam antasten, sich klar machen, «dass wir den Gehorsam, den der Herr verlangt, dann leisten, wenn wir lieber alles Erdenkliche leiden, als von der Frömmigkeit zu weichen» (IV 20,2). Wir haben dann zu *leiden* und nicht etwa gegen den Staat zu kämpfen, um einen anderen herzustellen. Wir sollen das darum nicht, weil wir auch inmitten eines Staates, der ist, wie er in diesem Extremfall ist, keinen Grund haben, vom Glaubensgehorsam gegen Gott zu weichen. In diesem Gehorsam dürfen wir nicht sagen: Erst wenn die und die politischen Bedingungen erfüllt sind und der Staat so und so gestaltet sein wird, wird solcher Gehorsam *möglich* sein. Keine staatlichen Zustände begründen den Glaubensgehorsam. Er wird weder durch bessere politische Zustände ermöglicht noch durch schlechtere verunmöglicht. In dem Sinn hebt Calvin hervor, «dass Christi geistliches Reich und die bürgerliche Ordnung zwei völlig verschiedene Dinge sind». In dem Sinn sagt er sogar: «Geistliche Freiheit kann mit politischer Knechtschaft bestens bestehen» (IV 20,1). Das stellt nicht das Dogma der Vereinbarkeit von innerer Freiheit und äußerlicher Sklaverei auf, sondern sagt: Auch solche Knechtschaft vermag uns nicht die geistliche Freiheit zu rauben, die wir im Gehorsam gegen Gott haben. Verdanken wir diese Freiheit nicht politischer Liberalität, so kann politische Willkür sie auch nicht verhindern. Der erste Teil in jenem Doppelsatz oszilliert also eigentümlich. Einerseits hat er einen nüchtern-*pragmatischen* Aspekt, der erlaubt und auffordert, sich auf die jeweils gegebenen Umstände einzustellen, statt sie mit müßigen Disputationen darüber zu überspringen, «was der angenehmste politische Zustand an dem Ort, an dem wir leben, sein *würde*» (IV 20,8). Andererseits hat er zugleich einen höchst *kritischen* Aspekt. Denn er statuiert nicht abstrakt eine Gleichgültigkeit des Glaubens gegenüber der Politik (alles Folgende stünde dann im Widerspruch dazu). Vielmehr entzieht er, aufgrund der Unterscheidung des «geistlichen Reichs Christi» von allen politischen Ordnungen, dem politischen status quo eine religiöse Sanktionierung.

Zweitens gilt komplementär zum ersten der andere Satz: Inmitten des Staates gilt es für Christen, Gott zu gehorchen, und zwar Gott immer mehr als den Menschen. Das gilt nach Calvin auch dann, wenn der Satz normalerweise besagt, dass wir auch *Menschen* zu gehorchen, sprich: staatliche Autoritäten anzuerkennen und ihren Gesetzen nachzukommen haben. Der Gehorsam gegen Gott schließt den Respekt gegen staatliche Autoritäten nicht aus, sondern begründet ihn. Calvin kann auch stark von deren Würde reden: Sie sind zu «Dienern (ministri) der göttlichen Gerechtigkeit» eingesetzt, zum «Werkzeug (organum) der göttlichen Wahrheit», ja, zu «Gottes Stellvertretern (vicari)» und «Abgesandten (legati)» (IV 20,6). Also nun doch eine religiöse Sanktionierung der «politischen Administration»? Vorsicht! Ein ähnliches Oszillieren wie bei dem ersten Satz zeigt sich auch in dem zweiten. *Einerseits* ist deren göttliche Einsetzung als Wohltat *Gottes* (beneficium) dankbar zu ehren (IV 20,9). Denn es ist sein guter Wille, dass wir im Dasein der «politischen Administration» ein «subsiduum», d. h. Hilfsmittel, Beistand, Schutz von Gott gewährt bekommen, solange wir «Pilgrime auf Erden» sind und bei unserem Unterwegssein solcher Hilfsmittel bedürfen. Darum würden wir die «Menschlichkeit» selbst ausrotten, wenn wir dieses «Hilfsmittel» verweigern und das staatliche Regiment beseitigen wollten (IV 20,2). Man mag kritisch gegen die faktische Ausübung dieses Regiments sein, wie man es sein zu müssen glaubt, man darf auch dann ein staatliches Regiment nicht nicht haben wollen, will man nicht die Wohltat Gottes in dessen Einsetzung zu solchem Hilfsmittel verachten.

Aber *andererseits* gilt zugleich: Nicht schon damit, dass wir irgendeiner staatlichen Autorität gehorchen, gehorchen wir Gott. Immer nur umgekehrt: Weil wir *Gott* gehorchen, darum *auch* ihr – aber ihr «allein in ihm» (IV 20,32). «Ach, wenn das doch stets von uns beachtet würde, [...] dass alles auf die Autorität Gottes und seines Gebots hin zu geschehen hat! Wenn sie allem vorgeht, dann kann niemals der rechte Weg verfehlt werden» (IV 20,10). Das bedeutet für die staatlichen *Regenten*, dass sie sich zur Rechtfertigung ihrer Willkür, geschweige ihrer Untaten, nicht darauf berufen können, «Gottes Vikare» zu sein. Sie sind als solche umgekehrt zu einem menschlichen Höchstmaß an «Integrität, Vorsicht, Milde, Maßhalten und Unschuld» herausgefordert. Denn ihre *Untaten* sind nicht nur Menschenschinderei, sondern Gottesschändung (IV 20,6). Das bedeutet für die *Regierten*, dass sie nur eine begrenzte und keine absolute Folgepflicht gegenüber den Regenten haben. Und erkennt die Kirche die Magistraten als «Vikare *Gottes*», so macht sie doch keinen unbefugten Übergriff in das weltliche Regiment, wenn sie die *Grenze* dieser Pflicht einschärft: «Wenn sie etwas gegen ihn [Gott] befehlen, dann ist dem nicht stattzugeben noch zählt es; und wir dürfen hier in keiner Weise auf die Würde, die dem Magistrat zukommt, Rücksicht nehmen» (IV 20,32).

Jene zwei Grundsätze stehen nun hinter Calvins *Anwendung* einer Erkenntnis, die er, wie schon zuvor Zwingli,[522] von Plato und Aristoteles[523] übernehmen zu dürfen glaubt (IV 20,8): Es gebe die drei Staatsformen: Königtum (Monarchie), Herrschaft der Besten (Aristokratie) und Volksherrschaft (Demokratie). Nach Aristoteles können diese drei Staatsformen je in besonderer Weise ausarten. Darum bedürfen alle der Prüfung, ob sie «nach dem Maßstabe des Rechtes» auf «den gemeinen Nutzen abzielen» und den Staat aufrechterhalten als «eine Gemeinschaft freier Leute». Es ist eine spannende Frage, wie sich Calvins Aufruf zum Gehorsam gegen den biblischen Gott und diese anscheinend problemlose Übernahme griechischen Staatsdenkens zueinander verhalten. Doch nicht im Sinn einer Identifikation, so als wäre die aristotelische Staatstheorie als solche schon Gehorsam gegen Gott! Umgekehrt: Weil der Gehorsam gegen Gott nicht mit dem Gehorsam gegen einen bestimmten Staat und eine bestimmte Staatsform identisch ist, weil wir in der Anerkennung dessen vielmehr zu einem konkret-praktischen, freien Erwägen und Prüfen dessen gedrängt werden, was denn jeweils Recht und Unrecht heißt, darum kann die christlich-theologische Besinnung in dieser griechischen Theorie in all deren Profanität ein brauchbares Hilfsmittel bei der nötigen Klärung dieser Aufgabe erkennen.[524]

522 H. Zwingli, Erklärung des christlichen Glaubens (Expositio fidei), in: Zwingli, ZH 11, Zürich 1948, S. 334 f.; ferner: Huldrych Zwinglis Vorrede zu seinen Jesaja-Erläuterungen, in: Hg. von O. Farner, Aus Zwinglis Predigten zu Jesaja und Jeremia, Zürich 1957, 295–308.

523 Vgl. Plato, Nomoi, 4. Buch, 16. Kapitel; und: Aristoteles, Politik, 3. Buch, 8. Kapitel.

524 Differenzierte Überlegungen dazu – verbunden mit einer Verwahrung gegen «die gewisse Hetze gegen das Griechentum, die sich in der Theologie der letzten Jahre bemerkbar gemacht hat», die in der Regel verkennt, wie «diese griechischen Menschen […] als Bürger in

Denn in der Tat ist für Calvin die Überlegung wichtig, dass jede dieser drei möglichen Staatsformen gefährlich entarten kann: das Königtum zur Tyrannei, die Aristokratie zur Cliquenherrschaft, die Volksherrschaft zur sozialen Spaltung. Der Gedanke betont erneut, dass der Glaubensgehorsam in jeder Staatsform möglich ist, die nun einmal unter Gottes Vorsehung in den verschiedenen Regionen verschieden sein mag. Der Gedanke entbirgt aber auch die in dem Satz liegende kritische Kraft und treibt das Denken in die Richtung einer Einsicht, die der vornehmliche Beitrag Calvins zum Werden der modernen Demokratie ist. Er treibt dazu an, umso wachsamer das Augenmerk auf den – den Glaubensgehorsam herausfordernden – Punkt zu richten, wo die vorfindliche erträgliche Staatsform zu einer für die Bürger *unerträglichen* Entartung wird. Unerträglich ist sie da, wo die Wohltat Gottes in der Einsetzung des bürgerlichen Regiments pervertiert oder verleugnet wird, sei es durch die Auflösung des Regiments, sei es in dessen eigener Absolutsetzung, sei es im Angriff auf die Gemeinschaft im Staat, sei es im Angriff auf die Freiheit in ihm.

Was ist in diesem Fall zu tun? Weil dabei zutiefst die Wohltat *Gottes* in der Einsetzung der «politischen Administration» tangiert wird, hat die *Kirche* durchaus etwas dazu zu sagen. Zu *sagen!* Mehr als das Wort steht ihr dabei nicht zu Gebote, weil sie als Kirche kein anderes Machtmittel hat. Aber zu sagen hat sie dann ein *Konkretes*. Zwar ist *theoretisch* der Staat in jeder Staatsform gefährdet. Doch dieses Theoretische soll *praktisch* dafür wachsam machen, dass der Staat jederzeit durch Entartung bedroht ist; und die Kirche hat dann, wenn das in einer je bestimmten Weise der Fall ist, nicht eine allgemeine Staatstheorie zu vertreten, sondern gegen diese bestimmte, jeweils besondere Gefahr ihr Wort zu erheben. Es ist zumindest beim älteren Calvin so, dass er, der angebliche Verächter des Pöbels, faktisch den Staat nicht von unten gefährdet sieht, sondern von oben, von den ihn Beherrschenden. Demgegenüber meint er, dass eine Mischung aus der obengenannten zweiten und dritten Staatsform vorzuziehen sei, weil so die «Freiheit» des Volks eine «Lenkung» (moderatio) erfahre, ohne dass sie jene Freiheit «mindern» und «verletzen» dürfe. 1559 fügt er nun in seiner Behandlung des Staatsproblems in der Institutio den Satz ein, es bringe die Gebrechlichkeit des Menschen mit sich, «dass es sicherer und erträglicher ist, wenn mehrere das Staatsruder halten, so dass sie also einander gegenseitig beistehen, sich gegenseitig belehren und ermahnen, und wenn sich einer mehr als billig erhebt, mehrere Aufseher und Meister da sind, um seine Willkür im Zaume zu halten» (IV 20,8).

Freiheit miteinander zu leben gewusst haben» – finden sich bei K. Barth, Kirchliche Dogmatik III/2, 341 f.

Namentlich sein Daniel-Kommentar von 1561[525] ist unter der Textauslegung eine flammende Anklage wider die monarchistische Tyrannei. Er ruft gegen sie wohl nicht zum politischen Aufstand auf. Er entwickelt kein politisches Gegenprogramm. Er hofft angesichts des Übels jedoch auf Gott und seinen Christus, der der König der Welt ist, und darauf, dass er wie Gebeugte erheben, so Mächtige einsetzen und auch stürzen kann (385 f., 394). Aber in diesem Licht deckt Calvin schonungslos kritisch den Missbrauch von Macht, das Schreckensregiment der Herrscher auf: Sie, die «ihrer Wut die Zügel schießen lassen und meinen, sie dürften sich alles erlauben», nach der Devise: «Erlaubt ist, was gefällt», über deren Schwelle man nicht treten kann, ohne dass es «mit der Freiheit vorbei» ist (378). Sie, die, geblendet vom «Glanz ihrer Größe», dem «Größenwahn» verfallen sind (400). Sie, die damit doch vielen Eindruck machen, sodass diese «einfach nach des Königs Pfeife» tanzen; «was dem König gefällt, dem stimmen sie alle zu, wenn nötig, mit lautem Beifall» (409). Sie, die über alle «Untertanen frei verfügen», nicht, weil sie es dürften, aber «weil es sich alle schweigend gefallen lassen» (452).[526] Sie, die die «Heiligen», die dabei nicht mitmachen, belasten und belästigen «mit der Anklage auf Undank und Aufruhr» (412); denn «nichts ist für die Könige schwerer zu ertragen als Verachtung ihrer Befehle» (413). Sie, die schließlich bei dem allem die Religion nicht missen mögen, sondern sie noch so gern zur Festigung ihrer Macht in ihren Dienst stellen, die darum «mit großem Aufwand Tempel bauen»; und wenn «man sie fragt, was für eine Absicht sie dabei leite, so erfolgt sofort die Antwort: das tun wir zur Ehre Gottes! Dabei suchen sie allein ihren eigenen Ruhm und ihre eigene Ehre» (405). Es ist für Calvin klar: Der kirchliche Widerspruch gegen sie muss gerade an dem letzteren Punkt ansetzen und ihnen die religiöse Stütze ihres Machtgefüges entreißen. Es musste denen, die erstmals diese – geradezu von einem Freiheitspathos getragene und zugleich das Funktionieren von Macht scharfsichtig analysierende – Kritik Calvins lasen,[527] klar sein: Seine Auszeichnung der staatlichen Magistraten als Gottes «Vikare» meint genau das nicht: eine Machtkonzentration an der Staatsspitze. Recht verstanden, bestreitet sie sie sogar. Das («lutherische») Argument der *Sünde*, der

---

525 Die im obigen Abschnitt genannten Zahlen nennen die Seiten in E. Kochs Übersetzung Johannes Calvins Auslegung des Propheten Daniel (abgek. D). Der lateinische Text: CO 40 (Kap. 1–5), 41 (Kap. 6–12).

526 Hat es bei Calvin eine Verachtung des Pöbels gegeben, dann dürfen diese Sätze nicht unterschlagen werden. Sie verraten die Einsicht, dass ein unmündig *gehaltenes* Volk sich unmündig *verhält*, sei es im blinden Beifall zu den Mächtigen, sei es in schweigendem Mitmachen bei deren Tun. So hängen «Tyrannei» und «Pöbelherrschaft» zusammen.

527 Die Kritik steht schon in Institutio IV 20,8. Gegenüber der Institutio von 1536 sind in deren Ausgabe von 1559 die obrigkeitskritischen Züge in der Tat vermehrt.

«Gebrechlichkeit und Mangelhaftigkeit der Menschen» ist für Calvin kein Argument für den autoritären, monarchischen Staat, sondern ein entscheidendes dafür, dass im Staat «*mehrere* das Steuerruder» zu halten haben (IV 20,8).

Die Tatsache der Korrumpierbarkeit jeder Staatsform drängt zu einer politischen Überlegung, die eine Handhabe gegen deren Korruption ermöglicht. Es sei im Staatswesen dreierlei fundamental zu *unterscheiden:* der Magistrat[528], die bürgerlichen Gesetze, nach denen er regiert, und das Volk, das den Gesetzen und *insofern* auch dem Magistrat Folge zu leisten hat (IV 20,3). Mit dieser Differenzierung unterscheidet sich Calvin von einer lutherischen Tradition, die die «Obrigkeit» und den «äußerlichen Gebrauch des Gesetzes» (singularisch!) eng verknüpft. Dort verkörpere die Obrigkeit schon *als solche* äußerlich *das* Gesetz (Gottes) kraft ihrer Macht, das zügellose Volk an die Zügel zu nehmen. Es legt sich dabei nahe, die Gottgegebenheit *des* Gesetzes *wesentlich* in seinem *Zwangs*charakter zu sehen. Dass Calvin die Gesetze (pluralisch!) als ein Eigenes, Drittes neben und gegenüber beiden, Magistrat und Volk, herausstellt, ist eine Weichenstellung, die in eine andere Richtung weist als jene Tradition. Diese Differenzierung hat zwei erhebliche Folgen.

Erstens: Indem der Magistrat gemäß (secundum) den Gesetzen zu handeln hat (ebd.), stellt sich die Aufgabe einer *inhaltlichen* Bestimmung der Gesetze. Denn noch nicht deren *Form* – dass sie zwingen – macht sie zu Gesetzen, mit denen sich ein bürgerliches Gemeinwesen regieren und ein erträgliches Zusammenleben in ihm organisieren lässt. Ihre Brauchbarkeit muss sich an ihrem *Inhalt* erweisen. Der muss erarbeitet werden, und der kann erarbeitet werden, weil die bürgerlichen Gesetze nur eben *menschliche,* darum prinzipiell korrigierbare Entsprechungen zum göttlichen Gesetz sind. Das schließt aus, sie zuerst auf ihren formalen, negativen Charakter hin zu beachten, sodass sie hinreichend sind, wenn sie nur abschreckend sind. Darum kommt es bei ihnen vielmehr darauf an, ihren *positiven,* der menschlichen Gemeinschaft zuträglichen Sinn herauszustellen. Sie sind ja «die kräftigsten Nerven des Gemeinwesens» (IV 20,16). Sie sind darum so gut, wie sie der *Freiheit* seiner Glieder und zugleich ihrem *Zusammenleben* dienlich sind: «dem Gemeinwohl und öffentlichen Frieden» (communi omnium saluti ac paci, IV 20,8 f.). Der Grundbegriff, an dem sich die bürgerlichen Gesetze messen zu lassen haben, ist für Calvin die «aequitas», das Tun dessen, was «recht und billig» ist (IV 20,16), genauer gesagt: die nach der «ewigen Richtschnur der Ge-

---

528 Calvin bezeichnet das bürgerliche Regiment als Administration (Verwaltung) oder als Magistrat (Behörde) – Bezeichnungen, die in Ländern, in denen der Genfer Protestantismus verbreitet ist, üblich sind. Ich bevorzuge hier diese Begriffe, weil sie nicht dasselbe sagen wie das deutsche Wort «Obrigkeit».

rechtigkeit» gebildete, für das Zusammenleben taugliche *menschliche Gerechtigkeit* (IV 20,15).

Diese ist für Calvin dergestalt geltend zu machen: «dass unter den Christen eine öffentliche Gestalt des Gottesdienstes existiert und dass unter den Menschen die Menschlichkeit (humanitas) Bestand hat» (IV 20,3). Vom «Gottesdienst» war schon die Rede. Die Menschlichkeit in der Bürgerschaft zeigt sich konkret an einem Punkt, an dem Herrschende gewöhnlich vorbeisehen, um die Blicke der «Masse» vielmehr auf irdische Lichtgestalten zu lenken. Sie zeigt sich darin: «dass den Armen und Bedürftigen das Recht zurückgegeben wird» und sie «der Hand des Unterdrückers entrissen werden» (IV 20,9). Wenn Calvin als *Prediger* und theologischer *Lehrer* unmittelbar, prophetisch in das staatliche Geschäft eingreift, dann geschieht das vornehmlich zugunsten von zwei konkreten Gestalten, von verachteten oder vergessenen «Armen und Bedürftigen».[529] Die einen sind die Fremden, die Flüchtlinge, die damals in kurzer Zeit in großer Zahl in Genf Zuflucht suchten, namentlich solche aus Frankreich. Es wurde dabei die höchst praktische Frage strittig, ob diese Fremden unsere «Nächsten» sind. In einer Predigt ergreift Calvin Partei für sie und spricht von seiner Begegnung mit einem der Fremden: Auch wenn wir kein Wort miteinander reden konnten, «unser Herr zeigt uns heute, dass wir Geschwister sein werden, weil Christus der Friede der ganzen Welt und aller Völker ist. Darum müssen wir zusammenleben in einer Familie von Brüdern und Schwestern, die Christus durch sein Blut begründet hat; und mit jeder Feindschaft gibt er uns Gelegenheit, damit der Feindschaft zu widerstehen.»[530]

Die andere Gestalt von Bedürftigen waren für Calvin damals die materiellsozial Armen. Sie dürfen nicht wie im Mittelalter bloße Almosenempfänger sein. Das Missverhältnis von arm und reich muss sozial so umgestaltet werden, dass die Armen nicht mehr arm sind – so wahr durch ihr Elend Gott verwundet wird, so wahr dann auch Calvin sagen muss: «Ich kann mich nicht trennen von denen, die in Not kommen.»[531] Das Ziel ist eine solidarische Gesellschaft, die in gegenseitigem Geben und Nehmen lebt. Darum legt Gott es uns ans Herz, «den Elenden und den Schwerbeladenen Erleichterung zu schaffen». Er sagt den Zugeknöpften, die mit dem Sprichwort «Jedem das Seine» ihren Vorteil behaupten wollen: «Freilich ist es schon das Deine, doch eben dazu, halbpart zu machen mit dem Hung-

---

529 Vgl. R. Kingdon, Calvinism and social welfare, in: Calvin Theological Journal 1982, 212–230; M. Valeri, Religion, Discipline, and the Economy in Calvin's Geneva, Sixteenth Century Journal XXVIII71 (1997), 123–142; N. Wolterstorff, The Wounds of God: Calvin's theology of social injustice, in: The Reformed Journal, June 1987, 14–22.

530 CO 28, 16 f.

531 Nach Valeri (Anm. 529), 137, Anm. 39.

rigen und Dürstenden, und nicht, dass du es allein verzehren sollst in deiner Ecke!» Man mache sich nur klar, «dass man die Hungrigen um ihr Recht [!] betrügt, wenn man nicht ihrem Mangel abhilft».[532]

In *diesem* Zusammenhang sieht Calvin den guten Sinn der dem Staat verliehenen Gewalt. Er ist dadurch «gewappnet», damit seine Repräsentanten «die guten Leute vor den Ungerechtigkeiten der Bösen schützen und den Unterdrückten mit Hilfe und Schutz beistehen» (ebd.). Die Gewalt gehört mithin nicht zum *Wesen* der staatlichen Gesetze und deren politischer Handhabung. Sie ist dem Magistrat zu der bestimmten, aber begrenzten *Funktion* beim Geltendmachen der «Gesetze» verliehen: um vergewaltigende Gewalt einzuschränken. So leuchtet ein, dass ein Verzicht auf solche legitime staatliche Gewalt eine «höchst grausame Humanität» (crudelissima humanitas) wäre, gerade *weil* nicht «Härte» (asperitas), sondern «Milde» (clementia), also Humanität das Handeln des Magistrats auszeichnen soll (IV 20,10).

Zweitens: Wenn ein bürgerliches Gemeinwesen faktisch am meisten von einer Machtkonzentration an seiner Spitze, von den Herrschenden bedroht ist und wenn diese Bedrohung darin besteht, dass «die Freiheit, zu deren Beschützern sie doch eingesetzt sind», verletzt wird (IV 20,8), wenn es ferner so ist, dass das in den Gesetzen verkörperte Recht als ein Drittes über dem Volk *und* über den Regenten steht, erkennbar an einem bestimmten Inhalt, und wenn also auch die staatliche Macht nicht allgemein ein Recht auf Gewaltausübung hat, sondern nur ein begrenztes Recht zur Gewaltverhinderung (Schutz der Schwachen vor den Starken), dann drängt sich die Frage einer *Kontrolle* aller Macht im Staat auf. Es geht nicht bloß um Kontrolle des Volks durch den Magistrat und nicht bloß um staatliche Kontrolle der Mächtigen in deren Verhalten zu den Schwachen im Staat. Es geht um die Kontrolle des die legitime Gewalt im Staat ausübenden Regiments *selbst*. Indem ein rechter Staat ein solcher Rechtsstaat ist, in dem nach inhaltlich umrissenen, allgemein verständlichen Gesetzen regiert wird, öffnet sie der bürgerlichen Mündigkeit die Möglichkeit, die Übereinstimmung des Regierungshandelns mit den staatlichen Gesetzen zu überprüfen. Sie weist damit in die Richtung der Demokratie, in der das Volk eine Kontrolle ausübt, mit dem legitimen Recht, Regierungen einzusetzen und darum auch abzusetzen. Calvin war offen für diese Konsequenz. Er nennt die «Freiheit» zur Wahl in Regierungsämter «durch das ganze Volk» sehr empfehlenswert. Denn «wir sollen nicht gezwungen werden, irgend jemandem zu gehorchen, der mit Gewalt über uns gesetzt ist». Es ist «dem Volk die Wahl» zu überlassen, «damit nur Erprobte das Amt bekommen».[533] Doch konnte er sich auch damit begnügen, in der sich ihm schon aufdrängenden Frage eine Lö-

---

532 Johannes Calvins Auslegung des Propheten Jesaja (abgek. Jes.), 485. 487.

sung vorzuschlagen, die in den damaligen Umständen als angemessen erschien. Er meint, dass «plures» (Mehrere, Verschiedene, Viele) das Staatsruder steuern sollten. So seien genügend «verschiedene Aufpasser und Aufseher» (plures censores ac magistri) auf der Wacht, um die Willkür eines unter ihnen zu verhindern (IV 20,8). Dabei hat er das Problem der Kontrolle der Regentenmacht vor Augen. Das wird dadurch bestätigt, dass er sich auch Gedanken über eine Frage macht, deren positive Beantwortung zur Quelle moderner Demokratie wurde. Es ist die Frage des *Widerstandsrechts* gegen ein unerträgliches Regiment, das die «Freiheit des Volkes», die kirchliche Gottesverehrung, die Ausübung des Rechts, den Schutz der Schwachen vor den Starken mit Füßen tritt (vgl. IV 20,29). Man hat bemerkt, dass Calvin sich hierzu eher nur in einer «Randbemerkung»[534] äußert. Er sagt hierzu auch nicht mehr, als in seiner Zeit rechtlich möglich war. Aber er erwähnt hier nicht nur beiläufig eine nun einmal gegebene Rechtsmöglichkeit. Er nimmt im Rahmen eines sich aus dem Zusammenhang seines Denkens aufwerfenden Problems auf sie Bezug. Es geht ihm um die Frage der Kontrolle staatlicher Macht.

Seine Zurückhaltung in dieser Frage erklärt sich aus Gründen, die einschärfen, dass solch ein Widerstand *selbst* ein legitimer, ein *Rechtsakt* sein muss und nicht in einem Rechtsvakuum als Ausbruch beliebiger Willkür stattfinden darf. Zum einen steht ja hinter dem bürgerlichen Regiment die göttliche Einsetzung. Darum haben wir unter einem unrechten Regiment zuerst auf *Gott* und nicht auf uns das Vertrauen zu setzen. Zuerst Gott ist es ja, «der die Könige einsetzt und absetzt».[535] Solange er sie noch nicht absetzt, sollen wir, statt Gott eigenmächtig vorzugreifen, Buße tun, in «Erinnerung an *unsere* Missetaten». Dieser Gedanke muss nicht bedeuten, dass er von einem brennenden politischen Problem auf ein individuell-religiöses ablenkt – obwohl in ihm etwas von dem Satz steckt, dass das Volk die Regierung hat, die es verdient; und Calvin meint, dass *darum* eine unrechte Regierung Zeichen des göttlichen Gerichts ist. Der Gedanke kann auch die Bedeutung haben, dass ein Volk, je mehr es im Blick auf sein Tun ein gutes Ge-

---

533 Auslegung von Dtr. 5, 13, in: CO 26, 575, vgl. Predigt über 1. Sam. 2, 27–30, CO 29, 356.

534 So R. Nürnberger, nach: Vahle, Calvinismus (Anm. 483), 202.

535 Auslegung von Dan. 2,21, in CO 40, 578. Vgl. Institutio IV 20,29.30. In der Forschung wurde betont, Calvin habe nicht den für die Ausbildung der modernen Demokratie wichtigen mittelalterlichen Vertrags-Gedanken vertreten, dass, wenn der eine Partner (die Obrigkeit) treulos wird, der andere Partner (das Volk) sich von ihm lossagen darf; vgl. z. B. Staedtke, Demokratische Traditionen (Anm. 483), 286 f. Ja, aber wenn das Volk angesichts eines treulosen Herrschers auf *Gott* vertrauen soll, so macht Calvin auf seine Weise damit ernst, dass *Gott* durch seine Einsetzung der Magistrate mit ihnen einen «Vertrag» eingegangen ist, den er auch lösen kann.

wissen hat, umso mehr den Boden unter einem Regiment aushöhlt, das zu seinem Tun *kein* gutes Gewissen haben kann. Und Gott setzt wirklich auch ab. Daraufhin ist es keine Eigenmächtigkeit, wenn von ihm berufene «öffentliche Erretter» auftreten, «um eine mit Schandtaten beladene Herrschaft zur Strafe zu ziehen und das [...] unterdrückte Volk zu befreien».[536]

Diese «Erretter» sind keine mirakulösen Erscheinungen. Sie können z. B. in dem Wutausbruch eines Volkes bestehen, obwohl es dabei anderes wollen mag, als Gottes Sache zu führen. Der Unterschied zwischen dieser und der nachher zu nennenden Widerstandsmöglichkeit ist nicht, dass die erste *ohne* und die zweite *von* Menschen durchgeführt wird, sondern dass die erste eine außerordentliche und die zweite die ordentliche Möglichkeit ist. Damit es nicht zu jenem außerordentlichen Widerstand kommt, muss die ordentliche funktionieren. Wenn die ordentlich dazu Berufenen versagen, dann kann Gott sich auch außerordentliche Erretter berufen.

Zum anderen entspricht dem göttlichen Recht zum Ein- und Absetzen also auch ein *menschliches* Recht zum Widerstand gegen ein unrechtes Regiment und zu dessen Absetzung. Und dieses menschliche Recht ist nicht auf eigene Faust zu betätigen ist, sondern von dazu *Berechtigten* – das hieß für Calvin, «wie die Dinge heute liegen»: von den jeweils untergeordneten politischen Behörden. Diese haben das Recht, gegen das «maßlose Wüten und Schinden der kleinen Leute» (IV 20,31) einzuschreiten. Ja, sie haben die *Pflicht* dazu, wenn sie nicht Betrug an der «Freiheit des Volks» (populi libertas) begehen wollen. Es konnte dabei, «wie die Dinge damals lagen», darum nicht einfach jeder aktiv werden, damit im Aufstand gegen das unerträgliche Regiment das *Recht* gewahrt bleibe. Das bedeutete indes nicht, dass sie passiv bleiben dürften. Sie haben den ungerechten Befehlen eines ungerechten Regiments den Gehorsam zu verweigern, koste es, was es wolle (IV 20,32). Es lässt sich behaupten, dass die Bejahung eines Widerstandsrechts gegen einen Unrechtsstaat erst in dieser von Calvin vertretenen Zurückhaltung zur Quelle der modernen Demokratie wurde. Denn solche Zurückhaltung sensibilisiert für die Gefahr, die bei der Herstellung einer nicht mehr tyrannischen Ordnung droht. Es droht dann nämlich, dass bei der Beseitigung der Unordnung auch das *Recht* zugunsten einer durch den Anspruch auf die eigenen guten Absichten gedeckten *Eigenmächtigkeit* suspendiert wird. Es droht dabei auch die Gefahr der Blindheit dafür, dass der Versuch zur *Überwindung* einer Gewaltherrschaft mit der Anwendung von ihr nur zu ähnlichen Gewaltmitteln, statt zu deren Überwindung, zur Errichtung einer neuen Gewaltherrschaft führen könnte. In der Sensibilisierung für die letztere Gefahr ist für die reformierte Tradition mit der

---

536 Institutio IV 20,30.

Kritik an Gewaltherrschaft auch die Kritik an *unkontrollierter* Gegengewalt gegen sie typisch geworden.[537]

Calvin durchdachte diese kritische Gestalt der Kontrolle des Magistrats im Rahmen der damaligen ständischen Gestalt des Staates. Aber indem er deren Rechtscharakter herausstellte, indem er die Zuständigkeit für deren rechtliche Ausübung der jeweils unteren bürgerlichen Ebene zusprach und indem er die «Freiheit des Volks» als Kriterium für das Recht eines Widerstandes und Regierungswechsels einbrachte, stieß er still, aber wirksam eine mächtige Bewegung an. In ihr wurde das Volk, in Befreiung von einer Untertanenmentalität, sich eines Tages seines *Rechts* bewusst und dessen, dass sich die Rechenschaftspflicht eines Regiments vor Gott und vor dem Volk einander nicht ausschließen müssen.

5. Fragen an unsere heutige politische Existenz

Man kann Calvin nicht einen Verfechter moderner Demokratie nennen. Er hat nun einmal in einer anderen Zeit gelebt. Das widerspräche auch seiner – mit seinem Verständnis von dem uns nötigen Gehorsam gegen Gott zusammenhängenden – Auffassung, es gelte in einer konkreten Situation, nicht sich einen idealen Staat auszudenken, sondern sich in «freiem Gehorsam» gegen Gott praktisch zu dem Staat in seinem gegebenen Zustand zu verhalten. Man sollte aber auch nicht unterstellen, dass Calvin wegen seiner Betonung der Souveränität Gottes und dessen Anspruch auf unseren Gehorsam kein Demokrat hätte sein *können*. Es lassen sich ja bei ihm Linien zeigen, die genau in diese Richtung weisen.[538] Und diese Linien entspringen dem Punkt, an dem *gerade* sein Verständnis von der Souveränität Gottes in ein relatives Ordnen der irdischen Dinge einweist. Darum werden nicht zufällig die in Richtung demokratischen Denkens und Handelns weisenden Linien deutlicher in seinen Gedanken zur Gestaltung der *Kirche*. Hier bündeln sich Erkenntnisse und Praktiken, an denen man sich im staatlichen Bereich ein Beispiel nehmen konnte. Wie die Lehre von der Teilhabe aller Christusgläubigen am dreifachen Amt Christi die Verantwortlichkeit aller stärkte, um einmal in ein förmliches Mitspracherecht aller Beteiligten zu münden, so konnte die Lehre von der Aufteilung der kirchenleitenden Ämter nach verschiedenen Funktionen den

---

537 Letzteres war von 1917 an der entscheidende Einwand der Schweizer Religiös-Sozialen gegen den russischen Kommunismus. Vgl. z. B. L. Ragaz, Weltreich, Religion und Gottesherrschaft, Bd. 2, Erlenbach-Zürich u. a. 1922, 26–51.

538 D. Bonhoeffer, Ethik (Anm. 484), 42 f. sieht hier richtig: «Die Begrenzung aller irdischen Gewalten durch die Souveränität Gottes», dieser «dem Calvinismus entstammende Gedanke» «begründet die amerikanische Demokratie».

für die Demokratie unentbehrlichen Gedanken der Gewaltenteilung vorbereiten. Ferner hat das synodale Prinzip, nach dem überregional verbindliche Entscheidungen nur durch gemeinsame Beratungen und Beschlüsse von «von unten» beschickten Delegierten zustande kommen dürfen, den parlamentarischen Gedanken angekündigt. Hinsichtlich des bürgerlichen Gemeinwesens aber erschlossen die Kritik an Machtkonzentrationen und die These von der Eigenständigkeit des Rechts und der inhaltlich umschriebenen Gesetze gegenüber dem Volk und seiner Regierung die Erkenntnis von der Möglichkeit und Notwendigkeit einer rechtlich gesicherten Kontrolle des Regiments und wiesen so in eine demokratische Zukunft. In Berücksichtigung all dessen werden sich Antidemokraten auf Calvin nicht berufen dürfen.

Es wäre aber nicht genug, nur festzustellen, ob er in dieser Sache vor rund 450 Jahren schon so weit war, wie wir es heute sind. Das wäre ein ungleicher Kampf, bei dem der Sieger schon vorher feststeht. Und das wäre ein unfruchtbares Verfahren, weil wir dabei zwar einer unserer historischen Wurzeln bewusst, aber am Ende doch nichts lernen würden. Fruchtbar wird es erst, wenn wir uns hier auch von Calvin befragen lassen. Aus dem Dargestellten *werden* auch tatsächlich Fragen an unsere heutige Adresse laut.

1. Hinsichtlich der *theologischen* Grundlegung: Lebt nicht unser Ja zur Demokratie von dem Grundsatz, dass den Menschen nur soviel Freiheit zugesprochen werden könne, wie sie der Freiheit Gottes abgesprochen und wie seine Souveränität relativiert wird? Des Einspruchs Calvins werden wir dann gewiss sein können. Und dieser Einspruch wird sich in der Frage verdichten, ob wir in Vertretung dieses Grundsatzes nicht *zuerst* in einem bürgerlichen Rahmen denken, um dann darin unsere Theologie einzuzeichnen. Während Calvin darin seine Stärke hatte, dass er zuerst *Theologe* sein und das bei allem Weiteren nicht vergessen wollte! So wird sein Einspruch Gewicht haben, auch dann, wenn wir nachweisen können, dass er selbst die Freiheit Gottes und die des Menschen gedanklich nicht angemessen genug in Einklang zu bringen wusste. Sein Einspruch wird uns daran erinnern, dass unser christliches Ja zur Demokratie theologisch ein gebrochenes ist, wenn es dadurch erkauft ist, dass wir die Freiheit des Menschen auf Kosten der Anerkennung der Freiheit Gottes groß machen. Unser Ja ist hier nur stark, wenn es uns gelingt, die Begründung unserer menschlichen Freiheit in der Souveränität Gottes und im Gehorsam gegen ihn zu erkennen.

2. Fragen hinsichtlich des Verständnisses der *Kirche* und ihrer Gestalt: Hält sich nicht in unseren Kirchen trotz ihrer «demokratischen» Ordnung ein Denken und eine Praxis, die dermaßen amtszentriert auf die einzelnen Pfarramtsinhaber ausgerichtet sind, dass die normalen Gemeindeglieder dadurch ernstlich für *Laien*, d. h. unmündig gehalten werden? Hat – abgesehen von einigen «Ehrenlaien» –

in der Regel ihr Mitspracherecht eine andere Funktion als die, bei Bedürfnis und zu dessen Befriedigung eine pfarramtliche Leistung abrufen zu können? Auch hier werden wir Calvins Einspruch zu hören haben – und der wird zuerst so lauten, dass in einer so funktionierenden Kirche anscheinend nicht ernst genommen ist, dass es in ihr in Wahrheit nur *einen einzigen* Amtsträger gibt: ihr Haupt Jesus Christus. Würde das ernst genommen, dann würde das sich darin beweisen, dass es in ihr keine weiteren Amtsträger gibt und keine Zentrierungen auf sie, aber dass statt dessen *alle* Gläubigen voll und aktiv teilhaben an der dreifachen Gestalt des Amtes Jesu Christi. Mag Calvin dem *praktisch* selbst noch wenig genug Rechnung getragen haben, auch dann werden wir zu lernen haben, dass wir erst dann eine echt *geistlich* demokratische Kirche sind, wenn wir Platzanweisungen zur Ausübung von Mündigkeit und Mitsprache aller Christen angeben können. Er fragt uns, wie sich denn das heute bei uns vollzieht, was er in seinem Katechismus schrieb: Ein Christ *ist* nur, wer sich auch als Christ *bekennt.*[539]

3. Fragen hinsichtlich der Handhabung unserer *politischen* Demokratie: Steht sie nicht bei uns in akuter Gefahr ihrer Reduktion auf die bloße jeweilige Beschaffung einer Mehrheit, die ohnehin noch durch eine massiv gesteigerte Medienmacht manipuliert werden kann? Calvins Einspruch würde dagegen sein Argument geltend machen, dass auch diese Staatsform korrumpierbar ist. Sie ist es darum, weil auch eine *formal* ordentliche Demokratie noch keine Erfüllung des *inhaltlichen,* humanen Sinns der Gesetze garantiert und nicht automatisch für Gemeinschaft im Staat und für die Freiheit ihrer Glieder sorgt.[540] Ob hier in rechter Weise für Gemeinschaft und Freiheit gesorgt wird, zeigt sich aber an keinem Punkt klarer als an dem, ob hier die Schwachen vor den Starken geschützt werden. Das Ziel der Demokratie ist noch nicht die Feststellung der Mehrheit. Die Demokratie fängt erst damit recht an, indem sie sich im Umgang der Mehrheit mit der Minderheit zu bewähren hat. Genauer noch: Die Mehrheit des Volkes und deren Feststellung hat in der echten Demokratie ihre Grenze am *Recht* und so speziell am Schutz der Minderheit durch das Recht. Unter der jeweils überstimmten Gruppierung *kann* ja *die* Minderheit zu kurz kommen, die sich in einer Gesellschaft am untersten Rand befindet, mit deren Überstimmung Wahrheiten – und Menschen – unterdrückt werden können. Dass *dieser* Minderheit

---

539 Calvin, Genfer Katechismus, CStA Bd. 2, 132f, Art. 363.
540 K. Barth, Eine Schweizer Stimme 1938–1945, Zürich 1945, 165, hat auf diesen Punkt in calvinischem Geist hingewiesen: «Es ist schade, dass wir für diese Ordnung kein besseres Wort haben als das Wort ‹Demokratie›. Denn ‹herrschen› kann und soll auch bei uns nicht ‹das Volk›, sondern das Recht und die Pflicht der Gemeinschaft und der Freiheit: nur dass wir eben das Volk [...] durch das Mittel des Wahl- und Stimmzettels [...] für die immer neue Aufrichtung und Erhaltung dieses Rechts haftbar und verantwortlich machen.»

Gerechtigkeit widerfahre, daran wird sich für die, die von Calvin gelernt haben, das *Gute* der Demokratie bemessen. Denn «wahre Gerechtigkeit besteht in der Barmherzigkeit gegen die Elenden»[541] – ein Satz, der auch umgekehrt zu lesen ist: Wahre Barmherzigkeit ist ein Akt von Gerechtigkeit.

---

541 Calvin, zu Dan. 4,27, CO 40, 674.

Abkürzungen

CO	Calvini Opera, quae supersunt omnia, Braunschweig seit 1877 ff.
OS	Calvini Opera Selecta, hg. von P. Barth, W. Niesel u. a., München seit 1929.
CStA	Calvin Studienausgabe, hg. von E. Busch, Chr. Link u. a., Neukirchen-Vluyn seit 1994.
Calvin, Briefe	Johann Calvins Lebenswerk in seinen Briefen, übers. von R. Schwarz, 3 Bd., Neukirchen 1961/1962.
Institutio	Calvins Institutio Christianae Religionis/Unterricht in der christlichen Religion, übers. von O. Weber, Neukirchen 1955. (In den Kapiteln, in denen im Text jeweils römische und arabische Zahlen in Klammern stehen, ist damit auf Fundorte in der Institutio hingewiesen.)
AS	Acta Synodi Tridentinae. Cum Antidoto, in: CStA Bd. 3, 116–207.
K I/II	Johannes a Lasco, Opera tam edita quam inedita, hg. von A. Kuyper, 2 Bd., Amsterdam/s'Gravenhage 1866.
ZH	Zwingli-Hauptschriften, hg. von F. Blanke, O. Farner, R. Pfister, Zürich 1941 ff.

Bibelauslegungen Calvins

EH	Johannes Calvins Auslegung der Heiligen Schrift in deutscher Übersetzung, Bd. 8/9. Evangelienharmonie, Neukirchen 1929.
A	Johannes Calvins Auslegung der Heiligen Schrift in deutscher Übersetzung, Bd. 11. Die Apostelgeschichte, Neukirchen o. J.
Eph	Der Brief an die Epheser, in: Johannes Calvins Auslegung der Heiligen Schrift in deutscher Übersetzung, Neukirchen o. J.
Psalmen	Johannes Calvins Auslegung der Heiligen Schrift in deutscher Übersetzung. Bd. 4/5. Die Psalmen, Neukirchen o. J.
Genesis	Johannes Calvins Auslegung der Genesis. Bd. 1. Auslegung der Heiligen Schrift, Bd. 1, übers. von W. Goeters/M. Simon, Neukirchen 1956.
Jes	Johannes Calvins Auslegung des Propheten Jesaja, 2. H., Bd. 7. Auslegung der Heiligen Schrift, übers. von W. Boudriot, Neukirchen 1949.
Joh	Johannes Calvins Auslegung des Johannes-Evangeliums, Bd. 14. Auslegung der Heiligen Schrift, übers. von M. Trebesius/H. Chr. Petersen, Neukirchen 1964.

R	Johannes Calvins Auslegung des Römerbriefes und der beiden Korintherbriefe, Bd. 16. Auslegung der Heiligen Schrift, übers. von G. Graffmann, H. J. Haarbeck, O. Weber, Neukirchen 1960.
D	Johannes Calvins Auslegung des Propheten Daniel, übers. von E. Kochs, Neukirchen 1938.
E	Johannes Calvins Auslegung des Propheten Ezechiel, übers. von E. Kochs, Neukirchen 1938.
H	Calvins freie Gebete zur Hosea-Vorlesung 1557, Lat.-dt., in: H. Scholl, Veni Creator Spiritus, 271–308.
J bzw. Thr	Johann Calvin, Gebet zu den Vorlesungen über Jeremia [samt Klagelieder] und Hesekiel, übers. von W. Dahm, 2. Aufl., München 1935.
Z	Zwölfprophetenbuch, in: H. W. Maurer, An Examination of the form and content of John Calvin's Prayers, Edinburgh 1959.

Literaturverzeichnis

Primärliteratur

Von Calvin

Joannis Calvini, Magni Theologi, Tractatus Theologici omnes, in unum Volumen certis classibus concepti [...], Amsterdam 1667.

Calvini Opera, quae supersunt omnia, Braunschweig seit 1877 ff.

Calvini Opera Selecta, hg. von Peter Barth, Wilhelm Niesel u. a. München 1929–1936.

A.-L. Herminjard, Correspondance des Réformateurs dans les pays de langue francaise [...], 9 Bde., Genève/Paris 1866–1897.

Johann Calvins Lebenswerk in seinen Briefen, übers. von Rudolf Schwarz, 3. Bd., Neukirchen 1961/62.

Supplementa Calviniana Sermones inédits, hg. von James McCord, Neukirchen 1961 ff.

Institutio Christianae Religionis, Das ist/Underweisung inn Christlicher Religon/inn vier Bücher verfasst [...], Heidelberg 1572.

Joannis Calvini Institutio religionis christianae [...] triplici forma ediderunt Wilhelm Baum, Eduard Cunitz, Eduard Reuss, Braunschweig 1869.

Calvin Institutio Christianae Religionis/Unterricht in der christlichen Religion, übers. von Otto Weber, Neukirchen 1955.

Calvin Studien-Ausgabe, hg. von Eberhard Busch, Christian Link u. a., Neukirchen-Vluyn seit 1994.

Johannes Calvins Auslegung der Heiligen Schrift in deutscher Übersetzung, Neukirchen o. J., 14 Bände – darin speziell:

- Bd. 4. Die Psalmen, 1. Hälfte, Neukirchen o. J.
- Bd. 8. Evangelienharomie, 1. Hälfte, Neukirchen 1929.
- Bd. 13. Paulusbriefe, u. a. Der Brief an die Epheser, übers. von R. Stokmann.

Johannes Calvin, Auslegung der Heiligen Schrift, Neue Reihe, hg. von Otto Weber 1956 ff., 16 Bände – Darin speziell:

- Johannes Calvins Auslegung der Genesis, Bd. 1, übers. von Wilhelm Goeters/Matthias Simon, Neukirchen 1956.
- Johannes Calvins Auslegung des Propheten Jesaja, Bd. 6/7, übers. von Wilhelm Boudriot, Neukirchen 1949.
- Johannes Calvins Auslegung des Propheten Ezechiel (1–20) und Daniel, Bd. 9, übers. von Ernst Kochs, Neukirchen 1938.
- Johannes Calvins Auslegung des Johannes-Evangeliums, Bd. 14, übers. von Martin Trebesius/Hans Christian Petersen, Neukirchen 1964.

– Johannes Calvins Auslegung des Römerbriefes und der beiden Korintherbriefe, Bd. 16 übers. von Gertrud Graffmann, Hans Jakob Haarbeck, Otto Weber, Neukirchen 1960.

Johannes Calvin, De aeterna Dei praedestinatione [...], Von der ewigen Vorherbestimmung Gottes, durch die er die einen Menschen zur Seligkeit erwählt, die anderen in ihrem Verderben belassen hat, des weiteren von der Vorsehung, durch die er die menschlichen Ereignisse regiert. Übereinkunft der Pastoren der Kirche zu Genf, entworfen von Johann Calvin, Genf 1552, übers. und hg. von Wilhelm H. Neuser, Düsseldorf 1998.

(Johannes Calvin), Um Gottes Ehre! Vier kleinere Schriften Calvins, übers. u. hg. von Matthias Simon, München 1924.

Gebete zu den Vorlesungen über Jeremia und Hesekiel, übers. von Werner Dahm, 2. Aufl., München 1935.

Von weiteren Reformatoren

Martin Luther, Weimarer Ausgabe seiner Werke (= WA).

Martin Luther, Vom unfreien Willen. Nach der Übersetzung von Justus Jonas, hg. von Friedrich Gogarten, München 1924.

Dr. Martin Luthers Briefe, Sendschreiben und Bedenken [...], hg. von Wilhelm Martin Leberecht de Wette, 6 Bde., Berlin 1825–1856.

Melanchthons Werke in Auswahl, hg. von Robert Stupperich, Gütersloh 1951–1975.

Zwingli Hauptschriften, hg. von Fritz Blanke, Oskar Farner, Rudolf Pfister, 11 Bde., Zürich 1941–1948.

Aus Zwinglis Predigten zu Jesaja und Jeremia, hg. von Oskar Farner, Zürich 1957.

Huldrych Zwingli, Schriften, hg. von Thomas Brunnschweiler/Samuel Luth, 4 Bde., Zürich 1995.

Sebastian Castellio, Contra Libellum Calvini, o. O., 1612.

Johannes a Lasco, Opera tam edita quam inedita, hg. von Abraham Kuyper, 2 Bde., Amsterdam/s'Gravenhage 1866.

Ludwig Lavater, Historia/Oder gschicht/Von dem vrsprung vnd fürgang der grossen zwyspaltung/so zwüschen D. Martin Luthern an einm/vnd Huldrychen Zwinglio am anderen teil/auch zwüschen anderen Gelerten/von wägen dess Herren Nachmals gehalten hat/vnd noch haltet/Von dem jar des Herren/1524 an/biss vff das 1563, Zürich 1564.

Robert Hospinian, Historiae Sacramentariae, pars posterior, Zürich 1598–1602 und Genf 1681.

(Christoph Pezel), Res accurate, vere et cum fide a Christophoro Pezelio narratae 1590; deutsch: Ausführliche/warhaffte/vnd bestendige Erzehlung [...], durch Chr. Pezelium, Newstadt 1600.

Quellen

(Protokoll der Zürcher Übereinkunft), Zürcher Staatsarchiv, E II, 215r–225r.

Aulcuns Pseaulmes et Cantiques mys en chant (1539), photomech. Wiedergabe, Genf 1919.

Petro D. R. de Porta, Historia Reformationis Ecclesiarum Raeticarum, Chur 1771.

Johann Michael Reu, Quellen zur Geschichte des kirchlichen Unterrichts in der evangelischen Kirche Deutschlands zwischen 1580–1600, Bd. I. 3.2,3, Gütersloh 1924.

Paul Tschackert, Die unveränderte Augsburgische Konfession, Leipzig 1901.

Ernst F. K. Müller, Die Bekenntnisschriften der reformierten Kirche, Leipzig 1903.

Wilhelm Niesel, Bekenntnisschriften und Kirchenordnungen der nach Gottes Wort reformierten Kirche, Zürich 1938, Neuaufl. 1985.

Heidelberger Katechismus, Revidierte Ausgabe 1997, hg. von Ev.-ref. Kirhe u. a., Neukirchen-Vluyn, 2. Aufl. 2001.

Heinrich Denzinger, Enchiridion symbolorum, definitionum et declarationum de rebus fidei et morum, hg. von Peter Hünermann u. a., 40. Aufl., Freiburg u. a. 2004.

Sekundärliteratur

Zu Calvin

Eduard Bähler, Petrus Caroli und Johannes Calvin, in: JB f. Schw. Gesch. XXIV, Zürich 1904, 39–168.

Karl Barth, Die Theologie Calvins 1922: Vorlesung Göttingen, hg. von Hans Scholl, Zürich 1993.

Peter Barth, Die Erwählungslehre in Calvins Institutio von 1536, in: E. Wolf u. a., hg., Theologische Aufsätze. Karl Barth zum 50. Geburtstag, München 1936, 432–442.

Peter Ernst Bernoulli/Frieder Furler (Hg.), Der Genfer Psalter. Eine Entdeckungsreise, 2. Aufl., Zürich 2005.

André Biéler, L'humanisme social de Calvin, Genève 1961.

Josef Bohatec, Calvins Lehre von Staat und Kirche mit besonderer Berücksichtigung des Organismusgedankens, Breslau 1937.

Hendrik Bout, Calvijn en het Oude Testament, in: Theologia Reformata 3 (1960), 6–31.

Stephen G. Burnett, Calvin's Jewish interlocutor: Christian Hebraism and anti-jewish polemics during the reformation, in: Bibliothèque d'Humanisme et Renaisssance, Tome LV (1993), 113–123.

Jean Cadier, Calvin. Der Mann, den Gott bezwungen hat, Zollikon 1959.

Georges Casalis, Der Kirche Macht und Kraft, in: «Er stößt die Gewaltigen vom Thron». FS für Hannelore Erhart, hg. von Hans-Martin Gutmann u. a., Berlin 1987, 134–139.

Theodore W. Casteel, Calvin and Trent: Calvin's Reaction to the Council of Trent in the Context of his conciliar Thought, in: Harvard Theological Review 63 (1970), 91 f.

M.-E. Chenevière, La Pensée Politique de Calvin, Genève/Paris 1937.

Bernard Cottret, Calvin. Eine Biographie, Stuttgart 1998.

Willem F. Dankbaar, Calvin. Sein Weg und sein Werk, 2. Aufl., Neukirchen 1966.

Emile Doumergue, Jean Calvin, lese hommes et les choses de son temps, 8 Bde., Neuilly 1899–1927.

Ders., Calvins Wesen. Der Mensch – Der Gedankenaufbau – Die Kirche – Der Staat, Deutsche Ausgabe von Wilhelm Boudriot, Neukirchen 1933.

Hans Helmut Eßer, Demokratie und Kirche (am Beispiel Calvins), in: Zs. f. Religionspädagogik 26 (1971), 319–333.

Ders., Hat Calvin eine «leise modalisierende Trinitätslehre»?, in: Wilhelm H. Neuser (Hg.), Calvinus Theologus, Neukirchen-Vluyn 1976, 113–129.

Ulrich Gäbler, Art. Consensus Tigurinus, TRE 8, 189–192.

Hans Graß, Die Abendmahlslehre bei Luther und Calvin. Eine kritische Untersuchung (1940), Gütersloh 1954 (BFChTh 2. R., Bd. 47).

Paul Henry, Das Leben Johann Calvins des großen Reformators [...], 3 Bde., Hamburg 1835–1844.

Paul Jacobs, Prädestination und Verantwortlichkeit bei Calvin (1937), Darmstadt 1968. (Beiträge z. Gesch. u. Lehre d. Ref. Kirche 1).

Robert M. Kingdon, Calvinism and social welfare, in: Calvin Theological Journal 1984, 212–230.

Ders. und R. D. Linder (Hg.), Calvin and Calvinism; source of democracy?, Lexington, Mass 1970.

Abraham Kuyper, Disquisitio historica-theologica, exhibens J. Calvini et J. a Lasco de ecclesia sententiarum inter se compositionem, Den Haag/Amsterdam 1862.

Hans W. Maurer, John Calvin's Prayers, Edinburgh 1959.

J. T. McNeill, The Democratic Element in Calvin's Thought, in: Church History 18 (1949), 160 ff.

E. W. Monter, Calvin's Geneva, u. a. New York 1967.

Wilhelm Niesel, Calvin wider Osianders Rechtfertigungslehre, in: ZKG 46 (1928), 410–430.

Ders., Die Theologie Calvins, München 1938, Neuaufl. 1957.

Willem Nijenhuis, Calvinus oecumenicus. Calvijn en de eenheid der kerk in het liecht van zijn briefwisseling, s'Gravenhage 1959 (KHSt 8), 112–131.

Ders., Johannes Calvin, in: TRE 7, 568–592.

Peter Opitz, Calvins theologische Hermeneutik, Neukirchen-Vluyn 1994.

Ders., Calvin im Kontext der Schweizer Reformation. Historische und theologische Beiträge zur Calvinforschung, Zürich 2003.

Thomas H. L. Parker, John Calvin. A Biography, London 1975.

Hans Scholl, Der Dienst des Gebetes nach Johannes Calvin, SDGSTh 22, Zürich 1968.

Herman J. Selderhuis (hg.), Calvinus Praeceptor Ecclesiae. Papers of the International Congress on Calvin Research [...] 2002, Genève 2004.

Matthias Simon, Die Beziehung zwischen Alten und Neuem Testament in der Schriftauslegung Calvins, in: RKZ 1932, 17 ff.

Ernst Stähelin, Johannes Calvin. Leben und ausgewählte Schriften, 2 Bde., Elberfeld 1863.

Hermann Vahle, Calvinismus und Demokratie im Spiegel der Forschung, in: Archiv für Reformationsgeschichte 66 (1975), 182–212.

Mark Valeri, Religion, Discipline, and the Economy in Calvin's Geneva, in: Sixteenth Century Journal XXVIII/1(1997), 123–142.

Otto Weber, Art. Calvinismus, in: EKL I (1. Aufl.), Sp. 658 f.

Erik Wolf, Theologie und Sozialordnung bei Calvin, in: Archiv f. Reformationsgeschichte 42 (1951), 11–31.

Nicholas Woltersdorff, The Wounds of God: Calvin's theology of social injustice, in: The Reformed Journal, June 1987, 14–22.

Stefan Zweig, Castellio gegen Calvin oder ein Gewissen gegen die Gewalt, 1936.

Zu weiteren historischen Forschungen

J. W. Allen, A History of Political Thought in the Sixteenth Century, London 1928.

Petrus Bartels, Johannes a Lasco, in: Leben und ausgewählte Schriften der Väter und Begründer der reformirten Kirche, Bd. 9, Elberfeld 1860.

Ders., Die Prädestinationslehre in der reformirten Kirche von Ostfriesland bis zur Dordrechter Synode mit besonderer Beziehung auf Johann a Lasco, in: Jahrbücher für Deutsche Theologie, hg. von Isaac Dorner u. a., H.1, Gotha 1860, 313–352.

Karl Barth, Die Theologie der reformierten Bekenntnisschriften 1923, Vorlesung Göttingen, hg. von Karl Barth-Forschungsstelle Göttingen, Zürich 1998.

Ernst Bizer, Studien zur Geschichte des Abendmahlsstreits im 16. Jahrhundert (1940), 3. Aufl., Darmstadt 1972.

Johannes V. Bredt, Die Verfassung der reformierten Kirche in Kleve-Jülich-Berg-Mark, Neukirchen 1938.

Ulrich Falkenroth, Gestalt und Wesen der Kirche bei Johannes a Lasco, msch.schr. Diss., Göttingen 1957.

John Nelson Figgis, Studies of Political Thought from Gerson to Grotius 1414–1625, 1907.

W. S. Hudson, Democratic Freedom and Religious Faith in the Reformed Tradition, in: Church History 15 (1956), 177–194.

Max Geiger, Kirche, Staat, Widerstand. Historische Durchgänge und aktuelle Standortbestimmung, ThSt 124, Zürich 1978.

Hubert Jedin, Das Konzil von Trient. Ein Überblick über die Erforschung seiner Geschichte, Rom 1948.

Ders., Geschichte des Konzils von Trient, Bd. 2, Freiburg i. Br. 1957.

Markus Jenny, Die Einheit des Abendmahlsgottesdienstes bei den elsässischen und schweizerischen Reformatoren, Zürich 1968.

Jan Koopmans, Das altkirchliche Dogma in der Reformation, München 1955.

Julius Köstlin, Martin Luther. Sein Leben und seine Schriften, 2 Bde., Elberfeld 1875.

Gottfried W. Locher, Die Zwinglische Reformation im Rahmen der europäischen Kirchengeschichte, Göttingen/Zürich 1979.

P. Mesnard, L'Essor de la Philosophie Politique au XVIe Siècle, 3. Aufl., Paris 1969.

Ernst F. K. Müller, Art. Helvetische Konfessionen, in: RE 3. Aufl., Bd. 7, 641–647.

Otto Naunin, Die Kirchenordnungen des Johannes Lasci, in: Deutsche Zeitschrift für Kirchenrecht, Bd. 19, Tübingen 1909, 24–40; 196–236; 348–375.

G. L. Pinette, Freedom in Huguenot Doctrine, in: Archiv f. Ref.gesch. 50 (1959), 200–234.

Eugen Lachenmann, Art. Servet, Michael, RE 3. Aufl., Bd. 18, 228–236

Julius Smend, Art. Psalmenmelodien, französische, RE 3. Aufl., Bd. 16, 214–218.

Joachim Staedtke, Demokratische Traditionen im westlichen Protestantismus, in: ders., Reformation und Zeugnis der Kirche. Ges. Studien hg. von D. Blaufuß, Zürich 1978, 281–304.

W. S. Stankiewicz, Politics and Religion in Seventeenth-Century France. A Study of Political Ideas from Monarchomachs to Bayle, as Reflected in the Controversy, Berkely/Los Angeles 1960.

Ernst Troeltsch, Gesammelte Schriften, Bd. 1 Tübingen 1912.

Jan Weerda, Der Emder Kirchenrat und seine Gemeinde. Ein Beitrag zur Geschichte reformierter Kirchenordnung in Deutschland, ihrer Grundsätze und ihrer Gestaltung, 2 Bde., masch.schr. Münster 1948.

Ders., Nach Gottes Wort reformierte Kirche, TB 23, München 1964.

Ernst Wolf, Deus omniformis. Bemerkungen zur Christologie des Michael Servet, in: Theologische Aufsätze. Karl Barth z. 50. Geb., München 1936, 443–466.

Hans Heinrich Wolff, Die Einheit des Bundes. Beiträge zur Geschichte und Lehre der Reformierten Kirche, Bd. 10, Neukirchen 1958.

Weitere Literatur

Karl Barth, Eine Schweizer Stimme, Zürich 1945.

Ders., Kirchliche Dogmatik Bd. II/2, III/2 und IV/3, Zürich 1941, 1948, 1959.

Dietrich Bonhoeffer, Ethik, 4. Aufl., München 1958.

Hanns Lilje, Theologische Existenz und kirchliches Handeln […], in: Junge Kirche 1 (1933), 137–147.

Werner Kaegi, Jacob Burckhardt. Eine Biographie, Bd. 5, Das neue Europa und das Erlebnis der Gegenwart, Basel 1973.

Interview mit Bischof Kasper. «Der Papst kann nicht alles allein entscheiden», in: Die Welt 19.2.2000.

Der Lutherische Weltbund und der Päpstliche Rat zur Förderung der Einheit der Christen. Gemeinsame Erklärung zur Rechtfertigungslehre 1997 (Endgültiger Vorschlag), epd-Dokument, Nr. 46/97 (27.10.1997), 21–28.

Alexander und Margarete Mitscherlich, Die Unfähigkeit zu trauern. Grundlegen kollektiven Verhaltens, München 1967.

Leonhard Ragaz, Weltreich, Religion und Gottesherrschaft, Bd. 2, Erlenbach-Zürich u. a. 1922.

Lukas Vischer (Hg.), Reformiertes Zeugnis heute. Eine Sammlung neuerer Bekenntnistexte aus der reformierten Tradition, Neukirchen-Vluyn 1988.